基于 BIM 与 LSM 的
山区高速公路集成管控技术
—— 保施高速公路的建设管理实践

段 军 代绍海 编 著
杨 林 主 审

西南交通大学出版社
·成 都·

图书在版编目（CIP）数据

基于 BIM 与 LSM 的山区高速公路集成管控技术：保施高速公路的建设管理实践 / 段军，代绍海编著. —成都：西南交通大学出版社，2020.10
ISBN 978-7-5643-7695-6

Ⅰ.①基… Ⅱ.①段… ②代… Ⅲ.①智能技术－应用－山区－高速公路－施工管理 Ⅳ.①U415.12-39

中国版本图书馆 CIP 数据核字（2020）第 187901 号

Jiyu BIM yu LSM de Shanqu Gaosu Gonglu Jicheng Guankong Jishu
——Bao-Shi Gaosu Gonglu de Jianshe Guanli Shijian

基于 BIM 与 LSM 的山区高速公路集成管控技术
——保施高速公路的建设管理实践

段 军 代绍海 编著

责任编辑	杨 勇
封面设计	曹天擎
出版发行	西南交通大学出版社 （四川省成都市金牛区二环路北一段 111 号 西南交通大学创新大厦 21 楼）
发行部电话	028-87600564　028-87600533
邮政编码	610031
网　　址	http://www.xnjdcbs.com
印　　刷	四川煤田地质制图印刷厂
成品尺寸	170 mm×230 mm
印　　张	13.75
字　　数	231 千
版　　次	2020 年 10 月第 1 版
印　　次	2020 年 10 月第 1 次
书　　号	ISBN 978-7-5643-7695-6
定　　价	88.00 元

图书如有印装质量问题　本社负责退换
版权所有　盗版必究　举报电话：028-87600562

参编人员

王　宾	杨希文	张良翰	王忠伟	闻乃君	张家颖	念培红
王甲贤	李晓龙	刘　波	周轶峰	贾述顶	赵宝才	马鑫云
黄灿荣	王德祥	成忠杰	杨恩龙	艾成原	何汝苗	涂　雄
邱挎琼	徐敏凤	杨锐槐	金　飞	奚宇沅	沈媛丹	杨银香

高速公路建设管理以进度管理为主线,通过对全线施工组织进行系统规划,厘清工序关系,合理分配工期,优化资源配置;在项目实施过程中,需要及时收集各种信息,不断调整资源配置,推动项目建设目标的全面达成。目前我国高速公路的建设管理仍然以甘特图、网络计划技术作为主要进度管理方法,不论是甘特图还是网络计划技术,均难以清晰地描绘出高速公路不同工序在时间和空间上的逻辑关系。此外,传统的高速公路建设管理依靠人工采集数据和分析数据,通过纸质文件存储和传递数据,传统的信息管理手段具有花费大、耗时长、精度低、受外部环境制约等缺点,难以满足高速公路信息协同管理的需求。

传统项目管理手段的不足严重制约了高速公路建设管理效率的提高,线性计划技术(Linear Scheduling Method,简称 LSM)采用时间、空间两个维度来构建线状工程的进度计划,能够为管理者提供不同工序的变化情况,是否需要进行调整和控制等信息。而基于 BIM 技术的建设项目协同管理技术可以为项目管理提供一个完整的 BIM 工作流,使参与各方能够在同一个软件平台上实现协同办公,避免信息迟滞、信息丢失和信息冲突等问题的发生,进而达到提高效率、缩短工期、节约成本的目的。将 BIM 技术与 LSM 技术进行结合,能够实现对高速公路的智能化施工与过程集成管控。本书以保施高速公路为依托,研究基于 BIM 和 LSM 的山区高速公路集成管控技术,能够为山区高速公路建设管理提供一种全新、高效、智能化的建设管控手段,有助于节约管理成本、提升施工控制精度和效率，具有良好的经济价值和广阔的应用前景。

本书参考和借鉴了大量国内外相关专业书籍和文献，在此向其作者表示诚挚的谢意。由于时间仓促又限于水平，书中疏漏不妥之处在所难免，欢迎专家读者批评指正。

编著者

2020 年 8 月

目录

CONTENTS

第1章　山区高速公路建设项目管理概述 ·················· 001

   1.1　高速公路建设项目管理的特点与现状 ·················· 001

   1.2　山区高速公路建设项目管理的目标控制 ·················· 007

   1.3　保山-施甸高速公路建设项目工程概况 ·················· 014

第2章　BIM技术及其在高速公路领域的应用 ·················· 020

   2.1　BIM技术基本理论 ·················· 020

   2.2　公路建设领域的BIM技术应用与发展 ·················· 028

   2.3　基于BIM技术的公路建设管理 ·················· 030

第3章　LSM方法的理论及应用 ·················· 036

   3.1　高速公路进度管理的特点与方法 ·················· 036

   3.2　LSM技术的基本理论 ·················· 046

   3.3　LSM技术的应用方法 ·················· 062

第4章　基于BIM与LSM的山区高速公路进度管理 ·················· 074

   4.1　基于BIM与LSM的田坝大桥进度管理 ·················· 074

   4.2　基于BIM与LSM的边坡工程进度管理 ·················· 094

第 5 章 基于 BIM5D 技术的山区高速公路成本管理 ……………… 120

5.1 BIM5D 应用背景与工作原理 …………………………………… 120

5.2 基于 BIM5D 的成本管理 ………………………………………… 122

第 6 章 实景建模技术在山区高速公路中的应用 ………………… 136

6.1 基于 3D 激光扫描的路基变形监测技术 ……………………… 136

6.2 倾斜摄影技术在山区高速公路建设管理中的应用 …………… 143

第 7 章 基于点云数据的山区高速工程全区域表面质量评价 …… 152

7.1 相关概念界定 …………………………………………………… 152

7.2 点云数据预处理方法 …………………………………………… 159

7.3 高速公路表面质量评价指标与方法 …………………………… 173

7.4 高速公路表面质量智能评价程序开发 ………………………… 188

参考文献 ………………………………………………………………… 198

第 1 章
山区高速公路建设项目管理概述

1.1 高速公路建设项目管理的特点与现状

1.1.1 公路工程建设管理的特点

建设项目管理是指运用系统思想和科学的理论方法,对建设项目全过程进行的计划、组织、控制、协调等管理,在规定的质量和工期要求下,提高投资效益。作为基础设施建设项目,公路工程具有线路长、涉及面广、流动性大、施工工艺复杂、工程量大、标准高、专业性强、人员分散等特点,其建设管理的成功与否不仅关系到项目投资效益的高低,更直接影响到当地及沿线经济的发展,影响到社会资源的有效配置。随着公路工程建设规模不断扩大,社会期望目标日益提高,对建设项目管理的要求也越来越高。

高速公路的野外作业模式、多方管控、多重目标、工程内容多样等的特性,决定了其项目管理具有高度的复杂性和不确定性。高速公路建设项目管理理论体系庞大而复杂,在项目实施过程中不仅需要考虑项目的总体利益还要考虑不同利益相关者的利益。在利益相关者当中,施工方的项目管理能力对于项目整体目标的实现具有至关重要的作用。此外,高速公路建设项目需要在质量、进度、造价、安全等多个目标体系之间建立平衡,高速公路必须要在确保质量、安全等目标的前提下,实现对造价、进度的有效控制。与一般的工程项目管理相比,高速公路建设项目具有建设周期长、复杂程度高、协调工作量大、技术难度大等特点。

1. 长期性

公路工程建设项目的管理期较长,从立项、预可行性研究、工程可行性研究、勘察设计、招投标与项目启动、工程施工、工程验收与交接、试运行到最后竣工验收,一般要跨越 5~6 个年份。

2. 复杂性

高速公路包含路基工程、桥梁工程、隧道工程、交通工程、通信工程和绿化工程等各种专业类型，需要多种专业化的施工队伍和施工人员参加建设，工程技术难度大、交叉作业频繁。由于参建单位的不同、人员组成复杂、变动大，项目参建各方在技术水平和管理能力的强弱，直接关系到公路建设项目各项目标的达成度。

3. 多方协调性

公路工程建设项目的涉及面很广，在一个完整的建设周期内，涉及交通主管部门、业主单位、设计单位、多家承包商、多家监理单位等数十家直接相关单位；同时，沿途还涉及各级政府、电力电信、材料供应厂家等多个部门。因此，公路工程建设管理不仅要解决好项目组织内部的协调问题，还应该处理好项目的外部协调问题，包括与政府部门、金融组织、社会团体、服务单位、新闻媒体以及周边群众等的协调。

4. 社会性

公路工程建设项目投资额度大，建设完工以后将长期发挥作用，这就决定了它的社会性，即项目实施过程中和投入使用后，会给当地经济、社会和环境带来影响。因此，在公路工程建设管理过程中必须考虑到其社会性的特点，将促进所在地区经济与社会发展作为项目建设目标之一，对社会效益和环境效益加以重点考虑。

5. 目标多重性

由于项目各参建单位的利益出发点不同，项目目标体系具有不一致性与一致性的矛盾。一方面，各个单位的具体目标与总体目标之间存在着不一致性，例如，对于公路工程建设项目的业主来说，是建设项目早日建成投入使用，同时实现投资最小、工期最短、质量最佳，以及项目建成投入使用以后带来的社会效益与环境效益等最大化；而承包商追求的是从事该项工作可给本单位带来的利润，而对于建设项目本身的效益并不关心。另一方面，由于各个参建单位能够保证其目标实现的前提是建设项目的完成，即按照业主的要求在保证总目标实现的前提下才能实现具体单位的分目标，因此又具有目标的一致性。公路工程建设管理的过程本身就是目标不一致性与一致性的矛盾和统一，具有管理的难度，需要建立以业主为主体的激励和约束机制来实现其管理。

1.1.2 我国公路工程建设管理的现状

近几年来，我国公路工程特别是高速公路建设正以前所未有的速度发展，不仅带动了运输结构的改善和运输服务水平的提高，而且促进了沿线产业结构的优化和区域经济的发展，带动了沿线土地的增值，加快了中小城镇的拓展和城乡经济一体化的进程，伴随着产业集群的集聚并沿轴线方向扩散，形成了一系列快速发展的"经济走廊"。公路工程建设管理的理论和实践水平也在不断提高，投融资体制不断改革与完善，建设项目法人责任制、招标投标制、合同管理制和建设监理制的积极推行，促进了公路工程建设事业的发展。然而，在先进的管理理念和管理方法不断涌现的新形势下，我国公路工程建设的管理理念、管理模式、合同管理、信息管理和项目管理方法等都需要进一步发展和创新。

1. 建设管理理念在更新

目前，项目建设管理模式的确立和管理制度的建设受到项目建设管理者的普遍重视，然而，一些项目尽管有了完善的建设管理模式和管理制度，却由于没有严格地执行而导致项目以失败告终。执行力不足是当前中国公路工程建设管理面临的最大问题之一，也是长期困扰建筑行业的首要问题，已经成为制约许多建设项目管理水平提高的瓶颈。因此，急需更新现有的建设管理理念，强调对建设目标的一致认同、持久关注、切实执行和控制反馈，以"凡事重在落实"为基本理念，来解决新形势下公路工程建设管理所面临的一系列问题。

2. 建设管理模式在改革

传统的公路工程建设一般采用"工程指挥部模式"，依靠行政权力、运用行政手段实施工程建设管理。由于工程指挥部是临时性的非专业化组织，一定程度上影响了公路工程建设管理水平的提高。随着1996年国家计划委员会《关于实行建设项目法人责任制的暂行规定》的出台，建设管理模式改革的步伐日益加快，项目法人责任制、代建制等管理模式开始试点，专业化的管理公司模式也逐渐推行。

公路工程建设组织实施方式也从传统的 DBB（即设计—招投标—建造）模式向多样化方向发展，形成 DBB 模式、DB（即设计—建造）模式、EPC（即设计—采购—施工）模式和 CM（即建设管理）模式等多种方式并存的局面。不同的建设组织实施方式有其优缺点和适用范围，需要根据项目特点和业主管理水平灵活选择，以实现管理效益的最大化。

3. 公路工程建设合同管理在强化

我国推行合同管理起步较晚，自 20 世纪 80 年代初期颁布《中华人民共和国经济合同法》以来，合同管理才纳入规范化、法制化的轨道，而在公路工程建设领域，合同管理的应用还处于起步阶段。公路工程建设项目的实施是通过签订一系列的建设合同来实现的，而参建各方合同的履行则需要依靠各种管理制度和管理办法来进行规范和约束。

目前，在公路工程建设管理过程中，业主虽然制定了各种管理制度和管理办法，却往往由于各种原因，这些制度和办法的执行与合同的履行处于两条腿走路、各不相干的状态。因此，如何真正将公路工程建设项目的各种管理制度、管理办法融入合同管理的全过程当中，实现动态化的过程控制，将管理制度、管理办法真正渗透到建设管理的方方面面当中去将是强化公路工程合同管理的重点。

4. 公路工程建设信息管理的深化

为解决公路工程建设工期紧、管理任务繁重的问题，我国公路建设部门开始重视运用现代化信息管理手段对高速公路建设进行管理。一些大型公路工程建设项目引入或自行开发了项目软件和项目管理系统，体现了现代项目管理理论和系统思想。然而，从国外引入的 P3 等项目软件与我国公路工程行业特色有所出入，有待结合我国建设管理实践做进一步的开发；而国内自行开发的同类软件虽然比较实用，但在项目管理理论和系统性方面还亟待提高。

同时，我国公路工程建设信息管理还存在软件应用不统一、数据不兼容、版本过多等不足。随着现代项目管理理论和计算机网络信息技术的快速发展，国内某些大型公路工程建设项目开始积极开发和运用项目信息化管理系统，以保证项目建设的顺利进行，满足建设管理工作规范化、科学化的需要。

5. 公路工程建设管理方法的创新

随着美国项目管理协会（PMI）《项目管理知识体系》和中国建筑业协会

工程项目管理委员会（CPMC）《中国工程项目管理知识体系》的颁布，项目管理方法的总结、集中研究与完善受到广泛的关注。许多先进的项目管理方法也开始在公路工程建设领域得以应用和推广，包括对项目建设目标的直接管理方法，如 PDCA 循环、因果分析法、网络计划方法、挣值法等，和对项目建设过程的管理方法，如合同管理、人力资源管理、库存管理、信息技术的应用、风险评估等。

然而，上述的管理方法均没有将公路工程建设项目看作一个系统，而是将项目建设目标和建设过程割裂开来进行管理，不能实现系统最优的效果。因此，需要运用系统思想对公路工程建设管理方法加以优化和创新，通过信息反馈与调控，对公路工程建设管理的各目标、各环节、各要素、各过程进行全面协调，以保证项目整体效果最优。

1.1.3 公路工程建设管理发展趋势

随着项目管理理论的发展和国际上先进的项目管理理念、方法、惯例的引入，我国公路工程建设管理的理论和实践也在不断发展，一些传统的管理理念和做法逐渐退出历史舞台，理论界和项目建设管理者们不断探索新的管理理论和方法，如：注重环境与安全管理、建设管理集成化、信息化技术应用等。

1. 注重环境安全管理

世界上最重要的资源是人类自身和人类赖以生存的自然环境，保证员工的健康、预防事故以及保护环境是公路工程建设管理的一项重要工作。安全、环境与健康管理在项目建设过程中有着密不可分的联系，因而把健康、安全、环境整合在一起形成一个管理体系，进行一体化管理，主要包括：一切事故都可以预防的思想；全员参与的观点；层层负责制的管理模式；程序化、规范化的科学管理方法；事前识别、控制险情的原理和可持续发展的观念；各国政府制定的日趋严格的环境保护政策，以及人类与日俱增的对未来社会的责任感。因此，需要从公路工程建设管理的角度，对其施工场所、建设过程和建筑产品进行全寿命周期的分析和研究。同时，注重废物处理、资源管理、交通运输和环境污染的改善等与公路工程建设管理相关的方面。

2. 建设管理集成化

公路工程建设项目是一个复杂的系统工程，建设项目从策划、启动、实施、交付使用到运营的整个过程是一个有机的整体，其系统性可以从管理目标的系统性、生命周期过程的系统性以及参与各方的系统性等多个角度进行分析。但传统的项目管理没有重视项目的系统性和集成性，不能对项目进行系统的规划，而是将它们隔离开来，单独或阶段性地考虑问题，因此很难达到整体最优的效果。而系统理论认为局部最优不一定是全局最优，全局最优才是项目管理追求的最高目标。随着计算机技术、通信技术、控制论、系统论的发展以及工程项目自身的系统性质，需要采用集成化的方法对公路工程建设项目进行管理。建设项目集成化管理是一种基于信息技术，运用系统工程原理，全面考虑工程项目的不同管理目标、生命周期全过程以及各个参与方之间的动态关系，以实现高效、优质、低耗目标的建设项目管理模式，必将得到推广应用。

3. 建设管理信息化

由于公路工程建设项目线长、面广、数据繁杂，要有效进行建设管理，必须要有一定的信息处理能力和较快的信息传输速度。近年来，我国公路建设管理越来越依赖于先进的信息技术，特别是 BIM 技术与 GIS 技术在我国公路领域得到越来越广泛的应用。

随着三维数字技术的迅猛发展，三维空间模型成为工程相关信息获取的主要来源。其中，BIM（Building Information Modeling）技术是利用三维实体模型获取工程项目所有的几何、物理、功能和性能信息，对提高工程项目设计、施工及运营的科学管理能力，实现工程项目全生命周期各个阶段数据信息化，具有巨大的应用价值和广阔的应用前景。BIM 软件利用自动化精确的工程计量分析，形成结构化数据，减少了以往利用二维图纸进行人工量算而产生的计量误差，节省了技术人员在计算中的所耗费的时间，更在此基础上提高了数据的准确性，为工程量信息的获得及统计分析提供了快速、精细化的技术支撑。但其在工程项目位置信息获取、周围环境搭建等方面尚存在欠缺。

而对于 GIS 技术，即将图形进行数字化处理，并将空间图形与相关数据库建立连接，实现工程项目空间地图与位置信息数据的有效结合，确保可以通过计算机及时获得施工进度信息，为项目施工管理提供依据。三维 GIS（又称 3DGIS）将工程进行了三维化处理，通过利用空间数据库完成对三维实体及地理空间数据的集成，完善大场景构建，进而确保信息的完整性，同时，对于项目施工过程所形成的空间数据及属性数据具有强大的管理及分析功能。但由于三维 GIS 对构筑物的模型精度不够,无法实现建筑单体内部的碰撞及工程量分析,同时目前 3DGIS 主要利用 3ds MAX 等软件进行人工建模,其效率低且成本较高。

1.2 山区高速公路建设项目管理的目标控制

目标控制是公路建设项目管理的基本方法,建设项目的目标控制是指在一定的约束条件下,运用项目管理技术,对项目进行有效的计划、组织、指挥、协调和控制,以实现工程建设目标的专业化管理活动,主要包括质量、进度、成本用等目标的实施与控制。

1.2.1 公路建设项目的进度控制

1. 进度计划的基础概念

项目进度计划是指在项目实施过程前,在对项目的资源情况准备工作充分了解的基础上,对所涉及的各个工作进行合理安排。本书中指根据高速公路的建造顺序,各个工作的开始及完成时间,对各项公路工作进行合理排序,使工程在项目合同计划的期限内按时完成。合理的项目进度控制是项目进度管理的重要保障。项目进度计划是施工项目中各项工作在时间与空间上的安排与配置,即根据合同的实施目标与工程项目的开展顺序,对所有的项目活动做出时空上的合理安排。具体流程为根据竞标计划书,确定项目的施工期间与开始与结束施工时间,根据项目工程中涉及的主要工程内容,确定施工前的准备工作,如相关的员工、施工中的机械设备、仪器仪表、原材料、计划分析文件等资源的需求数量与分配情况。因此,项目进度计划涉及整个项目的所有阶段,是合理分配项目资源,安排项目施工时间,保证项目按合同计划顺利完成,合理控制项目整体投资的有效前提。

项目进度计划是项目资源在时空中的合理配置,即其中一个重要信息为时间安排,项目进度涉及的时间众多,主要包括如下一些要素:施工期限、最早开始时间、最早结束时间、最晚开始时间和最迟结束时间、时差与其他计划时间。施工期限,又称为施工作业持续(Finish time,F),简称工期,是完成一项工作实际需要耗用的时间。在项目进行招标成功之后,招标公司都对项目有一个预算的工期,根据此工期来控制项目进度的整体进度,根据有剩余工期的比较，可以了解项目进度与计划相差多少，随时调整计划，调整施工方案，争取在项目计划周期内完成。一个项目的完成是一个连续的过程，不仅仅只受自身的影响，在项目工程中不仅要考虑本项目的工期长短，还要考虑紧前紧后项目工期的影响，通过整体把握项目工期，能够有效缩短整个工期时间。最早开始时间（Earliest Start-time，ES）是指某一工作能够最早启动施工的时间。最早结束时间（Earliest Finish-time，EF）是指某项工作能够最早完成的时间，是由某一工作最早开始时间的节点加上这项工作的计划工期时间计算而得。最晚结束时间（Latest Finish-time，LF）和最迟开始时间（Latest Start-time，LS）与以上 EF 与 ES 定义相似。LF 是指为了保证项目在合同要求完工时间内完成，某项活动必须完成的最迟时间。LS 是指为了使项目在合同要求完工的时间内完成，某项活动必须开始的最迟时间。最迟开始时间由最迟结束时间减去此工作的计划工期时间段而得。如果最迟开始时间与最早开始时间不同，那么该项工作的启动时间就可以浮动，称之为时差（TS）。

时差即可以由最晚开始时间与最早开始时间的时间差确定，又可以由最晚结束时间与最早结束时间确定。计划时间是指我们进度计划中选择施工的时间，一般在最早与最晚之间。该项目的初始建设时间为项目的基线日期，当前选择的计划日为计划安排的日期。

2. 项目进度控制基本理论

控制理论最早出现在 1948 年，诺伯特·维纳出版了专著构建了初步的控制理论体系，引起了学术界的广泛关注。项目进度控制是指项目管理者根据项目合同的要求，对项目涉及的所有与进度有关的信息、资源、人员等相关因素的控制，具体是指对项目进度动态监控，根据项目计划进度不断追踪实际工作的施工完成情况，寻找进度偏差原因、进行偏差调整；管理者应该综合使用各种方法来合理组织项目中的信息、资源、人员等资源，将项目的实际施工情况控制在计划目标范围内，同时在考虑费用最小、质量最优的目标下，努力缩短建设工期，从整体上对影响进度的因素进行控制与调配，实现整体利益最大化。

管理中的四大职能为计划、组织、实施与控制。项目进度控制管理也同管理一致，进度计划编制是项目进度控制的初始阶段，保证项目实施过程中有计划可遵循，使项目在一个相对合理的范围中进行。因项目建设所依托的环境的复杂性，影响工程进度的因素无时不在，无处不有，即进度计划实施过程中由于新情况新问题的不断出现，常常使得工程建设的实际建设情况偏离原计划进行。所以需要项目在项目管理者实施工程中，实时密切关注项目的实际执行情况，与计划进行比较，及时发现偏差，分析产生偏差的原因，制定相应纠偏措施，以维持原有计划的正常措施。在出现重大进度偏差问题时，采取纠偏措施也没有办法维持原计划，就需要结合实际情况，重新制订新的进度计划，使整体利益最大。因此可见，项目进度控制是一个不断发展、动态的循环过程，中间需要不断地编制、观察、分析和调整。而信息回馈作为各个循环间的桥梁，起到衔接的效果，确保研究归纳步骤的前端循环，可始终对接上计划步骤的后端循环，对前步骤所存状况进行处理，且对该经验进行使用，由此使各个循环达成某个封闭有效的回路。

项目进度控制是一项复杂的系统工程，涉及勘查环境、设计路线、工作准备、构建组织、施工监控和其他多项内容，各方面都以项目的主进度计划为基础而进行。进度控制通常有以下特点：项目进度控制是一个动态过程。工程项目的建设过程涉及因素较多，不可控因素也较多，如天气、自然资源等环境，所以项目进度的控制过程是处于不断变化的过程，所以，进度计划的编制应该反映此特征，可以根据变化及时做出计划，是项目始终处于有计划可遵循与指导的环境中。项目进度控制是一项系统管理工作。项目进度计划编制中既有总的纲领性计划，又有按月按周的计划，它们之间相互联系、相互影响。因此项目进度控制不仅仅是控制项目实施过程中某一分项的进度计划，而是一项系统管理工作，实施过程中要有全局观念。项目进度控制具有阶段性和不确定性。工程项目发展的各个阶段，如项目准备阶段的工作和实施阶段的开始施工与竣工验收等都有确定的开始与结束时间，所以相应的进度计划和实施控制的方式也有不同，表现出阶段性。另外，在项目实施过程中，天气等自然环境因素在不断发生变化，使得进度计划的执行常需因环境做出相应改变，这给进度控制工作带来一定的困难。

1.2.2 公路建设项目的质量控制

1. 公路工程项目质量控制的特点

施工是形成工程项目质量的关键环节，所以，施工阶段的质量控制是工程项目质量控制的重点。在施工过程中，由于项目施工涉及面广，是一个极其复杂的综合过程，再加上公路工程项目整体性强、建设周期长、受自然条件影响大的特点等。因此，公路工程项目的质量比一般工业产品的质量更难以控制，主要表现在以下几个方面：

1）质量影响因素多

如设计、材料、机械、地形、地质、水文、气象、施工工艺、操作方法、技术措施、管理制度等，均直接影响施工项目的质量。

2）容易产生质量变异

不同于工业产品有固定的自动流水线，规范的生产工艺，成套的生产设备和稳定的生产环境等，由于影响施工项目质量的偶然性因素和系统性因素较多。因此，很容易产生质量变异。如材料性能微小的差异、机械设备正常的磨损、操作微小的变化、环境微小的变动等，均会引起偶然性因素的质量变异。如果施工方法不妥，操作不按规程，机械故障，设计计算错误等，则会引起系统性因素的质量变异，造成工程质量事故。为此，在施工中严防出现系统性因素的质量变异，要把质量变异控制在偶然性因素范围内。

3）容易产生判断错误

施工项目由于工序交接多，中间产品多，隐蔽工程多，若不及时检查实质，事后再看表面，就容易产生第二类判断错误，即将次判好反之，若检查不认真，测量仪表不准，读数有误，则会产生第一类判断错误，即将好判次。这点，在进行质量检查验收时，应特别注意。

4）质量检验具有隐蔽性

公路工程项目建成后，不可能像某些工业产品那样，再拆卸或解体检查内在的质量，或者重新更换零件，即使发现质量有问题，也不可能像工业品一样实行"包换"或"退款"。因此，必须加强质量控制与管理的强度，以确保公路工程项目一次性形成符合标准及要求的质量。

5）质量问题的公开性

公路工程质量受全社会的关注和监督，质量问题非常敏感，这是由于公路建筑产品的特殊性决定的，即公路建筑产品的使用者具有广泛的社会性以及公路建筑产品一旦出现质量问题会很快引起媒体和社会的广泛关注。这就要求公路工程项目的主管及从业单位必须树立高度的质量责任感，以优质的工作质量来保证公路工程质量，树立政府、企业的社会形象。

6）质量要受投资、进度的制约

公路施工项目的质量受投资、进度的制约较大，质量就好反之，质量则差。因此，在项目施工中度三者之间的关系，使其达到对立的统一。

2. 公路建设项目质量控制基本原理

对公路工程项目这样一个系统工程进行质量控制，必须从公路工程项目自身的特点及其质量影响因素、不同的参与主体以及不同的工程阶段等几方面去入手，采取相应的措施和手段，全方位、全过程地对公路工程项目质量加以控制，并及时发现质量问题和质量隐患，减少不必要的损失，以确保公路工程项目的质量要求，并使进度和投资得到控制。

1）基于实体质量的控制原理

公路工程项目实体质量包含工序质量、分项工程质量、分部工程质量和单项工程质量，公路工程项目的质量控制应从每一道工序的质量控制抓起，将质量控制活动贯穿整个公路工程项目的形成过程中，保证公路工程项目的优质高效完工。

2）基于质量影响因素的控制原理

影响公路工程项目质量的因素可归纳为"人""材料""机械""方法"和"环境"五个方面。当然，对这五方面因素的控制必须贯穿于整个公路工程项目质量的形成过程中，更需要公路工程项目的每个参与者依据相应的技术标准及合同文件各尽其责，在工程的每个阶段严把质量关，为此，才有可能产出优质的经济效益好的公路产品。

（1）人的控制 公路工程项目建设中的人员包括直接参与工程建设的决策者、组织者、指挥者和操作者。为了避免人的失误，调动人的主观能动性，增强人的责任感和质量观，达到保证工程质量的目的，除了加强政治思想教育、劳动纪律教育、职业道德教育、专业技能培训、健全岗位责任制、改善劳动条件、给予公平合理的激励之外，还需根据公路工程项目的特点，从确保质量出发，本着因材施用、扬长避短的原则来控制人力资源的使用。

（2）材料的控制 在公路工程建设中，监理单位及施工单位对材料的质量标准、材料的性能、材料取样、试验方法、材料的适用范围和施工要求等方面进行控制，应着重做好有关材料的相应工作，严把材料质量关。

（3）机械设备的控制 从保证工程项目施工质量角度出发，应着重从机械设备的造型、机械设备的主要性能参数和机械设备的使用操作要求等三方面予以控制。

（4）方法的控制在制定和审核施工方案时，必须结合工程实际，从技术、组织、管理、工艺、操作、经济等方面进行全面分析、综合考虑，力求方案技术可行、经济合理、工艺先进、措施得力、操作方便，顺利提高质量，加快进度，降低成本。

（5）环境因素的控制对于包含工程地质、水文、气象之类的工程技术环境，属于客观存在的硬环境，只有探清工程实地环境，尊重并合理利用之，才能寻求到能保证工程质量的工作环境。对于属于主观因素软环境来说，完全可以凭借主观努力，加强管理力度来完善，使公路工程项目在能确保质量的软环境下有序地进行。

3）基于参与方的质量控制原理

公路工程项目从最初的立项到最终产品成型，其中主要涉及了公路建设的主管部门、勘察设计单位、施工单位、监理单位、业主、质监机构，作为公路工程项目这一特殊产品的共同缔造者，如果各部门各单位都依据一定的质量标准及合同文件各守其职、各尽其能、严加控制，使公路产品质量在各阶段都能满足质量要求，那么，最终的公路工程项目质量必然是符合质量要求及验收标准的。如何使公路工程项目的不同参与者能各守其职，各负其责，以形成符合质量标准的公路产品首先应当明确公路工程项目的不同参与主体的职能与相应质量责任，然后通过完善各项管理制度以及建立明确的质量责任制，确保质量责任落到实处，达到公路工程项目质量控制的效果。

4）基于不同阶段的质量控制原理

公路工程项目经过筹建、设计、施工、竣工等阶段才完成公路产品的生产。显然，公路工程项目的质量好坏与各个阶段的质量控制息息相关。因此，为了获得精品工程项目，质量控制活动必须贯穿公路产品的全过程的各个阶段，虽然各个阶段的质量控制侧重点不同。政府作为市场经济下社会事务的宏观调控者和维护市场公正与正常运转的服务者，在公路项目实施全过程中，交通主管部门应当协调好各方利益与关系，利用行政、法律、经济等手段，使各参与主体围绕质量去搞公路建设，并且根据项目实施各个阶段的特点，重点明确地加强公路工程政府质量管理。习惯上，把公路工程项目筹建阶段称为投资前期，把包括设计、施工招标、施工和竣工等阶段称为投资执行时期，所以质量控制也可按这两个不同的阶段来加以处理。

1.2.3 公路建设项目的成本控制

1. 成本控制概念

工程项目施工节点中成本的概念就是指某个工程在施工过程中所发生的全部费用,其中主要包括两大方面,即直接费用和间接费用。直接费用指的是施工过程中构成工程实体或者用于工程实体形成的各项成本费用,主要包括人工费、材料费、机械费和措施费等;间接费用指的是为组织管理在施工过程中所发生的全部费用,主要包括施工企业管理人员的工资等福利费用、固定资产折旧及维修费、办公费、管理用水电费、行政管理费、物资消耗及摊销费用、检验费、工程保修费、劳动保护费及其他费用。成本作为施工企业对工程项目是否盈利的标准,是工程项目所有参与者关注的核心。

工程项目中的成本控制通常是指随着在施工进度不断推进的过程中,成本管理部门为控制项目成本,以实现降低施工成本,达到预期的成本目标而进行的一系列成本管理活动。成本控制是一个过程,在这个过程中使用相应的方法及手段使得项目的成本控制在合理的范围之内,减少项目的总投资,取得更大的经济效益。工程项目成本控制分为事前、事中及事后三个阶段。事前控制阶段即成本预算阶段是整个成本控制的关键,它能直接影响事中及事后控制的复杂程度及工作量;事中控制阶段即施工阶段成本控制是事前控制的反馈,同时作为事后控制参考依据,它的结果可以传递至事前和事后控制中去;事后控制即成本结算阶段是整个工程项目成本控制的最终体现,同样事后控制的结果也可以传递到事前及事中控制当中去。三个阶段的成本控制工作相互关联、相互传递,使成本控制工作更加充分合理,加强了成本控制的有效性和合理性。

施工阶段的成本控制是指在合理的运算方法之下计算项目施工运行过程中所需的成本,并对这部分成本与前期预算成本项对比,保障预算成本及实际成本数额。工程项目施工阶段成本控制工作主要包含以下内容:

1)人工费的控制

人工费指的是用于支付直接从事建筑施工的生产工人的各项费用,对人工费的控制应依据定额、施工组织设计和分解的目标责任成本,减少非生产用工和无产值用工。在降低人工费时,首先要考虑影响人工成本的因素,影响人工成本的直接因素包括劳动生产率、地区物价水平及国家对企业人员保障方面的要求。现阶段多采用通过合理的人员安排、提高技术人员能力等方法来提高工人工作效率，降低用工数量。

2）材料费的控制

材料费指施工过程中耗费的原材料、辅助材料、构配件、零件、半成品或成品、工程设备的费用，材料费用的控制就是采用一定的方法对所耗费的材料成本实施控制，减少材料的消耗，降低成本。材料成本的控制主要从控制材料价格和控制材料用量两方面入手，在实际工程中，相关部门要从影响材料消耗的因素及材料采购成本构成要素进行分析。

3）机械费控制

机械费指在施工过程中使用自有施工机械所发生的费用，包括机上操作人员工资福利、燃料动力费、机械折旧费、修理费等用于大型机械的费用。关于施工机械费的控制，要合理地选用机械，充分发挥机械的能效，还要合理安排施工段落，以提高现场机械的利用率，减少机械费用成本，定期保养机械，提高机械完好率。

2. 成本控制原理

成本控制是一个动态的过程，在这个过程中首先要制订施工成本计划，确定成本控制的目标，然后选取适合的控制点定期对施工成本计划与实际成本数据进行核算，对二者之间的偏差进行分析，最后确定该偏差的严重性以及产生偏差的原因，有助于成本管理人员对偏差进行有针对性的纠偏，保证成本控制目标的实现。

1.3 保山-施甸高速公路建设项目工程概况

1.3.1 工程概述

省高网 S41 维（西）永（德）高速公路保山至施甸段（以下简称"本项目"）是规划的省高网 S41 维西永德高速公路的重要路段，也是杭州至瑞丽高速公路（G56）的纵向连接线。项目起点接杭瑞高速，通过杭瑞高速转换可连接保山市绕城高速及昌保高速，止点与规划维永高速施甸至永德段顺接，为新建双向四车道高速公路工程。

路线总体由北向南展布，经小官市村东侧，设置小官市隧道（左幅长 2 175 m、右幅长 2 185 m），路线经龙洞村东侧，设置热水塘 1、2、3 号隧道（左幅分别长 410、540、575 m，右幅分别长 405、595、560 m）。出隧道后路线经兵斗寨，由旺镇东侧、银川东侧，于 K19+331.581 设置由旺立交及联络线与 S229 连接，方便由旺镇、水长乡、水长工业园区、华兴工业片区上下高速公路，之后经保场村东侧，设置保场隧道（左幅长 905 m、右幅长 820 m）。出隧道后路线经仁和镇东侧，于 K26+838.969 设置施甸立交及联络线与 S229 连接，方便施甸县、仁和镇及附近村庄上下高速公路，之后路线沿施甸县城东侧布设，设置肖家寨隧道（左幅长 1 240 m、右幅长 1 207 m）。出隧道后路线经小田坝，于 K31+530 设置施甸服务区。路线止于施甸县城东侧莽中寨附近，止点桩号为 K33+447.662，近期接施（甸）卡（斯）公路，远期接规划 S41 维（西）永（德）高速公路施甸至永德段。路线全长 33.49 km（综合里程），项目起止点里程：K0+000 ~ K33+447.662。

1.3.2 技术标准

本项目主线按双向四车道高速公路标准建设，设计速度 80 km/h、路基宽度 25.5 m；由旺立交联络线按双向两车道二级公路标准建设，设计速度 60 km/h、路基宽度 10.0 m；施甸立交联络线按双向四车道一级公路标准建设，设计速度 60 km/h、路基宽度 20.0 m。主要技术指标见表 1-1。

项目主线全长 33.49 km（综合里程），另同步建设由旺、施甸立交联络线分别长 2.09 km、4.39 km；主线全线共设桥梁 11 154.61 m/35 座（桥长按双幅计列，含立交区主线桥，下同），均为大桥；共设隧道 5 795.285 m/6 座（隧道长度按整幅计，下同）。其中：长隧道 3 401 m/2 座，中隧道 1 986.685 m/3 座，短隧道 407.5 m/1 座；桥隧总长 16.95 km，桥隧比 50.61%；设置 3 座互通式立交，分别为大官市、由旺、施甸立交，其中大官市立交为本项目与 G56 杭瑞高速连接的枢纽立交，由旺、施甸立交为一般互通式立交。

表 1-1 主要技术指标表

序号	指标名称	单位	主线	联络线	
1	公路等级		高速公路	一级公路	二级公路
2	设计速度	km/h	80	60	60
3	路基宽度	m	25.5	20.0	10.0
4	中间带（含左侧路缘带）	m	3	3	—
5	行车道宽	m	4×3.75	4×3.5	2×3.5
6	硬路肩		2×3.0	2×0.75	2×0.75

续表

序号	指标名称		单位	主线	联络线	
7	土路肩宽		m	2×0.75	2×0.75	2×0.75
8	圆曲线最小半径	最大超高 10%	m	220	115	115
		最大超高 8%		250	125	125
		最大超高 6%		270	135	135
		最大超高 4%		300	150	150
9	竖曲线最小半径	凸型	m	3 000	1 400	1 400
		凹型		2 000	1 000	1 000
10	最大纵坡		%	5	6	6
11	最小坡长		m	200	150	150
12	停车视距		m	110	75	75
13	桥梁宽度		m	12.5		
14	设计洪水频率			特大桥 1/300 其他桥涵及路基 1/100		特大、大、中桥 1/100 其他桥涵及路基 1/50
15	隧道建筑限界			净宽：10.25 m，净高：5.0 m		
16	路面类型			沥青混凝土		
17	路面设计标准荷载			BZZ-100 kN		
18	地震基本烈度			设计地震动峰值加速度值系数为 0.2g		
19	汽车荷载等级			公路-Ⅰ级		

1.3.3 主要工程数量

本项目设隧道 6 座，单洞长度 11 617 m，分别为：小官市隧道（左 2 175 m，右 2 185 m），热水塘 1 号隧道（左 410 m，右 405 m），热水塘 2 号隧道（左 540 m，右 595 m），热水塘 3 号隧道（左 575 m，右 560 m），保场隧道（左 905 m，右 820 m），肖家寨隧道（左 1 240 m，右 1 207 m）。大桥 35 座，桥长全长 22 309.22 m（按单幅计，含立交区主线），无中、小桥；涵洞 11 道；通道 13 道；跨线桥 3 座；互通式立交 3 处；服务区 1 处；停车区 1 处；养护区 1 处。

1.3.4 工程地质与水文气象

1. 地形地貌

路线区域群山连绵，山脉、沟谷和凹地相互交错，路线起点至K16段展布于保山盆地与施甸盆地之间的群山间，K16至止点段沿施甸盆地东侧边缘展线，山区路段存在集中升、降坡，地形对路线克服高差影响较大。区内山脉走向受构造影响多呈近南北走向，由于河流、洪水溯源侵蚀较严重，沿施甸盆地边缘山体东西向的"V"形冲沟发育。区内海拔最高点2 074 m（老白坟山），海拔最低点1 470 m（施甸盆地）。路线区域地貌形态主要有溶蚀侵蚀洼地地貌、溶蚀侵蚀低中山地貌、溶蚀断块山地貌和构造溶蚀湖积盆地地貌四种。

2. 工程地质条件

路线区域处于青藏滇印尼巨型歹字形构造体系中段与经向构造体系相复合部位，这两类构成了本区的基本构造格架。零星的纬向构造体系的构造形迹对后期构造运动的制约作用，路线走廊带内构造主要有大矿子断层（F29）、平沟断层（F28）、王家山断层（F27）、搬家寨断层（F9）和松坡头向斜（55）。

线路覆盖土层主要为第四系的人工填土、冲积、湖积、残坡积。出露基岩主要有第三系、三叠系、石灰系、泥盆系、寒武系地层。

根据地形地貌、地层结构及地下水赋存条件，区域地下水类型可划分为松散岩类孔隙水、基岩裂隙水和岩溶水三类。

1）松散岩类孔隙水

主要分布于山间凹地和冲沟内第四系冲洪积层孔隙中，富水性弱，地形低洼地段地下水位埋藏较浅，对填方路基稳定性有影响，应加强截排水设计。

2）基岩裂隙水

主要分布于泥盆系下统（D_1）、志留系中统上仁和桥组（S_{2r}）、志留系下统下仁和桥组（S_{1r}）、奥陶系下统岩箐组（O_{1y}）和寒武系保山组上段（$\in_{3b2}$）页岩和粉砂岩裂隙中，富水性弱。山坡上地下水位埋深一般在20.0 m以上，对填方路基影响较小，但对深挖路堑的人工边坡、路基有影响，应加强排水设计。在沟谷局部地段出露于地表，对路基稳定性不利。

3）岩溶水

主要赋存于泥盆系上统大寨门组（D_{3d}）、泥盆系中统何寨元组（D_{2hy}）、泥盆系下统（D_1）、志留系上统（S_3）、志留系中统上仁和桥组（S_{2r}）、志留系下统下仁和桥组（S_{1r}）、奥陶系上统上蒲缥组（O_{3p}）、奥陶系下统岩箐组（O_{1y}）和寒武系保山组上段（$\in_{3b2}$）的碳酸盐岩节理裂隙及岩溶孔隙中。多呈管道式径流、排泄，富水性中等。山坡上地下水位埋深一般在20.0 m以上，对填方路基影响较小，但对深挖路堑的人工边坡、路基和隧道有影响，施工中注意排水。

3. 气象与水文

路线属热带—亚热带气候，雨量量充沛，干湿季节分明，气候温和潮湿。多年平均降雨量 1 139.9 mm，最大极值 1 916.1 mm，最小 889.8 mm，雨季主要集中在 5—10 月，年平均蒸发量 1 665.1 mm，最高极值 2 010.5 mm，最低 1 405.3 mm。区域内丰富的降雨量是地下水补给的主要来源，并因季节的变化，致使地下水也随季节有明显的动态变化。年平均气温 15.80 ℃，年平均最高气温 32.20 ℃，年平均最低气温-4.90 ℃，最热月份为 6—8 月，最冷月份 11、12 月及次年 1、2 月，最低气温 0~20 ℃。气候垂直分布明显，处于不同海拔高度的地区差异甚大。河谷地区颇为炎热，终年无霜；高山地区则较寒冷，冬末春初，常有短暂积雪。

本区地表水较丰富，均以怒江水系为主，走廊带内沟壑纵横，河流较多，但一般较小，区内主要为怒江水系。怒江呈南北走向，路线经过处河谷宽，河漫滩、地阶发育。由于河流两侧新构造运动的不均匀性，河流两岸阶地不对称，河流阶地已改造成农田。区内由于地形切割，水系发育，地表水系多为地下水的排泄场所，但局部地段地表又成为地下水的重要补给源。尤其岩溶山区更为突出，地表水时而没入地下，时而复出地表，形成复杂的互补关系。路线内主要经过的河流为施甸河。

4. 地 震

区内新构造运动迹象丰富多姿，其表现为挽近时期地壳运动的不断升降，致使地势反差强度和地貌景观差异。主要表现为地壳间歇性和不均匀升降运动以及新构造运动的褶皱、断裂活动。近代地震较频繁，发生多次大于 5 级以上的破坏性地震，常发生在"歹"字形构造和经向构造复合部位，属构造强化地带，尤其是主干断裂继承性活动更为强烈。本项目西部与腾冲—泸水、龙陵强震带相毗邻，东部受耳马—澜沧江地震带波及。路线所经区域地震动峰值加速度为 0.2g，地震动反应谱特征周期为 0.45 s，相应的地震基本烈度为Ⅷ度。

1.3.5 项目建设条件分析

1. 建设条件

1) 施工场地狭窄，互相干扰较大

路线全长 33.49 km（综合里程），现场地形复杂，山势陡峻，施工环境复杂。隧道不良地质发育，围岩差，洞口处多为"V"形山谷，两岸桥台地形陡峻，施工场地狭窄，多处桥隧相连，作业面多且集中，施工中相互影响，干扰大。

2) 便道线路长，保通压力大，协调难度高

本项目路线走向上与既有公路（省道、县道、乡道、村道均有）等线路多处存在交汇，需要制定道路保通方案，主要采取在交叉路口设置警示标志、减速带、专人指挥等措施进行交通疏导及安全防护。本项目处于水长乡、由旺镇、仁和镇、甸阳镇的彝族、布朗族、回族等少数民族居住地，存在不可预见的生产生活干扰隐患。另外，涉及地方问题，征地拆迁的工作难度大。

3) 施工组织管理难度大

项目工程量大，主要施工点位于高山峡谷区，施工作业面广，既有道路狭窄，通行能力差，很多需进行临时征地修建便道，保通难度大。原材料运输受道路条件影响，设备、材料等进场相对困难，对合理的资源配置和施工进度安排要求相应较高，施工组织管理难度极大。

4) 生态环境好，水环保要求高

线路沿线植被茂密，山岭区森林覆盖率较高。独特的气候类型，不同的地貌形态和森林环境，孕育了丰富的生态资源。施工现场的各种扬尘、废水、废气、废泥浆、废渣等容易对周边环境造成污染和危害。尤其是隧道弃渣量较大，需转移到指定的弃土场、弃渣场内的季节性流水，对弃渣场进行防护、绿化和复耕及水环保要求较高。

2. 工程中的重点、难点

肖家寨 2 号大桥墩柱为薄壁空心高墩，最大墩高 77 m，施工周期长，安全风险高，制约总工期，是本工程的重点；小官市隧道属长隧道（左洞长 2 175 m，右洞长 2 185 m），隧道围岩形式多样，部分地段有涌水、突泥、岩溶、断层等地质灾害，施工难度大，制约总工期。

第 2 章

BIM 技术及其在高速公路领域的应用

2.1 BIM 技术基本理论

2.1.1 BIM 技术概念

BIM 至今没有统一的定义，Autodesk 公司是最早提出建筑信息模型概念的，BIM 是基于三维数字信息技术，集成建筑项目各种相关信息的工程数据模型，可以为设计和施工中提供相协调的、内部保持一致并可进行运算的信息。在我国《建筑工程信息模型应用统一标准》中规定：建筑信息模型 building information modeling（BIM）是在建筑寿命周期内，对其物理和功能特征进行数字化表达，并以此设计、施工、运营的过程和结果的总称。

根据 BIM 的定义我们不难看出 BIM 具有参数化和可视化、一致性和协调性、模拟化等特征。BIM 是依照建筑施工图和结构施工图输入将要建造的构筑物的各种信息建立模型，定义好模型信息，把工程参数化，而且你可以通过你建的模型看到实际建成后的样子，BIM 技术可以满足建设方、施工方、监理方、监理方在同一模型上面信息共享，协同管理。建筑信息模型（Building Information Modeling）是以建筑工程项目的各项相关的信息数据作为模型基础，进行建筑模型建立，通过数字信息去仿真模拟建筑物所具有的真实信息。它具有信息完备性、可视化、信息关联性、信息一致性、模拟性、协调性、优化性和可出图性等八大特点。BIM 技术是一种应用于工程设计和施工管理的数据化工具。它通过参数和库存模型整合各种项目相关信息，并在项目规划、运营和维护的整个生命周期内传输，使工程师和技术人员能够正确有效地了解各种建筑信息，为合作提供基础。设计团队与建设主体（包括建筑运营单位）之间，在提高生产效率、节约成本和缩短建设周期方面发挥着重要作用。BIM 技术科技是一种多维（三维空间、四维进度、五维本钱、N 维更多利用）模子信息集成手艺，可以使参与建设项目的所有参与者（包罗当局主管部门、业主、计划、施工、监理、造价、运营办理、项目用户等）在项目从观点发生到彻底撤除的全部生命周期内都能够在模子中操纵信息和在信息中操纵模子，从而从根本上转变从业人员依托标记笔墨情势图纸举行项目扶植和运营办理的工作方式，实此刻扶植项目全生命周期内提高工作效率和质量和削减毛病和危害的方针。同修建中 BIM 的利用近似，桥梁中 BIM 的利用也分为设计阶段、施工阶段、运维阶段三个阶段的科技技术利用。

　　在 BIM 技术还不为大众熟知的时候，工程造价行业就已提出了"全过程造价管理"的理念，包括决策阶段、设计阶段、施工阶段、竣工验收全阶段的管理控制，虽然理论上有所涉及，但实际上仍没有实现整个过程的连续性、统一性、标准化。建设项目的整个生命周期都涵盖于工程造价管理，是工程造价管理中的重点和难点。其中，工程量的计算是工作量最大、最复杂的工作，从估算、概算、预算到结算，每个环节都必须分别进行，耗费了造价管理人员大量的时间。而 BIM 技术给造价行业带来了新的飞跃，包括采购模式、管理模式、组织结构形式，为全过程造价管理提供了坚实的基础，大大缩短了算量时间。如今，随着 BIM 技术的逐渐普及，越来越多的人员接触到软件，一步步地深入了解，纷纷开始了更为复杂的设计，如"既没有标准化单元，又没有一个部分是相同"的南京青奥会议中心、香港"第四期活化历史建筑伙伴计划"中四个建筑其中之一何东夫人医局立面造型奇特、线条畅达，那绵延弯曲的结构与晶莹剔透的幕墙融为一个整体，仿佛一架屹立在明月湖畔慈溪大剧院的水晶钢琴，解决了二维设计绘图误差、数据采集难、准确性较低等问题，通过大数据集成，将各种专业不同格式模型协调到同一平台。创建可视化平台是为了解决多种专业协调问题，例如复杂的外立面、钢结构、室内装饰等的合理分配，正如高级建筑师李培基先生所说："以 BIM 制作出来的模型不但可免除传统 2D 绘图的误差，进一步视像化，更可维持所需的标准，以加强建筑署与持份者之间的信息交流。"

2.1.2　BIM 技术的特点

　　BIM 技术主要具有以下特征。

　　1. 模型信息的完备性

　　除了对工程对象进行 3D 几何信息和拓扑关系的描述，还包括完整的工程信息描述，如：对象名称、结构类型、建筑材料、工程性能等设计信息；施工工序、进度、成本、质量以及人力、机械、材料资源等施工信息；工程安全性能、材料耐久性能等维护信息；对象之间的工程逻辑关系等。

2. 模型信息的关联性

信息模型中的对象是可识别且相互关联的，系统能够对模型的信息进行统计和分析，并生成相应的图形和文档。如果模型中的某个对象发生变化，与之关联的所有对象都会随之更新，以保持模型的完整性和健壮性。

3. 模型信息的一致性

在建筑生命期的不同阶段模型信息是一致的，同一信息无须重复输入，而且信息模型能够自动演化，模型对象在不同阶段可以简单地进行修改和扩展而无须重新创建，避免了信息不一致的错误。

4. 可视化

BIM的可视化即"所见即所得"的形式，是BIM的最基本的特点，对于建筑行业而言，可视化在实际工程中的作用是非常大的，目前我国工程项目逐渐趋向规模化、空间及功能复杂化。我们传统使用CAD制作的2D及3D图纸因其缺乏成本信息的支持，使其可视化程度仅停留在设计效果展示阶段，无法进行碰撞检验、施工仿真模拟等技术上支持，同时也不能提供工程项目参与各方、各专业之间的信息交流及共享的平台。BIM的出现为工程项目的可视化提供了新思路，将人们传统认知中的2D构件以一种仿真的3D立体实物图的形式展示在人们面前，同时以其的各类信息的集合为可视化操作提供了强有力的支撑，为各专业的管理者提供的决策提供了方便，有利于提高整体管理水平、生产效率，降低成本。

5. 协调性

协调是建筑产业中的重点核心内容，不论是工程项目的哪一方人员，都要有着较高的协调能力。我们传统意义上的协调是一旦发现项目在实施过程中出现了问题，就要将相关人士组织起来开协调会，寻找问题发生的原因以及解决办法，而后做出施工变更，这种方法虽可行但不高效。BIM的协调性就可以很好地解决类似问题，BIM建筑信息模型可以在项目开工前期对各专业碰撞问题进行协调，生成协调数据下发至各专业管理人员，减少因碰撞问题产生的其他成本问题。

6. 模拟性

BIM 技术所包含的各类构件的物理信息和其他信息能够直观地反映出该构件的属性，它的模拟性不只是针对所设计的建筑物，还能够模拟出一些真实世界的东西，例如：在设计阶段可以进行节能模拟、日照模拟等；在施工阶段可以模拟砌体墙排砖、塔吊的协同作业等；在运维阶段模拟地震人员逃生模拟及火灾疏散模拟。还可以在招投标和施工阶段向 BIM 3D 模型中加入时间数据进行 BIM 4D 模拟，或者加入成本数据进行 BIM 5D 模拟，从而实现施工阶段对进度和成本的控制。

7. 优化性

我国现阶段的工程项目逐渐趋向大规模且复杂性强的项目，而往往复杂程度达到一定高度就会超过参与人员自身的能力，与此同时，这些项目往往有着施工周期紧张，技术含量高的特点。BIM 模型可以通过调整优化模型，直观地对比一个项目在优化前与优化后的区别，减少不必要的工作，使大型建筑项目的优化成为可能。

8. 可出图性

现阶段工程项目交付图纸仍以 2D 平面图为主，BIM 模型不仅能绘制出常规的建筑设计图纸，还可以将建筑物的可视化展示图、模拟、碰撞、优化后的图纸进行输出，并出具各专业图纸及深化图纸。

2.1.3 BIM 技术的起源与发展

1. BIM 起源

BIM 思想可追溯至 20 世纪 70 年代。1974 年美国乔治亚理工学院教授 Charles Eastman 针对建筑行业设计的实体参数建模系统——建筑描述系统（Building Description System），被认为是 BIM 的起源。随后，据此衍生出了具有中央模型与建筑生命周期概念的建筑生产模型（Building Product Models），被视为 BIM 的前身。2002 年，Autodesk 公司正式提出 Building Information Modeling 的概念和战略规划。BIM 逐渐从少数工程人员口中的模糊概念进入了行业的核心领域。

国内 BIM 研究起步较晚，2005 年，丁士昭首次介绍了全生命周期与建筑信息模型的概念。随后，各类具有探索性和介绍性的论述相继发表，着重对比CAD技术与BIM技术的异同，强调从二维设计转向三维设计在理论层面所具备的优势及必要性。部分研究亦对BIM信息的数据结构及IFC标准有所关注，提出了基于CAD平台搭建BIM系统的设想。此后，关于BIM的研究逐渐由理论转向实用。

2. BIM发展

2007年，building SMART联盟成立，其下属机构统——美国国家BIM标准项目委员会（NBIMS-US）于同年颁布第一版美国国家BIM标准，明确了BIM的定义，确定了数据交换的编码方式，为全美BIM应用提供指导性意见。随后，美国国家BIM标准第二版与第三版分别于2011年及2015年颁布，其指导意见自场地规划至使用经营，覆盖了建筑工程的全寿命周期，成为全球BIM研究的参考标准。BIM逐渐发展成为建筑行业的主流应用型技术。

国内于2011年出版《BIM总论》一书，系统阐述了建筑信息模型、全寿命周期等概念，分析了BIM发展趋势与技术优势。2016年，住建部提出"推广基于BIM的协同设计"，并要求"开发基于BIM的集成设计系统及协同工作系统"。2017年，国务院办公厅明确要求"加快推进BIM技术在规划、勘察、设计、施工和运营维护全过程的集成应用"。BIM技术在我国建筑领域的作用愈加重要。

2.1.4 BIM技术的优缺点

1. BIM技术的优点

可视化：BIM将二维的单一形状立体化，将抽象枯燥的图纸具体生动有趣地展示出来，增强了建筑各方的沟通与交流，信息得到了共享，特别是在进行技术交底或重大节点汇报时更为突出。

协同工作：市政工程专业繁多，各专业工程之间并不是相互独立的，而是千丝万缕、相辅相成的关系，这就需要各专业工程之间相互配合，协调一致。传统的施工，在协调时往往需要项目管理团队进行总体协调，信息不对称或下达不及时会给管理工作带来很多盲目性，施工队伍之间协调性有待提高。而借助BIM技术可以进行有效的指导协同工作。利用BIM技术建立相应的BIM模型，可以完成相应的协调。

模拟演示：实际上，没有BIM也能做模拟，但这种模拟与建筑物的实际变化没有直接实时关联，仅仅是一种可视化效果。通过BIM的"设计—分析一模拟"一体化,可以实现建筑物实际状态的动态表达,如果设计有所变更,可以及时进行不同专业的分析研究、模拟,以供业主进行相应决策。目前基于BIM的模拟有以下几类:

设计阶段:日照与采光模拟、节能模拟、应急疏散模拟等。

招投标和施工阶段:基于施工计划的宏观4D模拟和基于可建造性的微观4D模拟,施工计划匹配的投资流动的5D模拟等。

销售运营阶段:基于日常操作、紧急情况处置等系统的培训和演练模拟。

动态管理:施工过程不是一成不变的,是一个动态变化的过程,受到多种因素影响。BIM的信息化和参数化允许BIM由输入数据的变动而实时更新,PDCA循环更动态和及时。

2. BIM技术的缺点

设计阶段BIM技术的推广是有一定难度的,大多数设计都有章可循,遵循传统的设计方式更快速高效;施工阶段,许多具有丰富施工经验的管理人员习惯了传统的平面图纸,对BIM重视度不高,工作开展积极性较低。BIM软件繁多,需要花费大量时间和精力来钻研,一蹴而就很难。BIM对硬件的配置要求极高,期初投入成本较大。

3. BIM的现状和运用前景

1)现　状

BIM技术已经在很多专业领域方面得到了应用,目前比较成熟的操作就是利用三维模型进行碰撞检查,使得在前期设计勘察阶段就能发现项目中出现的问题,进行优化,有利于控制施工成本;现阶段不断涌现的许多大型复杂建设工程项目,也可以利用BIM技术实现节能分析、通风分析等。

2)前　景

BIM技术已经被纳入项目管理的应用模式中,BIM技术的应用已经逐步被建筑行业业内人士所重视,随着BIM技术在国内的应用日趋增多,有越来越多的企业、学者、行业协会都对BIM各个方面进行研究,以拓宽BIM技术的应用领域,创新BIM技术的应用模式,提高BIM软件自动化集成管理,建立行业标准,完善数据信息模型,用BIM技术的应用创造更大的价值。BIM技术在有效提升行业信息化、标准化和专业化管理水平的同事,也将给建筑施工企业的发展带来巨大的挑战。

2.1.5 BIM 技术的常用软件

BIM 技术是建筑行业的一种先进的理念，作为各大施工企业必须掌握的技术，与建筑工业化、信息化及精细化的理念不谋而合，可以同时对建筑、结构、安装等多专业协同设计，各大软件开发公司都在研发各自的 BIM 软件。BIM 软件的类型大致分为 11 种，包括：可视化软件、结构分析软件、几何造型软件、二维绘图软件、方案设计软件、能耗分析软件、造价管理软件、碰撞检查软件、运营管理软件、发布审核软件及深化设计软件。BIM 技术能够与实际工程更好地融合在一起，离不开各类软件的支持。

在所有 BIM 模型软件中，建模软件作为 BIM 模型软件中的基础软件应处于核心位置，下面分别介绍三种常用的 BIM 建模软件。

1. Autodesk Revit 软件

Revit 是 Autodesk 公司一套系列软件的名称。是目前软件开发较为完善、运用范围较广、与其他软件间协调性较好的一款 BIM 建模工具，也是我国建筑业 BIM 体系中使用最广泛的软件之一。Autodesk Revit 软件可以根据建筑师和设计师的思维方式进行设计，从而提供更高的质量和更精确的建筑设计。使用专门用于支持构建信息模型工作流的工具，对相关理念进行获取及分析，并可通过设计、文档和建筑维持视野。软件特点：可以进行多材质的结构模型和建筑模型的建立，渲染视图效果较好；利用其自身较好的参数化，可以快速定义钢筋；Revit 强大的族库功能为建模节省了许多精力与时间，有利于提高工作效率。Revit 也具有自身的局限性，电脑配置要求高，模型文件较大时卡顿现象明显，报表功能相对较弱。

1）Autodesk Revit Architecture（建筑设计）

Autodesk Revit Architecture 软件专为建筑信息模型（BIM）而构建 BIM 是一个集成过程，它建立在一个协调可靠的项目信息基础上，从设计阶段到施工阶段再到运营阶段。通过采用 BIM，建筑公司可以在整个生产过程中可以使用一致的信息来设计和绘制创新项目，并且还可以通过精确实现建筑外观的可视化来支持更好的沟通，模拟真实性能以便各方理解项目的成本、工期和环境的影响。它面向建筑信息模型（BIM）而构建，支持可持续设计、碰撞检测、建筑规划和施工，并可以与工程师、承包商和业主进行更好的沟通与合作。设计过程中的所有变更都会自动更新到相关的设计和文档中，获得更加可靠的设计文档。Autodesk Revit Architecture 软件能够帮助用户在项目设计流程前期探究最新颖的设计概念和外观，并能在整个施工文档中忠实传达设计理念。面向建筑信息模型（BIM）而构建，支持可持续设计、碰撞检测、施工规划和建造，同时帮助与工程师、承包商与业主更好地沟通协作。设计过程中的所有变更都会在相关设计与文档中自动更新，实现更加协调一致的流程，获得更加可靠的设计文档。同时，全面创新的概念设计功能带来易用工具，帮助用户进行自由形状建模和参数化设计，并且还能够分析早期设计。借助这些功能，用户就可以自由地绘制草图，快速创建三维形状，交互地处理各个形状。可以利用内置的工具进行对复杂形状的概念阐述，为建造和施工准备模型。随着设计的持续推进，Autodesk Revit Architecture 体系结构可以自动构建围绕最复杂形状的参数化框架，并提供更高级别的创建控制能力、准确性和灵活性。从概念模型到施工文档的整个设计过程都是在一个直观的环境中完成的。

2）Autodesk Revit MEP（MEP 工程设计）

Autodesk Revit 为设计最复杂的建筑系统的暖通、电气和给排水（MEP）工程师提供了工具。Revit 支持建筑信息建模（BIM），可从概念到建筑的精确设计、分析和文档导出更高效的建筑系统。利用信息丰富的模型在整个建筑生命周期中支持建筑系统。为暖通、电气和给排水（MEP）工程师构建的工具可帮助用户设计和分析高效的建筑系统以及为这些系统进行记录。

3）Autodesk Revit Structure（结构工程）

AutodeskRevit 软件为可以更加精确地设计和建造高效的建筑结构的结构工程师和设计师提供了工具。Revit 构建于支持建筑信息建模（BIM）的基础上，可以帮助用户使用智能模型通过仿真和分析来理解项目，并在施工前预测性能。通过使用智能模型中固有的坐标和一致的信息来提高文档设计的准确性。专门为结构工程师建造的工具可以更准确地设计和建造高效的建筑结构。

2. Bentley 软件

Bentley 建筑、结构和设备软件同 Autodesk Revit 相同，也是一套系列的软件，该软件也同样由三个部分组成，分别是 Bentley Architecture、Bentley Structure 和 Bentley Projectwise。Bentley 产品常用于工业设计和基础设施领域，是全球第二大地理信息软件解决方案提供商。Bentley 产品与 Autodesk

Revit 相比，以其内存小、更便捷和互操作性高的优点与其具有的很强大的逻辑性和专业性成为 BIM 技术的核心建模软件，但其学习成本高、周期长以及上手难度高等问题，导致了它在国内的发展受到了严重的制约。

3. Tekla 软件

Tekla 软件是 Trimble 公司旗下的一款功能强大、设计便利的钢结构软件，它是通过先创建 3D 模型后自动生成钢结构详图和各种报表来方便视图功能。利用 Tekla 软件可以深化任意类型属性建筑设计，自动进行碰撞检查，为设计及工厂提供分析解决方案。

2.2 公路建设领域的 BIM 技术应用与发展

2.2.1 公路 BIM 应用概况

随着建筑信息模型的蓬勃发展，BIM 理念开始应用于公路行业。各类研究致力于发掘信息辅助在公路行业的实用价值。如 Asregedew 等人基于社会网络理论，结合 BIM 理念，整合了公路基础设施数据和评估数据，提出了信息驱动的决策框架，为国家公路机构决策提供信息支持。以信息为核心，以模型为载体，以实现可视化、工程分析、冲突分析、设计规则标准检查、工程造价管理、竣工产品的数字化表达等为目标，共享知识资源，为工程项目从概念设计到拆除的全生命周期提供基础可靠的决策服务，成为 BIM 在公路领域的基本定位。

基于对信息应用价值的发掘，国外 BIM 于公路领域的发展日趋多元化。在设计方面，可借助 BIM 技术提升公路方案比选效率，改进现有公路设计技术；在安全评价方面，可利用 BIM 模型就技术层面和法律层面为安全评估工作提供技术支持；在管理方面，可整合维修管理和道路安全评估数据，为管理工作提供附加价值；在施工方面，亦有相关研究探讨了 BIM 在公路施工与质量监管中的应用方法。各类研究对 BIM 信息化特点的理解与运用不断深入，BIM 技术日趋成熟。

国内公路领域引入 BIM 理念后，定义为公路工程全生命周期内工程信息的数字化与模型化表达，并衍生出"公路 BIM"一词。随着"公路 BIM"在业内应用的不断深化，这一逻辑有误的权宜说法逐渐成为通用的专业名词。

公路BIM在国内起步略晚，但发展迅速，各类研究近年来陆续发表。设计方面，徐高丰等人就方案比选、参数建模和工程量统计等内容进行了讨论，陈中治等人基于国际LOD分级，综合考虑模型颗粒度、几何精细度和信息深度，提出了公路BIM建模的四级划分标准；安全方面，赵春雨等人论述了BIM技术的安全管理整体框架，就BIM在高速公路跨线桥施工安全管理中的应用进行了研究；管理方面，马庆德探讨了运用BIM技术控制工程造价的可行性与实用性，刘静在高速公路招投标的相关研究中，讨论了引入BIM技术的优势与必然性；施工方面，邵艳等人以公路工程数字化与信息化为目的，提出了一系列BIM技术应用于公路工程建设的详细思路，王秀林等人论述了将BIM技术应用于公路隧道施工的实施方法，并就目前存在的问题给出了相关建议。

2.2.2 公路BIM技术的发展

回顾BIM在公路行业的发展，由概念提出到全面覆盖，成果数量井喷式增长，但研究深度略显不足。

BIM初期，以理论研究如思想、架构、目标及标准等为主。长期的理论探讨与需求脱节，延缓了公路BIM的发展。为此，近年来陆续有尝试将理论与实际项目结合的研究成果发表。国外如Fanning等人基于两结构相似的并行桥梁建设项目，揭示了BIM对交通建设行业的影响、效益和潜在价值，以控制变量的实验方法，为BIM研究提供了更可靠的论据。Bimal等人系统研究了苏格兰某公路项目的建设情况，认为BIM可显著提升效益，节约建设成本，并就BIM应用于交通设计及施工领域提出了相应意见。

国内如周首伟论述了BIM应用于高速公路施工管理的关键技术问题，通过融合实际的施工管理经验，增强了相关理论的实用性。张耀允等人讨论了将BIM应用于公路工程所涉及的交付标准和数据转换问题，并结合安徽省某高速立交项目进行了实践和验证，对公路IFC的发展起到了推动作用。

国内外学者的联合研究，如分析BIM在澳洲和国内主要道路项目中的应用，就两国基于BIM技术的管理策略和应用问题提出相关意见，更标志着公路BIM在世界范围内的良性发展。

2.2.3 公路BIM软件存在的问题

目前，公路BIM软件研究多侧重于提升模型的展示效果，却忽略了BIM

以信息为核心的特性。如借助 Unity 3D 软件，利用游戏引擎多源、大量级、高速加载的数据处理优势，改善 BIM 方案的展示形象等。此类研究有助于软件的功能完善，但其思想内核与三维建模并无本质区别。

BIM 引入公路行业，目的在于解放生产力。软件开发应利用信息扩展技术，在现有几何模型基础上，以解决设计过程中所面临的棘手或烦琐问题为开发宗旨，为加强非空间信息的录入和展示提供技术支持。盲目追求华而不实的展示性功能，忽略实际问题需求，将严重背离 BIM 发展的初衷，徒增设计人员负担。

BIM 引入公路行业，相关研究对行业发展起到了积极的推动作用。但理论研究与实际应用存在一定程度的脱节，致使 BIM 的实用性难以体现。近年来，虽然国内外学者逐渐尝试 BIM 与实际项目的结合，却多集中于施工、管理及安全评价等方面。承担建模任务的设计过程反因缺乏必要的技术支持而进步缓慢。BIM 对公路设计过程的技术支持，实际是基于 BIM 设计平台的软件支持。但国内外软件研发普遍倾向于可视效果而忽略了功能效用。发展公路 BIM 技术，应以改善设计人员的设计体验为宗旨，简化设计任务，解放生产力。

2.3 基于 BIM 技术的公路建设管理

近年来，BIM 技术在公路领域的应用得到了迅速的推广，具体而言主要体现在 BIM 模型构建、施工成本管理领域、建设项目信息管理等领域得到了较多应用。

2.3.1 公路工程 BIM 模型构建

1. 软件建模

如前所述，常用建模软件具有多种类型，通常需要根据需要综合运用多种软件进行建模。以互通立交的建模为例，首先，根据提供的图纸，搜集互通立交的各项技术指标，主要包括各匝道的宽度、曲线形式（缓和曲线、圆曲线等）、关键点标高、互通时桥下净空高度等。将以上各种数据导入地形建模软件中，建立道路的线形、横断面、纵断面等，创建生成 A、匝道的道路三维信息模型。用结构建模软件建立互通中各种结构物的模型，包括主线及各匝道中包含的各种桥梁及通道等结构物，最终整合生成整体的 BIM 模型。

以钢箱梁等结构的精细化建模而言，由于模型精度比较高，需要达到毫米级。首先，搜集钢箱梁的图纸及相关参数，施工组织等材料，可针对钢箱梁的所有节点及拼装中涉及的相关构件等进行建模。BIM 软件包含的族本身具有强大的构建集功能，利用族的这一特性，将钢箱梁的每个零件组成一个节段的构件集，在项目中导入路线的平面线形，将每个节段按照顺序沿道路中心线组装，最终组装成钢箱梁模型，同时利用其工程量统计功能，统计出各部位工程量及所需的钢材总量。

2. 实景建模

实景建模技术是近年来发展迅速的新技术，代表了 BIM 技术在公路领域应用的新方向。以桥梁工程的实景建模为例，首先搜集桥梁工程的相关设计图纸及相关设计资料，针对桥梁结构部位精度要求高、施工难度大、周围环境复杂的特点，首先采用倾斜摄影技术，把周围地形地貌生成三维模型，用结构建模软件根据工艺要求，分部位、分节段建立桥梁结构模型。然后，将结构建模软件构建的桥梁结构模型与其相结合，组合成周围地貌与工程实体相融合的三维模型。根据工程需求，可进行桥梁工程结构的局部精细化建模，首先检查设计图纸是否存在信息不准确的问题等，其次为后期的桥梁工程施工过程模拟做准备。桥梁的上部结构为变截面连续箱梁，可以根据施工工艺（挂篮施工），有针对性地建立桥梁工程上部箱梁精细化结构，包括全桥基本结构、桥梁重难点部位（如 $0^\#$ 块结构钢筋体系）的 BIM 模型。

2.3.2 基于 BIM 技术的图纸复核与工程量检算

1. 运用 BIM 技术进行图纸复核

公路工程的特点是点多、线长、面广，一条公路从规划到建成需要的周期较长，公路工程前期的设计往往时间紧迫，设计过程中难免的会出现"错、漏、碰、缺"等问题。因此为了提前发现问题，避免在施工过程中发现问题后再去变更设计造成的工期延误，需要提前符合图纸，然而仅仅利用二维图纸复核往往收效甚微。因此，需要借助 BIM 技术，利用更直观的三维展示会一目了然，在建模过程中，如果图纸有问题，也会及时发现。

构建工程 BIM 模型，对发包人提供的设计施工图进行图纸复核，若发现图纸有问题，立即汇总形成问题报告文件，并提交给上级，及时让设计人员对设计施工图进行修改，以消除图纸中存在的问题，在施工过程中避免因图纸问题导致停工。运用模型进行碰撞检查，出具碰撞检查报告，首先检查模型是否有误，在保证模型完全按照设计施工图搭建的情况下，判断图纸是否存在碰撞问题；若存在问题，将问题报告汇总形成文件，提交给业主有关人员，让设计人员及时修改。运用模型在桥梁互通处进行净空复核，检查互通处桥梁清空高度是否满足设计要求，规范要求；若不满足要求，及时修改。

2. 基于 BIM 模型的工程量统计与复核

运用 BIM 技术，通过利用软件建模可直接快速地提取某项所需要的工程量。因此，不管是结构物的工程量复核，还是路基土石方工程量复核，利用实景建模与软件建模相结合可以较为精确地计算出工程量，并生成工程量清单。对相对更加重要的结构工程而言，运用 BIM 技术计算工程量，更加方便快捷，而且准确可靠。而用人工计算，耗时长且计算准确度不高，这是采用 BIM 技术的优势之一。首先根据设计施工图及施工方案运用建模软件搭建转体桥模型，根据需要，可以对局部进行更加详细的建模。就统计和复核工程量而言，建模软件一般本身具有的工程量明细表功能，能够快速准确地提供工程量明细表。对于某个部位可以直接选中查看，如某部位的混凝土体积，可以选中该部位的混凝土，在右边的属性浏览器当中直接查看其体积。

对某些需要工程量复核的局部，可以单独出具该部位的工程量清单。不管是整体还是局部，将利用软件输出的工程量清单与施工图纸所提供的工程量进行对比分析，查看图纸工程量是否在合理范围内，如果相差甚远，首先要检查模型是否有误，模型有误则修改模型，重新生成工程量清单，再进行比较。在确定模型准确无误后，若发现两个工程量相差甚远，则说明图纸工程量有误，需要修改。最终，可根据模型提供的工程量确定工程计量红线。

3. 基于 BIM 模型的空间冲突检测

运用 BIM 技术，可以在施工之前将空间冲突问题提前发现，通过软件模拟找到合适的解决方案。例如立交工程施工时线多面广，牵扯到的施工预留预埋件、机电设施、大临设施附属设施等相对较多，考虑到交叉作业、平行施工、场地布置等施工组织难度较大。因此，提前运用 BIM 技术对上述主体结构和设施进行空间冲突检测也就显得非常重要。基于上述需求，可以根据施工图及场地布置图建立施工预留预埋件、机电设施、大临设施、附属设施等模型，利用工程范围内主体结构模型和软件对结构主体跟施工预留预埋件、机电设施、大临设施、附属设施进行空间冲突检测，是否符合设计要求，若不符合要求应当修改设计，并修改模型，再此进行空间冲突检测，输出空间检测报告并提交给上级，直至检测结果符合要求，机电设施、大临设施的空间布置为最佳方案。

采用 BIM 技术可以进行三维施工空间的布置，通过 3D 模型动态地对施工现场的临时设施、场站、各种加工操作场地和大型机械设备进行规划布置，从多种方案中进行对比分析，选择最佳方案。施工人员通过可视化施工技术交底可以熟悉并准确掌握现场生产建造情况，对施工方案提前进行模拟预演，加快了生产进度，保证了施工质量，从而更好地开展下一步工作，做到节能减排、绿色施工。工作业区域相对较大，临建工程和临时设施相对较多，场地的布置具有多样性，临时便道的设置，临时设施的存放等都会与施工作业区发生关系，甚至会影响地方交通。因此需要通过 BIM 技术进行三维施工空间布置，通过 3D 模型对施工现场的场站、临时设施、各种加工操作场地和大型机械设备进行规划布置，从多种方案中进行对比分析，选择最佳方案，以减少立交施工与周围环境，主体结构与临建工程、临时设施的空间冲突。

2.3.3　基于 BIM 技术的建设过程管理

1. 基于 BIM 模型的建设场地三维场景模拟

如何合理地进行施工场地的布置关系着安全文明施工，影响着企业形象。借助 BIM 技术，进行三维场地布置，进而解决设备安置、材料堆放、设备进场、生活区布置等二维图纸难以解决的问题。施工场地的平面布置要以保证施工进度和满足生产需要为原则，充分考虑临时设施、生产设施、生产区域、办公及生活区域等内容。运用 BIM 技术对施工场地的布置提前进行模拟演练，暴露出存在的问题并及时调整规避，从而保证施工顺利开展。根据施工场地布置原始设计搭建出 BIM 模型同时根据项目部所在地具体地理情况进行分析，从而达到优化场地布置和提高生产作业效率。

根据本项目标准化工地建设要求，运用 BIM 技术对施工现场的安全文明施工设施进行建模，并标注对材料、规格等基本信息进行标注，形成统一的安全文明施工设施库。利用BIM软件的族功能针对在施工现场常用的临空临边防护、临时用电设施、便道、便桥等设施，建立对规格、材质等进行精确标注的标准化的施工设施BIM族库，可快捷精确地对施工设施进行加工制作。也可以利用无人机倾斜摄影技术对建设场地进行扫描，生成场地周边环境模型和利用结构建模软件搭建建设场地的BIM模型，将二者模型组合，使得BIM模型与实际建设场地和资源配置一致，实现建设场地和资源配置的可视化管理。

2. 基于BIM模型的评审汇报

运用BIM技术进行讲解或者汇报，BIM模型展示工程实体，二者相结合，这样的汇报更直观，更形象生动，所见即所得。可以将BIM技术应用于汇报讲解，让各参与方，听得明白，看得明白，获得更直观的感受。让各位专家更直接快速地获得枢纽立交施工组织，也让专家对施工组织设计的可行性更直接快速地做出判断。因此，这有利于评审回报的顺利进行，也有利于缩短会议时间，让更多的时间用于管理，有利于整个工程的顺利开展。同理，进行可视化汇报时，可以运用BIM技术让业主直截了当地明确工作成果和工程进展情况。

3. 基于BIM技术的进度可视化

施工进度模拟是在三维立体模型中引入时间元素，结合施工组织设计模拟实际施工过程，把进度与模型关联的虚拟推演。通过演绎模型的虚拟建造，提前将实际建造过程进行预演，检验施工方案的可操作性，及时暴露出存在的问题，从而提前进行决策，调整优化资源配置、施工工艺。在BIM软件中，直接导入进度计划，软件自动将进度计划与模型关联，然后就可以用动画的方式直观地进行施工进度的模拟。

4. 运用BIM技术进行沟通管理

在工程施工过程中，可以运用相应的BIM模型进行技术交流。BIM模型是虚拟的工程实体，直观形象，摆脱了图片展示不形象、文字描述不清楚的现象。运用BIM软件搭建好的模型及根据需求制作的模拟动画，可以进行可视化技术交底、安全培训，也可以用于工地例会的技术交流和问题探讨。

5. 基于BIM技术的工程计量

给模型每个部位添加工作量、施工日期、完成实物照片、质检资料照片等信息，在计量时只需标记完工部位即可导出当期工作量，且可以直观地看出某部位的资料是否完善、混凝土龄期是否达标等，方便根据业主允许的计量条件更改计量报表。在工程计量之前，可以提供与中间交工状态一致的BIM模型。利用模型可以快速直接地导出所需要的工程量表，此工程量表可以供编制计量红线和中间计量工程量复核使用。

第 3 章
LSM 方法的理论及应用

3.1 高速公路进度管理的特点与方法

3.1.1 建设工程项目管理的特点

建设项目管理是指在工程项目建设的全过程中,利用现代管理技术管理、协调人、材料等资源的艺术,从而使得时间、成本、质量等既定目标的顺利实现。建设项目管理的核心工作是通过有效地分配、使用已有的资源劳动力、材料和时间等以最小的成本消耗和业主顾客最满意的方式,对组成工程项目的活动工序的计划、评价和控制,从而实现具体的既定目标。

在建设项目管理过程中,项目的计划是工程项目管理最主要的工作、首要的工作,是工程项目管理中其他工作包括投资控制、质量管理、安全与环境保护管理等工作的基础。建设项目进度计划的编制对工程建设的成功具有十分关键的作用,以往大量研究表明有效合理的进度计划对工程项目实施的最终结果有巨大的影响。

建设项目进度计划的合理性对控制和管理工程项目的工期及其他目标十分重要。合理的进度计划是制订资源调配计划的前提和基础,能够降低工程工期延误、投资膨胀和工程争执。而不合理的进度计划将导致资源分配的不平衡,容易引发工期延误、投资膨胀和合同争议等问题。

3.1.2 高速公路进度管理的类型

工程项目是指在一定的约束条件下如限定资源、时间和规定质量标准等,具有特定的明确目标和完善的组织结构的一次性事业。工程项目的分类方法很多,如按项目的建设性质可以分为新建项目、扩建项目、改建项目、迁建项目,按项目的用途可以分为工业项目、农业项目、商业项目等。

同样,工程项目可以依据其工序施工作业的特性,将工程项目划分为重复性工程项目和非重复性工程项目。所谓重复性工程项目是指组成该项目的大多数工作是一些重复性、周期性的工作。如多层住宅、高速公路、管道工程以及房地产开发项目。这些工程项目归为重复性工程项目，反之为非重复性工程项目。

其中，重复性工程项目依据组成该工程各个工作工序、施工过程在几何空间上的安排布置和施工进程，可以划分为两类工程项目：垂直型重复性工程项目和水平型重复性工程项目。如果工程项目的各个分项工程在水平方向上是连续的，各分项工程的施工进程也是连续的，该重复性工程项目称为连续型重复性工程项目。如土木工程中的高速公路工程、隧道工程、城市高架桥工程、城市地铁工程、城市轻轨工程等，属于连续型重复性工程项目。这些工程项目的施工建设进程是沿水平方向用米、站、英里来表达的，因而，像高速公路工程、隧道工程、城市高架桥工程、城市地铁工程、城市轻轨工程等，又称为水平型重复性工程项目，也称为线状工程项目。而像多层住宅等工程属于离散型重复性工程项目，也称为垂直型重复性工程项目。

公路建设项目属于典型的线状工程，也称水平型重复性工程项目，是指该工程项目的大多数分项工程在水平方向上是连续的，各分项工程的施工进程也是连续的，这些工程项目的施工建设进程是沿水平方向用米、站、英里来表达的。

3.1.3 高速公路进度管理方法对比

工程进度计划的编制方法很多，其技术体系是在工程管理与控制过程中，随着实践经验不断积累和理论的深入研究，逐步发展而来。20世纪60年代起，随着项目管理理论和方法的不断进步与发展，工程进度管理与项目计划管理技术逐渐相融合，赋予工程项目进度计划与控制新的内涵。

为了在规定的时间工期内以最低的成本投资完成工程项目的建设，这是工程建设参与各方业主、承包商、监理方等主要的目标。为了实现上述目标，各种各样的工程项目计划技术在工程建设过程中被大量采用。在建筑业领域，编制工程项目建设计划是工程项目管理的重要工作之一。在公路建设领域，目前最常用的工程项目计划技术主要包括甘特图、网络计划技术、平衡线方法。

1. 甘特图（Gannt Chart）

甘特图，又称横道图（Gannt Chart 或 Bar Chart），于1917年产生。由美

国人亨利·甘特先生首次用于表述生产进度计划。其特点是能够形象、直观、简洁、静态等表述复杂工程或项目的生产进度计划，具有广泛的适用性。甘特图法自产生以来一直沿用至今，在个领域内广泛的应用，则赋予其持久的生命力。

该方法的主要优点有：由于计算与绘制相对简单，易于实时对进度计划更新。可以满足从管理层到作业层，不同管理跨度对进度管理的工作需求。随着计算机技术及相关软件的开发及应用，可以将劳动力、费用等资源计划也绘制在横道图中，进一步扩充横道图信息内容。可为大型项目的概略性进度计划，也可为分部工程、分项工程的细部进度计划，适用性强且应用范围十分宽泛。

2. 网络计划技术

20世纪60年代初期，网络计划技术最早产生于美国。这种新的计划方法，由于其逻辑关系清晰，能够通过计算时差参数来确定进度计划的关键线路，并能利用计算机化进行大量数据准确计算。自该进度计划产生以来，迅速在项目管理和工程管理领域得到广泛的推广应用。网络进度技术至今已经有近60年的历史，其理论体系也不断发展，随着计算机技术的发展及普及化，CPM、PERT及VERT等进度计划计算的计算机实现，以及相应软件的开发与应用推广，更富于网络进度计划强大的生命力，至今在工程项目进度计划应用领域，居于绝对主导地位。

1）关键路径法（Critical Path Method，CPM）

1956年，美国杜邦化学公司开发了关键线路法（Critical Path Method，简称CPM）。它首次运用于化工厂工程建设。实践证实，关键路径法的应用不仅缩短了工作时间，而且节约了工程及相关费用。从其理论及方法产生至今，随着其理论体系不断完善，以及CPM相关软件的开发应用，逐步成为工程项目进度计划者的首选工具或方法。关键路径的确定及优化控制，是进度计划管理的核心工作内容。关键路径的计算确定是进度计划管理的前提和基础，而进度的控制与优化则是实现进度目标的有力保障。在工程进度管理实践中，当进度计划滞后现象发生后，一般而言需要压缩后续关键工序活动的持续时间，以缩短关键路径的长度，以实现预期的进度计划目标。

我国工程建设领域内，网络进度计划方法已普遍使用。但由于需要专业知识与技能才能编制和使用，推广应用方面有着非常大的局限性。

2）计划评审技术（Program Evaluation and Review Technique，PERT）

1958 年，美国海军军械局为了提高舰载洲际导弹进度绩效，组织研究开发了计划评审技术（Program Evaluation and Review Technique，简称 PERT）。在研制导弹复杂过程中，承包合同数量多且繁杂，研究者运用计划评审技术，针对性对各种合同进行综合权衡，有效地解决了数量庞大承包商间的关系协调，而且提前进度完成了任务，并在成本控制方面也绩效显著。至此，研究者们越来越认识到 PERT 进度计划技术的优越性，并迅速在项目进度领域内推广应用。计划评审技术（PERT）最大特点是，在基于概率统计的基础上，给出了预估工期的三种可能：工期的最早可能完成、工期的最可能完成，工期的最迟可能完成。

3）图形评审技术（Graphical Evaluation and Review Technique，GERT）

图示评审技术（Graphical Evaluation and Review Technique，简称 GERT）其最早起源于 1962 年 E.Eisner 提出的"决策盒"（Decision Box）广义网络技术，是一种面向不确定性项目的网络分析技术。该技术在 CPM 及 PERT 的深入研究的基础上，主要通过对进度计划中活动逻辑关系，以及相关参数进行条件概率处理。图形评审技术（GERT）内容更为复杂，它对网络计划图的节点、箭线有新的定义，可应用于排队论、存储论和可靠性问题的研究。从应用实践来看，与传统的 CPM/PERT 比较，图示评审技术呈现了更大的潜力，尤其在科研计划管理、工程可靠性分析等方面，更易得到普遍应用。

4）不同网络计划技术的优点

随着 CPM、PERT、GERT 等网络进度计划的理论体系深入研究，以及结合概率计算、仿真技术等的应用，使得网络进度计划技术在工程实践中，得到广泛的推广应用，对工程进度计划的管理与控制提供了有力技术支持，在改进工程项目进度及项目绩效管理方面，发挥了重要作用。概括起来，网络计划技术的优点如下：

利用网络图基本模型，明确表示出了各项工作或活动的逻辑关系。通过网络图时间参数计算，确定整个项目的关键工作和关键线路。通过计算工作或活动的自由时差和总时差，对施工资源实现均衡化配置。利用计算机软件，使进度计划编制与调整工作更具时效性。

3. 平衡线方法

自 1970 年代以来，已经发展了多种适用于重复性项目的项目调度方法，这些方法被通称为"线性调度技术"。其中 LOB 是一种常见的方法，该方法允许操作的平衡以保证每一项活动的持续运行。作为一种资源型技术，LOB 用一种容易理解的图形格式表示生产率与持续时间，其主要优点是在保持工作资源持续性的同时，可以一目了然地显示活动的施工速率和调整速度。由于连续活动是平衡线方法的基本假定，因此学者们一直试图结合 CPM 法与 LOB 法二者的优点。Hegazy & Wassef（2001）通过整合 LOB 和 CPM 方法，提出了一个最小化总造价的模型，该模型能够在项目特定期限及多种建造方法条件下，进行工期-造价的权衡分析，但该模型只能考虑三个紧前紧后工作。Arditi et al（2002）[5]提出了一个基于 CPM 方法的重复调度模型，该模型用一种简单的非图形方式来调度重复性资源，然而该模型不适用于单个活动需要多种资源的情况。Ammar（2003）提出了一个模型用于决定非序列重复活动的不同类型的浮动价值，该模型假定一个活动只使用一种资源。Lucko（2008）使用一个奇异函数来计算线状建设项目的浮动值。

1）LOB 方法简介

LOB 方法的基本表示方式如图 1 所示。图中每一个栏代表一项活动，同时每一项重复性工作用一条水平线表示，每一栏的宽度代表一个单位的活动时间，任意一个工作单元与活动栏在活动的起点时间和结束时间水平相交。该方法假定所有的活动都相等，虽然这种假设并不正确，对那些具有大量重复性单元的项目而言这种假设也有它的现实价值，这种假设就意味着可以在同一项工作中使用多个工作组，如图 3-1 所示。LOB 方法通过保持工作的连续性在最小化工作的中断时间的同时可以最大化学习曲线的效益。

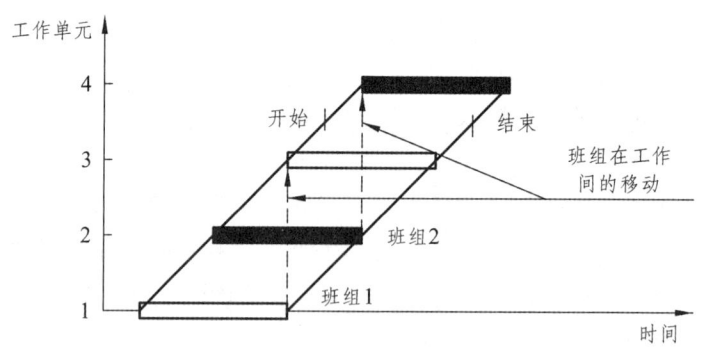

图 3-1 LOB 的基本原理

2）整合 LOB—CPM 的重复性项目调度模型

在建立整合模型的过程中，必须吸收了 CPM 方法的分析能力以及 LOB

方法能够考虑多个工作组以及工作持续性的优点。模型建立在两个基本假设的基础上：首先假定所有工作单元每一个重复性活动的数量是相同的；这就意味着所有重复性工作单元的持续时间是一个常数。其次，采用了如图 3-1 所示的班组移动假设。

调度模型的建立共包括四个基本步骤：

第一步：平衡线计算；第二步：计算活动持续时间；第三步：确定工序之间的逻辑关系；第四步：进度的安排。

（1）平衡线计算

进行平衡线计算的目的是通过确定重复性活动工作组的数量来获得资源平衡的项目进度计划，计算每一道工序的施工速率以满足预定的项目工期并维持班组的连续作业。假定每一道工序上只有一个班组在施工，该班组在完成上一个工作单元之后再进入到下一个重复的工作单元开展施工。

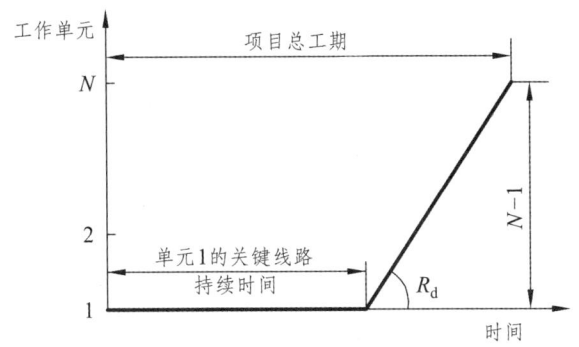

图 3-2　项目施工速率

如图 3-2 所示，一个重复性项目可以划分为 N 个重复工作单元，假定每一个单元的施工速率 R_d 保持不变，项目总工期 T_p 等于第一个工作单元的关键线路持续时间 T_1 与其他 $N-1$ 个单元持续时间之和。对于关键线路上的重复性工作而言，施工速率 R_d 可按照式（1）计算得出。

$$R_d = \frac{N-1}{T_p - T_1} \tag{1}$$

而处于非关键线路上的工作，其总时差可以用来减少施工队伍的投入数量，非关键线路上活动 i 的理论施工速率 R_{di} 可按式（2）计算得出，式（2）中，TF_i 表示按照第一个工作单元 CPM 网络计算出来的工序 i 的总时差。

$$R_{di} = \frac{N-1}{T_p - T_1 + TF_i} \tag{2}$$

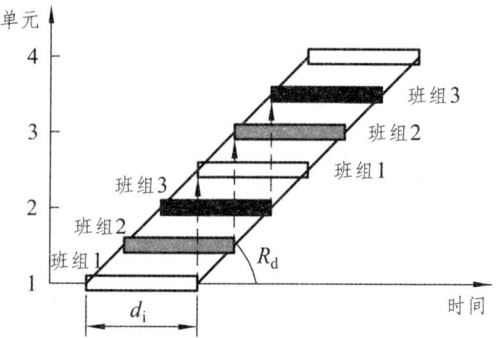

图 3-3　多班组同步及持续施工

如图 3-3 所示,工序 i 每一个施工单元的施工持续时间可按公式(3)进行计算,而为了保证工序 i 的施工速率所需的施工班组数量 C_{di} 可以根据公式(4)计算得出。在大多数情况下,根据公式(4)计算出来的施工班组数量不大可能是一个整数,因此施工班组的数量必须按照公式(5)来进行四舍五入变成整数,同时取整以后的班组数量 C_{ai} 还必须满足不得大于该项活动队伍的最大限额的限制。而修正以后的工序 i 的实际施工速率 R_{ai} 还应根据公式(6)进行进一步的修正。

$$d_i(天) = \frac{活动 i 在一个单元中所需的工时}{每天的工时定额} \tag{3}$$

$$C_{di} = d_i \times R_{di} \tag{4}$$

$$C_{ai} = \text{round-up}(C_{di}) \tag{5}$$

$$R_{ai} = C_{ai}/d_i \tag{6}$$

(2)工作持续时间计算

整合模型主要通过搭接活动的设置来表示重复性工作。为了实现这个目标,假定所有重复性工作的每一个单元都持续时间是一个常数。通过基础的平衡线计算,每一个单元工作的持续时间可以根据图 3-4 计算如下:

$$D_i = d_i + ST_{iN} - ST_{i1} = d_i + (N-1)/R_{ai} \tag{7}$$

式中:ST_{iN} 代表最后一个单元的开始时间;ST_{i1} 表示第一个单元的开始时间;D_i 表示工作 i 的单元活动持续时间。

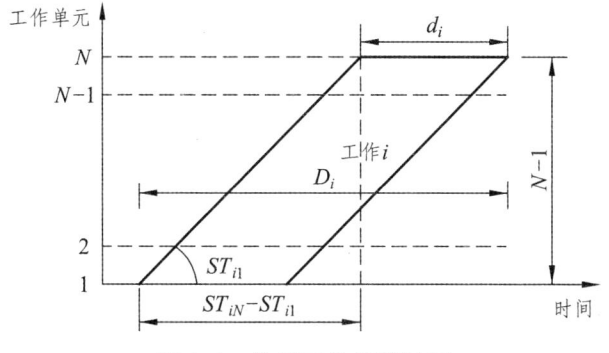

图 3-4 单元工作持续时间

（3）工序间逻辑关系的确定

本模型以维持工作连续性为前提来指定工序间逻辑关系的类型，而不同工序间的逻辑关系通常是按照每项活动的施工速率来决定的，为了建立工序间的逻辑关系，首先必须将指定的活动 i 的实际施工速率与后续活动 s 的施工速率进行比较。分别用 R_{ai} 和 R_{as} 分别表示活动 i 与活动 s 的实际施工速率，相应的需要考虑两种情况：

第 1 种情况：$R_{ai} \geqslant R_{as}$

如图 3-5 所示，工序 i 的施工速率要比其后续活动 s 的施工速率更快，此时工序 i 的第一个单元工作的结束时间决定了后续工作 s 第一个单元工作的开始时间。因此可以将这种情况称之为开始—开始关系（Start-Start Relationship，SS 关系）。与 SS 关系先联系的工序延迟时间 Lag_{ss} 可以通过公式（8）来进行计算。

$$Lag_{ss} = d_i + B_{is} \tag{8}$$

式中：B_{is} 表示活动 i 与 s 之间的最小缓冲时间，缓冲时间在平衡线方法中常用于应付不可预见事件导致的项目延迟。SS 关系中与延迟相关的符号含义如图 3-5 所示。

第 2 种情况：$R_{ai} < R_{as}$

如图 3-6 所示，在这种情况下后续工序 s 的施工速率要比前一个工序 i 的施工速率更快。在这种情况下工序 i 最后一个工作单元的结束时间决定了后续工作 s 最后一个工作单元的开始时间。因此可以将这种情况称之为结束—结束关系（Finish-Finish Relationship，FF 关系）。与 FF 关系先联系的延迟 Lag_{FF} 可以按公式（9）进行计算。

$$Lag_{FF} = d_S + B_{is} \tag{9}$$

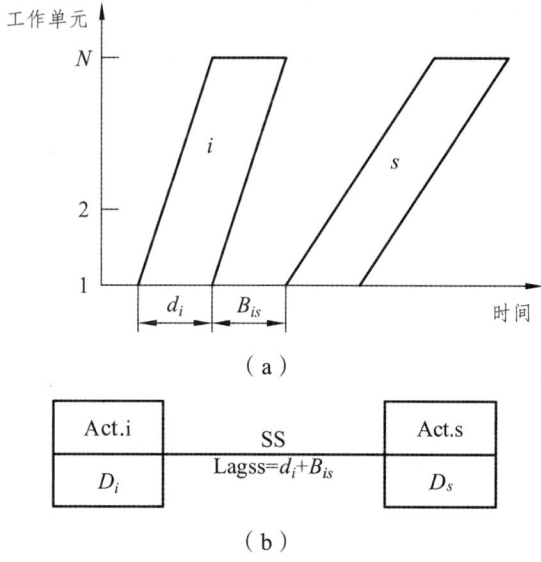

图 3-5　SS 关系的工序搭接

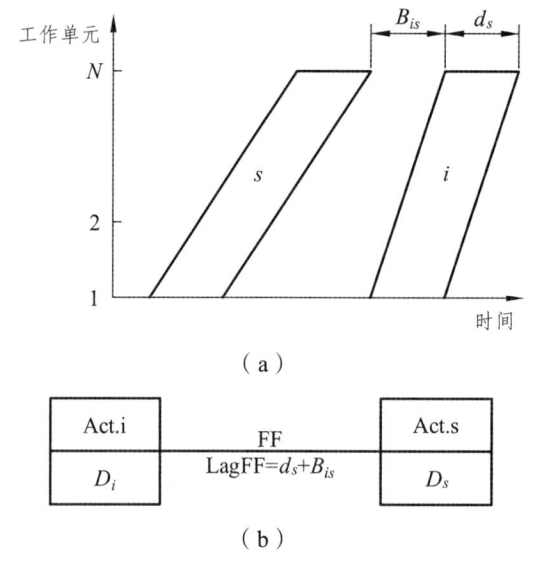

图 3-6　FF 关系的重复项目搭接

3）项目进度的总体安排

在完成了平衡线计算、工序持续时间计算并决定了工序间的关系类型之后，就可以按照 CPM 的方法计算相关的时间参数了。通过正向传递计算可以得到各工序的最早时间参数，而通过逆向传递计算可以得到各工序的最迟时间参数。

（1）正向计算

在正向传递计算过程中，工序的最早时间参数由每一个活动 i 所决定。其计算方法如下。

SS 关系：

$$\begin{cases} ES_{i1} = \text{Max}(ES_{p1} + Lag_{ss(ip)}), p = 1, 2, \cdots, NP_i \\ EF_{iN} = ES_{i1} + D_i \end{cases} \quad (10)$$

ES_{i1} 表示活动 i 的第一个单元的最早开始时间，ES_{p1} 表示紧前活动 p 的第一个单元的最早开始时间，NP_i 表示紧前活动的数目，EF_{iN} 表示活动 i 最后一个单元的最早结束时间。

FF 关系：

$$\begin{cases} EF_{iN} = \text{Max}(ES_{pN} + Lag_{FF(ip)}), p = 1, 2, \cdots, NP_i \\ ES_{i1} = EF_{iN} - D_i \end{cases} \quad (11)$$

当一项活动的第一个及最后一个单元的最早开始与最早结束时间确定以后，这个活动所有工作单元的最早开始及最早结束时间可以通过公式（12）计算得出。

$$\begin{aligned} ES_{in} &= ES_{i1} + (n-1)/R_{ai} \\ EF_{in} &= ES_{in} + d_i \end{aligned} \quad (12)$$

ES_{in} 和 EF_{in} 分别表示活动 i 中任意一个单元的最早开始时间及最早结束时间。

（2）逆向计算

在逆向计算过程中，需要确定每一项活动 i 的最迟时间，最迟时间的计算方法如下。

SS 关系：

$$\begin{cases} LS_{i1} = \text{Min}(LS_{s1} - Lag_{ss(is)}), S = 1, 2, \ldots, NS_i. \\ LF_{iN} = LS_{i1} + D_i \end{cases} \quad (13)$$

LS_{i1} 代表活动 i 第一个单元的最迟开始时间，LS_{s1} 表示他的后续工作 s 第一个单元的最迟开始时间，NS_i 表示后续工作的数量，LF_{iN} 表示活动 i 最后一个单元的最迟结束时间。

FF 关系：

$$\begin{cases} LF_{iN} = \text{Min}(LS_{SN} - Lag_{ss(is)}), S = 1, 2, \cdots, NS_i \\ LS_{i1} = LF_{iN} - D_i \end{cases} \quad (14)$$

当第一项活动第一个单元及最后一个单元的最迟开始及最迟结束时间确

定以后，其他单元的最迟开始及最迟结束时间也可以采用公式（15）求得：

$$\begin{cases} LF_{in} = LF_{i1} + (n-1)/R_{ai} \\ LS_{in} = LF_{in} - d_i \end{cases} \quad (15)$$

LS_{in} 和 LF_{in} 分别表示活动 i 第 n 个单元的最迟开始及最迟结束时间。

3.2 LSM 技术的基本理论

3.2.1 LSM 方法基本概念

线性计划方法（Linear Scheduling Method，简称 LSM），是一种"图形化"的工程进度计划方法，即在一个二维的直角坐标系（通常用 X 轴表示线路里程；Y 轴表示进度时间）中，来描述线性工程的施工进度计划及相关工程项目信息，任一工序活动根据其施工开始、结束时间；活动起始和结束里程等数据；以及施工速率；环境因素等信息，用预先设定的图形标识，以合适的比例尺度绘制在直角坐标系内。

线性计划方法是编制线状工程项目进度计划的非常有效的工具。如图所示的进度计划，该计划中三个活动在时间上和空间上的进展情况被绘制在时间—空间二维坐标体系中，图中斜线的斜率代表了该活动的施工速度。计划编制者或使用者可以一目了然地知道在某空间点站点某活动的施工速度、工程进展情况、与相邻活动的空间约束情况等信息。同时，与 CPM 计划相比，计划保证了活动工作的连续或资源使用的连续性，这是便于工程现场管理、缩短工期的有利保证。

以某桥梁工程进度计划为例，如果采用甘特图作为总体进度计划编制工具，可以得到总体进度计划如图 3-7 所示。

从该图中可以看出各项工序的起止时间十分清晰明确，但是各工序之间的搭接关系和空间关系均无法得到全面体现。以桩基工程、承台墩柱工程、上部结构等工序之间的关系为例，在甘特图中就无法了解这些单位工程之间是如何搭接的。各工序之间搭接的关键工作也无法准确判断。

运用 LSM 技术转化该总进度计划，各项工作的描述如下：

桩基施工：单个桩基施工相对集中在一个很短的距离内，且需耗费较长的施工时间，多个桩基之间的分布是非连续的，因此桩基施工可表示为离散型条状活动。

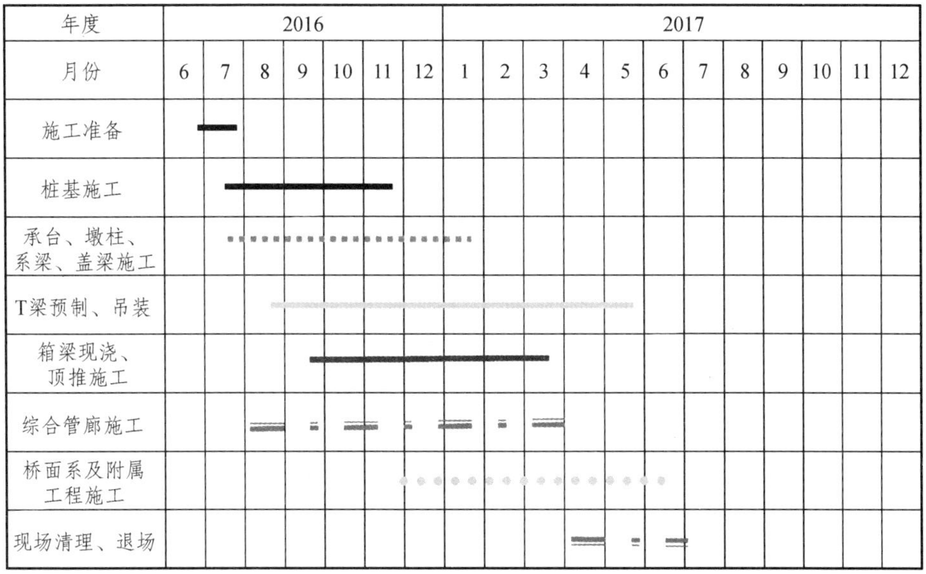

年度	2016							2017										
月份	6	7	8	9	10	11	12	1	2	3	4	5	6	7	8	9	10	11	12
施工准备																			
桩基施工																			
承台、墩柱、系梁、盖梁施工																			
T梁预制、吊装																			
箱梁现浇、顶推施工																			
综合管廊施工																			
桥面系及附属工程施工																			
现场清理、退场																			

图 3-7　某桥梁工程进度计划

承台、墩柱、系梁、盖梁施工：单个承台、墩柱、系梁、盖梁施工相对集中在一个很短的距离内，且需耗费较长的施工时间，多个承台、墩柱、系梁、盖梁之间的分布是非连续的，因此承台、墩柱、系梁、盖梁施工也可表示为离散型条状活动。

T梁预制：T梁预制集中在预制工厂进行，且可连续进行，因此可描述为连续部分块状活动。

T梁吊装：T梁吊装以片为单位，每片T梁吊装均需要耗费一定的时间，T梁与T梁之间作业不连续连续，但在全桥空间上连续，因此可描述为非连续全过程块状活动

箱梁现浇顶推施工：箱梁现浇顶推施工耗费时间较长，且在时间和空间上均相对连续，因此可表示为连续块状活动。

综合管廊施工：综合管廊采用框架涵施工技术，施工时间较长，空间距离相对集中，工序在时间和空间上均相对连续，可表示为连续全过程块状活动。

桥面系及附属设施施工：这些工序在空间上是连续的，一般情况下均流水施工时，单位距离的施工时间相对较短，因此可表示为连续全过程线性活动。

现场清理、退场：该项工作持续时间较短，且在空间上连续，可描述为连续全过程线性活动。

按照上述原则可以得到改桥梁工程施工进度计划安排如图 3-8 所示。该

计划清晰地描述了不同位置桩基础施工先后顺序关系，承台、墩柱、系梁、盖梁施工与桩基础施工的搭接关系，T 梁预制吊装与下部结构施工的空间关系及工序关系，现浇箱梁及钢箱梁顶推施工之间的空间关系及工序搭接施工关系等。

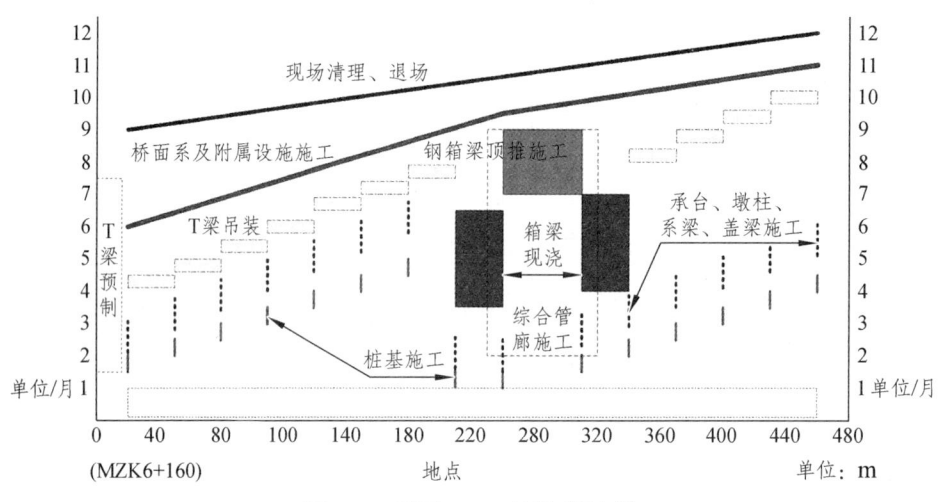

图 3-8 基于 LSM 的进度计划

按照上述转换方法，图 1 的甘特图可以比较轻松地转换为图 2 所示的 LSM 进度计划图。两种相比较可以清晰地看出：LSM 方法可以得到比甘特图丰富得多的计划信息，LSM 方法从时间和空间两个维度对计划进行描述，它是一种图形描述技术，这是 LSM 方法超过 CPM/PERT 技术的最大优势。LSM 计划的时间信息可以从纵轴时间轴得到，纵轴类似甘特图，空间信息可以从横轴地点轴得到，这也是 CPM/PERT 技术不能提供的信息。LSM 方法适合各个层次的管理者，便于交流沟通，有利于现场管理。

3.2.2　LSM 技术中活动的分类

依据工序施工的时空关系，LSM 方法中的工序可分为三大类：线状工序（Linear Activity）、条状工序（Bar Activity）和块状工序（Block Activity），如图 3-9 所示。

线状工序如市政道路施工中路基填筑，公路工程中水泥稳定碎石层铺设、路面铺设等；常见的条状工序有市政道路中的下水井、地下通道的修建等；常见的块状工序有局部软基处理等。工作。以一个简单的例子来说明上述工序。例如：某市政工程路基施工有施工准备、局部软基处理、路基填筑、涵洞、路面工程等工序，用 LSM 方法表示如图 3-10 所示。

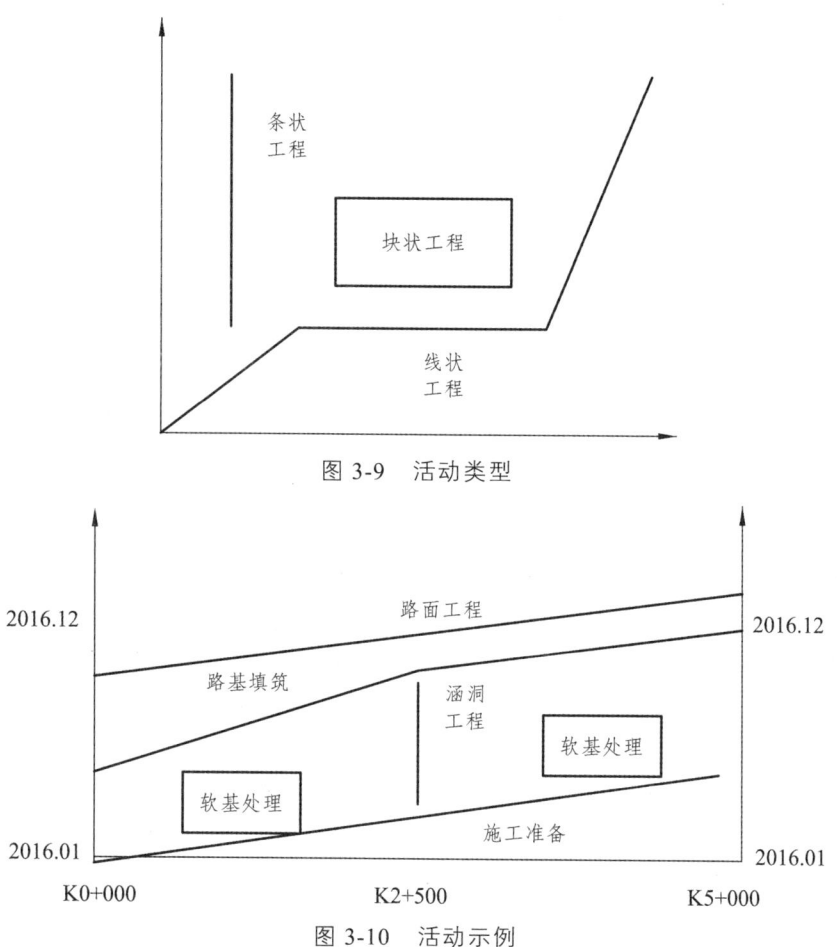

图 3-9　活动类型

图 3-10　活动示例

早期文献中把 LSM 计划中的活动简单地分为上述三种，而后来的学者对其做了进一步的划分：按照施工活动是否连续、是否贯穿整个项目、是否分段施工，提出了更为详细及符合施工实际的分类方法。

对线状活动来说，可分为连续全过程线性活动（Continuous full-span linear activity，简称 CFLA）、间歇全过程线性活动（Intermittent full-span linear activity）、连续部分线性活动（Continuous partial-span linear activity，简称 CPLA）、间歇性部分线性活动（Intermittent partial-span linear activity）、分段连续线性活动（Linear continuous segmented activity）和分段间歇性线性活动

(Linear intermittent segmented activity）六种类型，在表 3-1 中有对线状活动具体分类的说明。

表 3-1　线状活动的划分

分　类		特　征
线状活动	连续全过程线性活动	活动是线性连续的，而且贯穿于工程建设全过程
	间歇全过程线性活动	活动是线性的，但是不连续，而且贯穿于工程建设全过程
	连续部分线性活动	活动是线性连续的，但是并不贯穿于工程建设全过程
	间歇性部分线性活动	活动是线性的，但是不连续，且并不贯穿于工程建设全过程
	分段连续线性活动	活动是线性、连续的，在项目全过程中分若干个区段施工
	分段间歇性线性活动	活动是线性的，在项目全过程中分若干个区段施工，但施工过程是间歇性的

条状活动（Bar activity）可分为间歇性条状活动（Intermittent bar activity）、离散型条状活动（Discrete bar activity，简称为 DBA）和重复性条状活动（Repetitive bar activity）三种类型，表 3-2 中有对条状活动具体分类的说明。

表 3-2　条状活动划分

分　类		特　征
条状活动	间歇性条状活动	在空间上某一点花费的施工时间很多，但施工过程是间歇性的
	离散型条状活动	在空间上某一点花费的施工时间很多，但施工过程是连续的、个体性活动
	重复性条状活动	在空间上某一点花费的施工时间很多，但施工过程是连续的，在工程某些区段是重复性的活动

块状活动细分为连续全过程块状活动（Continuous full-span block）、间歇全过程块状活动（Intermittent full-span block）、连续部分块状活动（Continuous partial-span block，简称 CPB）和间歇性部分块状活动（Intermittent partial-span block）四种类型，表 3-3 中有具体对块状活动分类的具体说明。

表 3-3 块状活动划分

分类		特征
块状活动	连续全过程块状活动	在工程全过程上的每个空间点上需要花费较多的施工时间，且施工过程是连续性的
	间歇全过程块状活动	在工程全过程上的每个空间点上需要花费较多的施工时间，且施工过程是间歇性的
	连续部分块状活动	在工程全过程上的某个区段上需要花费较多的施工时间，且在该区段施工过程是连续性的
	间歇性部分块状活	在工程全过程上的某个区段上需要花费较多的施工时间，且在该区段施工过程是间歇性的

以上是 LSM 方法对线状工程活动的分类，其表示方法与 CPM/PERT 方法有所不同。前者通过活动的发生的时间与地点的关系，用二维的线条或者图形来表示其活动，如图 3-11 所示。在 AOA 中，用箭线表示活动，箭头表示工作流向，节点连接活动，箭线和两端的节点共同表示一项活动。在 AON 中，一个节点代表一项活动，箭线代表相邻两活动之间的逻辑关系，只在时间一个维度表示。

3.2.3 LSM 方法关键路径的确定

1. 关键控制路径

一个有价值的计划必须能够提供一些必要的信息，比如该计划的期望工期、关键路径及工序之间的关系等，便于项目管理人员进行制定进度目标及进度管理方案等。类似 CPM/PERT 方法中的关键路径，LSM 方法也有其关键控制路径（Controlling Activity Path，简称 CAP）。CAP 路径的计算与关键路径法的计算有很大差别，需要先介绍几个相关概念，说明相邻两工序之间的关系。

（1）LT（Least Time Interval）：最短时间间隔，一般发生在相邻两工序中的端点或任一工序施工速度变化的转折点上，在图中沿 Y 轴方向。

（2）CD（Coincident Duration）：搭接时间区间，指相邻两工序同时施工的时间区间。

（3）LD（Least Distance Interval）：最小空间间隔，指在搭接时间区间内相邻两工序最短的空间距离，在图中沿 X 轴方向。

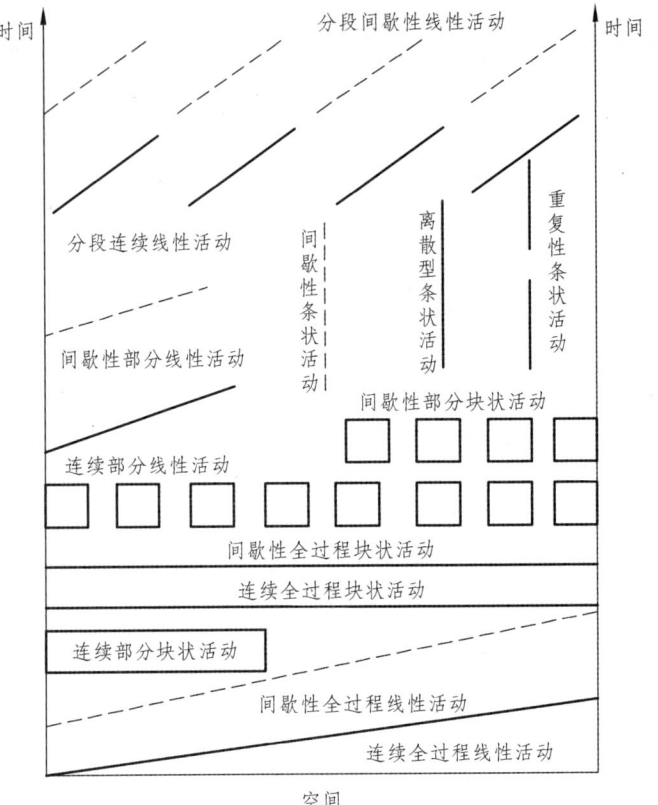

图 3-11 LSM 方法活动表示

（4）BB（Beginning Buffer）：相邻两工序开始施工时的时间间隔。

（5）MB（Minimum Buffer）：相邻两工序的最小时间间距。

以上几个概念如图 3-12 所示。

关键控制路径（CAP 路径）的确定有以下几个原则：

（1）连续全过程线性活动 CFLA 全部或部分区段必为关键工序。

（2）如果相邻 CFLA 的 CD≠∅，则其间的任何活动均为非关键工序；如果 CD=∅，则其间的其他工序可能为关键工序，由这些工序之间的相互关系确定。

（3）可能的关键线路的确定从开始工序开始（即 $t=0$ 时刻），到最后工序结束。确定 CAP 路径的基本步骤：

① 根据施工方案绘制出初始的 LSM 进度图，按工序的开始时间，正向顺序找出各工序之间的 LT 和 LD。

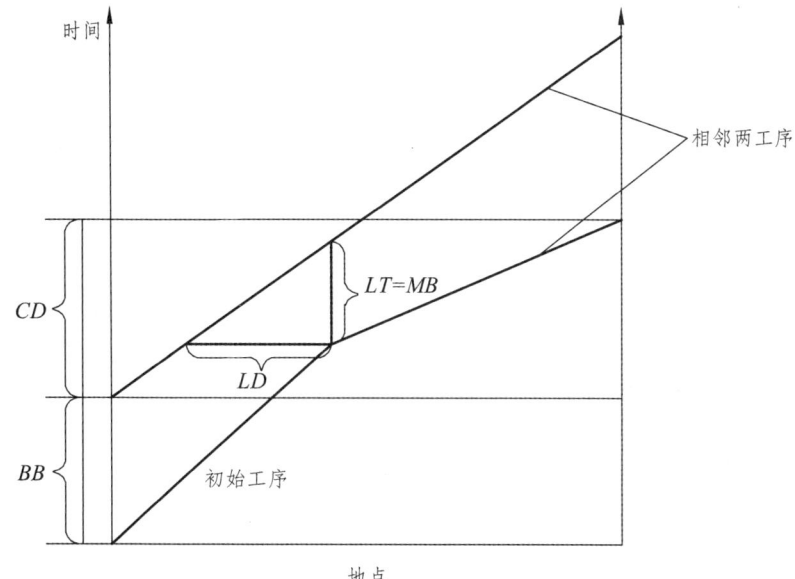

图 3-12 LT、TD 等概念图例

② 按照确定 CAP 路径的原则，找出可能的关键工序或关键区段。

③ 从结束工序的终点开始，反向追踪，把关键工序或关键区段用直线连接起来（连接线），确定 CAP 路径。

④ 计算各工序之间的时间参数。

2. 活动施工速度差

活动的施工速度差类似于 CPM/PERT 方法中的时差的概念。LSM 方法中活动的施工速度差是指该活动可能变为关键活动（段）时可能的施工速度变化值。可以定义为：某活动的施工速度差是指在不影响相邻两活动的最小间距（Minimum Buffer）的前提下，该活动最小可能的施工速度（the lowest possible production rate）与计划施工速度（the planned production rate）之间的差值。

在 CPM/PERT 计划中非关键工序的总时差不为零，关键工序的总时差为零，总时差为零则自由时差必为零。同样 LSM 计划中，施工速度差只存在于非关键活动（段），关键活动（段）的施工速度差为零。在 T-L 坐标系中，斜线代表一个线性活动，从斜线的起始位置可以得出计划的开始时间和空间位置，斜线的斜率可以得出计划的施工速度。活动进行到何时何地都可以用线状活动上的任意一点表示，计划与现实的时空有一一对应的关系。斜线与时间轴夹角的正切值,即该斜线斜率的倒数,就是该线状活动的计划施工速率。活动的计划施工速度可以依据定额得出。当地在建设实践中,由于施工活动中的不确定性,使得活动的实际施工速度围绕计划施工速度上下波动。

由于施工活动有各个方面的约束,比如施工工艺的要求、不可预见的人为变更、资源是否及时供应等,使得我们做进度计划时不得不考虑这些因素的影响。假如进度计划安排的过于紧凑,各活动之间相互干扰,势必会影响施工的进度及工程的质量,因此,LSM 计划中相邻两活动之间应该有合理的时间或空间距离,这个距离我们称之为间距(Buffer)。LSM 计划中,有时间和空间两个维度,所以相邻两活动之间有时间间距和空间间距。时间间距沿 Y 方向,有最小时间间距(Minimum Buffer)和相邻活动开始施工时的间距 BB(Beginning Buffer)。最小时间间距 LT 是时间间距。MB、BB 和 LT 的定义如图 3-6 中所示。施工速度差的计算过程如下:

第一步:绘制线状工程项目的 LSM 进度计划,确定其关键控制路径 CAP。

第二步:找出线性活动的前端非关键活动(段)和后端非关键活动(段)。LSM 计划中,一个线状工序的全部或者一部分是关键活动(段),假如只有一部分是关键活动(段),则其余的是非关键活动(段)。根据关键活动(段)与非关键活动(段)的位置关系,可将非关键活动(段)分为前端非关键活动(段)和后端非关键活动(段),如图 3-13 所示。

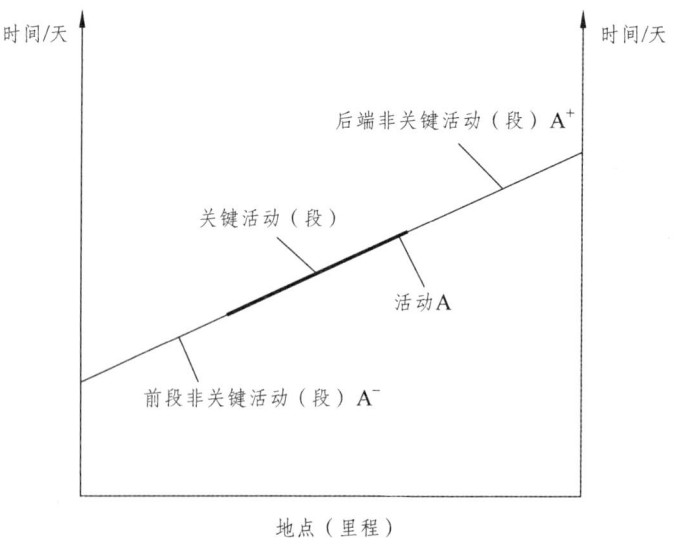

图 3-13 非关键活动表示方法

第三步：在不影响关键路径的前提下，确定前端非关键活动（段）的最早可能开始时间和后端非关键活动（段）最迟必须完成的时间，即前（后）端非关键活动段可能的最低施工速度的位置。

第四步：计算非关键活动（段）的施工速度差 RF。

按照施工速度差的定义：RF=计划施工速度-可能的最低施工速度。

3. 控制点、最小施工速度和施工速度差

1）控制点及确定方法

（1）控制点（Control Point）控制点指在 LSM 计划中，确定非关键活动（段）的最早可能开始时间或最迟必须开始时间时的控制位置。在 LSM 计划中，控制点可以用时间来表示，也可以用空间位置来表示。

（2）控制点的确定方法在 LSM 计划中，控制点的位置一般位于：线性活动（段）的端点；关键活动与非关键活动的分界点处；线性活动（段）施工速率变化处；与其他活动有空间约束的位置处。图 3-14 分别描述了上述的各种情形。

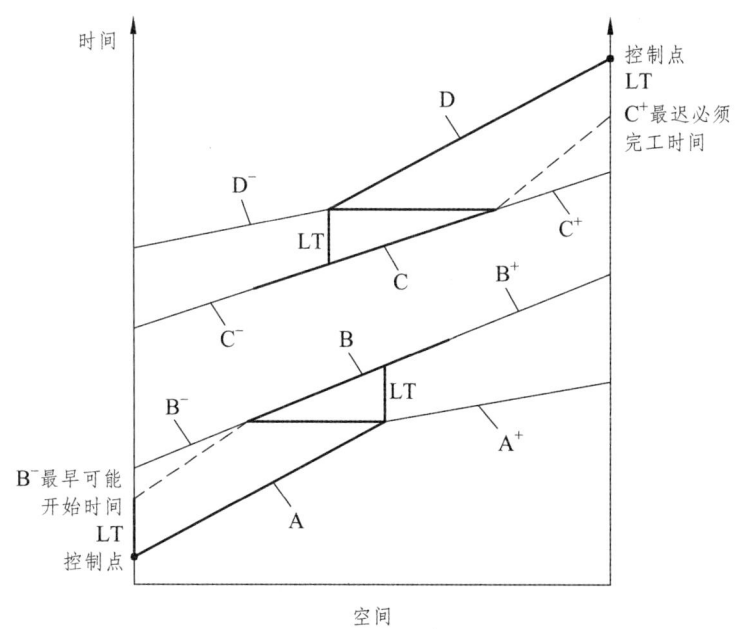

图 3-14 控制点位于端点处

控制点在线性活动（段）的端点：控制点在线性活动（段）端点的情况有两种，例如图 3-14 所示，为了保证关键路径不变，所以两个全过程线性工序之间的 LT 要保持不变，由 LT 可确定 B 工作的前端非关键活动段—B 的最早可能开始时间的控制点及 C 活动的后端非关键活动段 C 的最迟必须完工时间的控制点。

控制点在关键活动与非关键活动的分界点处：控制点位于关键活动段与非关键活动段分界点处也有两种情况，如图 3-15 所示。D 的生产速率比 D 的小，为了保证活动 D 与活动 C 之间的 LT 不变，所以 D 与 D 的交点是控制点，它决定了 C 的最迟必须完工时间。

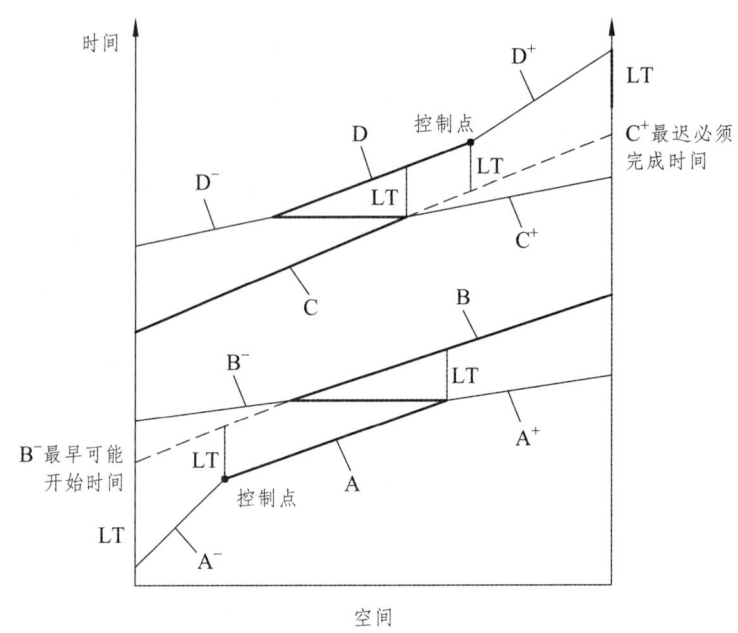

图 3-15 控制点位于分界处

控制点在施工速率变化处如图 3-15 所示，控制点既是关键活动段与非关键活动段的分界，又是生产速率变化的位置。

控制点位于受其他活动空间位置的约束处：当非关键活动（段）与其他活动有空间上的约束关系时，该活动（段）的最早可能开始时间也会受其影响。如图 3-16 所示，因为受到块状活动 B 的影响，前端非关键活动段 C⁻ 的最早开始时间是 C'，而不是 C"。活动 B 的起始坐标和结束时间决定了 C⁻ 活动只能在 C'处开始，假如在 C"开始，则会发生在同一时间和地点进行 B 和 C 两项活动，这不符合必须 B 活动完工以后才能进行 C 活动的工艺要求。

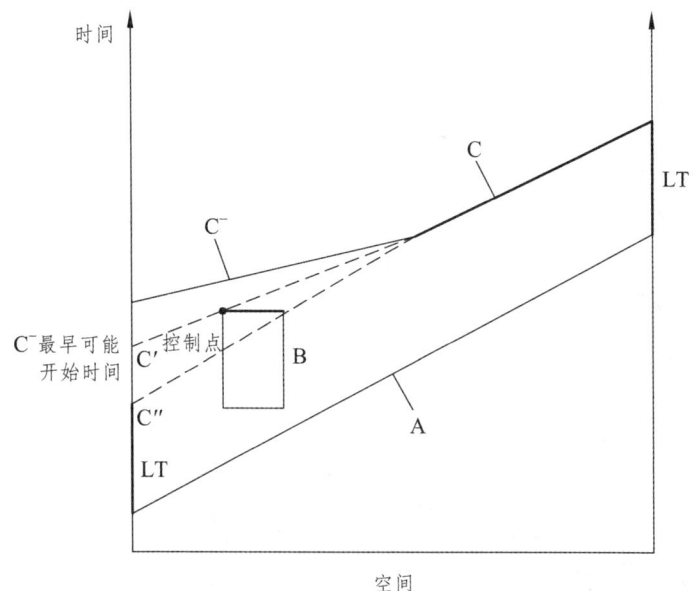

图 3-16　控制点位于约束处

2）最小施工速度

由控制点的位置就能够确定前端非关键活动（段）的最早可能开始时间或后端非关键活动（段）的最迟必须完成时间。这两个时间都是对应该非关键活动（段）的最小的施工速度，换句话说就是在组织施工时，在该活动（段）上投入最小的资源量，资源投入量的大小会影响施工速度。但是，最小量并不是无限制的，这个最小的资源量不能影响线状工程项目的总工期。非关键活动（段）的最早可能开始时间和最迟必须完成时间是 LSM 计划技术中的重要参数，类似于 CPM/PERT 方法中的工序最早开始时间（ES）、最迟开始时间（LS）、最早完工时间（EF）、最迟完成时间（LF）等时间参数。求 CPM/PERT 方法的 ES 可根据正推法的"沿线累加，逢圈取大"的原则计算出来，求 LS 可依据逆推法的"逆线累减，逢圈取小"的原则计算。依据这两个参数可以求出其他几个参数。同理，LSM 计划中的参数也有类似的推理关系。

例如图 3-17 所示一个简单的例子，简单的说明 LSM 计划中的前端非关键活动（段）的最早可能开始时间（ES）、后端非关键活动（段）的最迟必须完成时间（LF）及最小施工速度的算法 V_{min}^A [A 代表非关键活动（段）]。先确定相邻两 CLFA 工序之间的 LT 和 LD，然后确定 CAP 路径。找出活动 A 的后端非关键活动段、活动 D 和 F 的前端非关键活动（段）。

具体步骤为：

（1）找出相邻 CLFA 的 LT 和 LD。

（2）确定 CAP 路径。

（3）根据控制点确定方法，找出非关键活动的控制点。

（4）依据步骤③确定的控制点，确定非关键活动（段）的最早可能开始时间或最迟必须完工时间。

（5）计算该非关键活动（段）的最小施工速度。

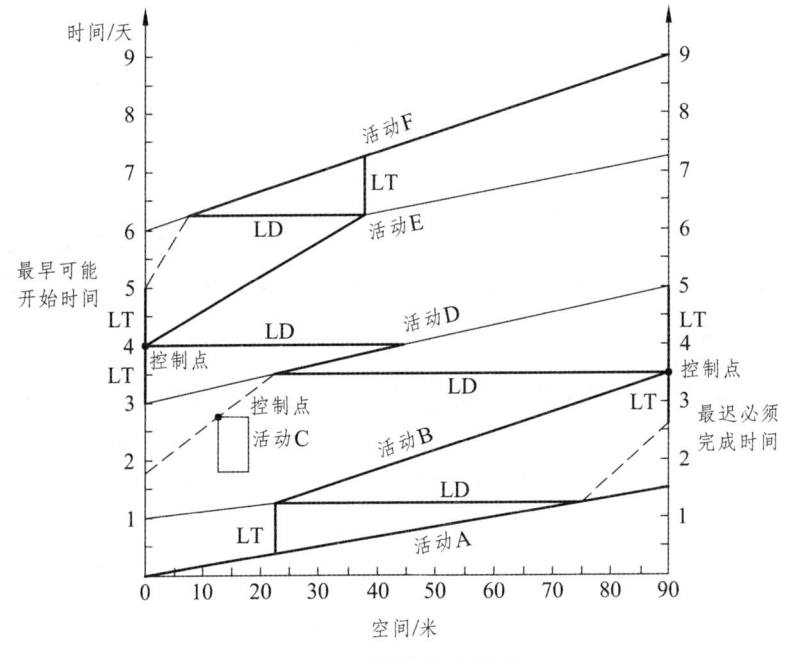

图 3-17 最小施工速度

活动 A^+ 的最迟必须完成时刻为关键活动 B 的完成时间减去活动 A 与活动 B 之间的 LT，即：

$$LF_{A^+}^1 = LF_B - LT = 3.5 - 0.9 = 2.6$$

活动 D^- 受活动 C 的空间约束关系，所以 D^- 活动的最早可能开始时间需要计算。已知 $F_{D^-}^0$（3.5，22.5），控制点 P（2.75，12.5），设 D^- 的最早可能开始的坐标为 $S_{D^-}^1$（ES_{D^-}，0），则依据线性关系：

$$ES_{D^-} = 3.5 - 22.5 \times \frac{3.5 - 2.75}{22.5 - 12.5} = 3.5 - 1.7 = 1.8$$

活动 F⁻ 的最早可能开始时间为关键活动 E 的开始时间加上活动 E 与活动 F 之间的 LT：

$$ES_{F^-} = ES_E + LT = 4 + 1 = 5$$

以上是常见位置的非关键活动（段）的最早开始时间或最迟必须完成时间的算法。由这两个参数可以算出相应活动的最小施工速度。

LSM 计划中用 (T_A, L_A) 来表示活动 A 的所处的时刻和空间位置。对该例中活动 A 的后端非关键活动（段）A⁺的开始时空坐标为 $S_{A^+}^0$（1.25，70.5），结束时空坐标为 $F_{A^+}^0$（1.5，90），最迟必须完成的时空坐标为 $F_{A^+}^1$（2.6，90）。正常情况（正常施工指依据原始计划所绘制的初始 LSM 计划。）下的施工速度：

$$V^{A^+} = \frac{L_{A^+}^0 - L_{A^+}}{T_{A^+}^0 - T_{A^+}} = \frac{90 - 70.5}{1.5 - 1.25} = 78 \text{ (m/d)}$$

最小施工速度为：

$$V_{\min}^{A^+} = \frac{L_{A^+}^1 - L_{A^+}}{T_{A^+}^1 - T_{A^+}} = \frac{90 - 70.5}{2.6 - 1.25} = 14.4 \text{ (m/d)}$$

其中 (T_{A^+}, L_{A^+}) 表示 A⁺正常情况下的初始时刻和空间位置，即 $S_{A^+}^0$；

($T_{A^+}^0$, $L_{A^+}^0$) 表示 A⁺正常情况下的完成时刻和空间位置，即 $F_{A^+}^0$；

($T_{A^+}^1$, $L_{A^+}^1$) 表示 A⁺最迟必须完工的时刻和空间位置，即 $F_{A^+}^1$。

对活动 D⁻，由于受到块状活动 C 的空间限制，最早可能开始时间的时空坐标为 $S_{D^-}^1$（1.8，0），正常情况下的开始与结束坐标分别为 $S_{D^-}^0$（3，0），$F_{D^-}^0$（3.5，22.5）。则 D⁻正常情况下的施工速度为：

$$V^{D^-} = \frac{L_{D^-}^0 - L_{D^-}}{T_{D^-}^0 - T_{D^-}} = \frac{22.5 - 0}{3.5 - 3} = 45 \text{ (m/d)}$$

最小施工速度为：

$$V_{\min}^{D^-} = \frac{L_{D^-}^0 - L_{D^-}^1}{T_{D^-}^0 - T_{D^-}^1} = \frac{22.5 - 0}{3.5 - 1.8} = 13.2 \text{ (m/d)}$$

同理可求出 F⁻的正常施工速度及最小施工速度。在关键路径不变的情况下，线状活动 i 的施工范围通常是不变的，则施工速度由该活动段的起始时刻确定，即：

$$V_i = \frac{L_i}{T_i}$$

式中 V_i——活动 i 的施工速度；

L_i——活动 i 的空间距离；

T_i——完成活动 i 所需的时间。

而活动 i 的资源需要量为：

$$R_i = \frac{Q_i}{S_i \times T_i} = \frac{Q_i \times V_i}{S_i \times L_i}$$

式中　R_i——活动 i 所需的资源量；

Q_i——活动 i 的工程量；

S_i——活动 i 的产量定额。

由以上可知：线性活动的线形越陡，所需时间越长，施工速度越小，相应所耗费量的资源越少；线形越平，所需时间越短，施工速度越大，相应所耗费的资源量就越多。施工速度不仅影响施工时间，还影响资源需要量，因此，施工速度是 LSM 计划中的一个重要参数。

3）施工速度差（Rate Float）

LSM 计划中的施工速度差（Rate Float）的概念类似于 CPM/PERT 方法中的总时差（Total Float）的概念。双代号网络计划中的总时差是指一项工作在不影响总工期的前提下所具有的机动时间，是由于工序最迟完成时间与最早开始时间之差大于工序作业时间而产生的机动时间。

LSM 计划中的施工速度差是指相邻两个活动施工速度的差值。由概念可知，某活动的施工速度与其相邻活动的施工速度有关。产生施工速度差的原因有两个方面，一方面是在一定的时空范围以内，某活动的施工速度不受其相邻活动（紧前活动或紧后活动）施工速度的影响；另一方面是在一定时空的范围以内，某活动的施工速度受到其相邻活动（紧前活动或紧后活动）施工速度的影响。前一方面的原因，我们称为自由施工速度差（Free Rate Float，简称 FRF），后一方面的原因我们称为相关施工速度差（Related Rate Float，简称 RRF）。这两种施工速度差之和我们称之为施工速度差。

（1）自由施工速度差（FRF）。LSM 计划中自由施工速度（FRF）差对比网络计划中的自由时差，前者是指在不影响紧后活动正常施工的前提下本活动所具有的施工速度差；后者指在不影响紧后工序最早开始的情况下该工序所拥有的机动时间。根据其定义可得出网络计划方法中自由时差等于紧后工作的最早开始时间与该工作的最早完成时间之差。同理我们可以得出 LSM 计划方法中自由施工速度差的计算方法，即正常施工时的速度与不影响紧后工序正常施工时的速度之差。LSM 计划中自由施工速度差如图 3-18 所示。根据

定义,的自由施工速度差为:

$$\mathrm{FRF}_{A^+} = \frac{L_{2A^+} - L_{1A^+}}{T_{2A^+} - T_{1A^+}} - \frac{L_{2A^+} - L_{1A^+}}{T'_{2A^+} - T_{1A^+}}$$

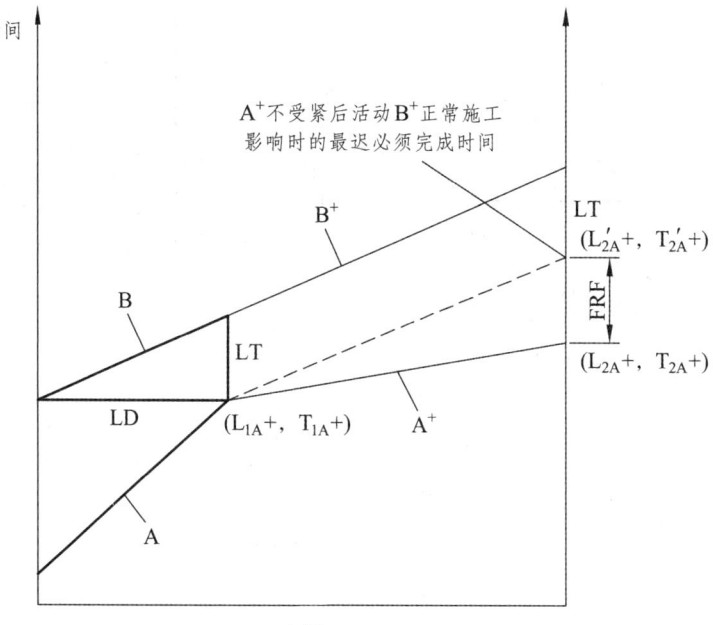

图 3-18 施工速度差示意图

(2)相关施工速度差(RRF)。相关施工速度差(RRF)指该活动的紧前或紧后活动可以提前或推迟的情况下,该活动还可以以更小的施工速度施工。如图 3-19 所示,B^+ 在不影响关键活动 C 的情况下本身还具有自由时差,这个自由时差对 A^+ 的最迟完工产生影响,使得 A^+ 在不影响 B^+ 施工的前提下还可以再推迟,这时的与 B^+ 相关的施工速度差就是 A^+ 的相关速度差,由定义知 A^+ 的相关速度差为:

$$\mathrm{RRF}_{A^+} = \frac{L_{2A^+} - L_{1A^+}}{T_{2A^+} - T_{1A^+}} - \frac{L_{2A^+} - L_{1A^+}}{T'_{2A^+} - T_{1A^+}}$$

(3)施工速度差(RF)与自由施工速度差(FRF)及相关速度差(RRF)的关系由施工速度差的定义:在不影响整个工期的前提下,该工序所拥有的速度差。显然,它包括自由施工速度差和相关施工速度差。依据施工速度差的定义可知:

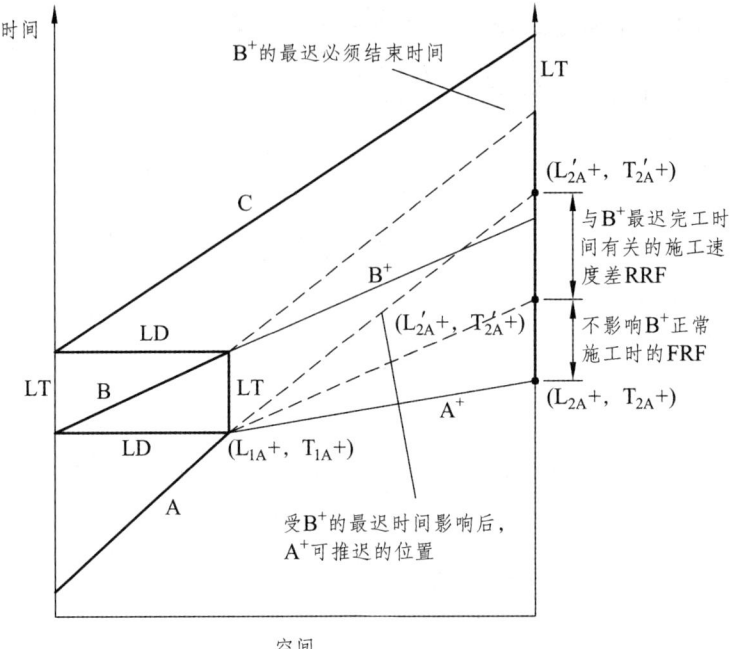

图 3-19 FRF 与 RRF

$$RF_{A^+} = \frac{L_{2A^+} - L_{1A^+}}{T_{2A^+} - T_{1A^+}} - \frac{L_{2A^+} - L_{1A^+}}{T_{2A^+} - T_{1A^+}}$$

施工速度差是自由施工速度差和相关施工速度差之和。施工速度差类似于网络计划中的总时差（TF）。所以，关键活动（段）的施工速度差为零，同时，自由速度差和相关速度差也必须为零。只有非关键活动（段）的速度差不为零。

3.3 LSM 技术的应用方法

3.3.1 工程总体进度计划编制与优化

1. 传统的进度计划表示方法

传统的公路工程总体进度计划编制主要采用甘特图作为主要工具，甘特图的编制最简单，它只需要活动的开始和结束时间及施工的先后顺序，但是它提供的信息也比较有限。

以某公路的进度管理为例，如果采用甘特图作为总体进度计划编制工具，可以得到总体进度计划如图 3-20 所示。

编号	工程名称	持续时间	开始时间	结束时间
1	征地拆迁	145	2015-02-06	2015-06-30
2	清表	132	2015-03-01	2015-07-10
3	施工便道	133	2015-03-10	2015-07-20
4	土方开挖	305	2015-05-01	2016-02-29
5	涵洞工程	104	2015-05-20	2015-08-31
6	支挡防护工程	357	2015-05-10	2016-04-30
7	路基填筑	336	2015-05-01	2016-03-31
8	排水工程	244	2015-07-01	2016-02-29
9	综合管廊	264	2015-07-01	2016-03-20
10	桥梁下部	286	2015-05-20	2016-02-29
11	桥梁上部	317	2015-07-20	2016-05-31
12	路面工程	194	2016-04-10	2016-10-20
13	景观工程	123	2016-07-01	2016-10-31
14	照明工程	93	2016-08-20	2016-11-20
15	交通工程	91	2016-09-01	2016-11-30
16	交工验收	31	2016-12-01	2016-12-31

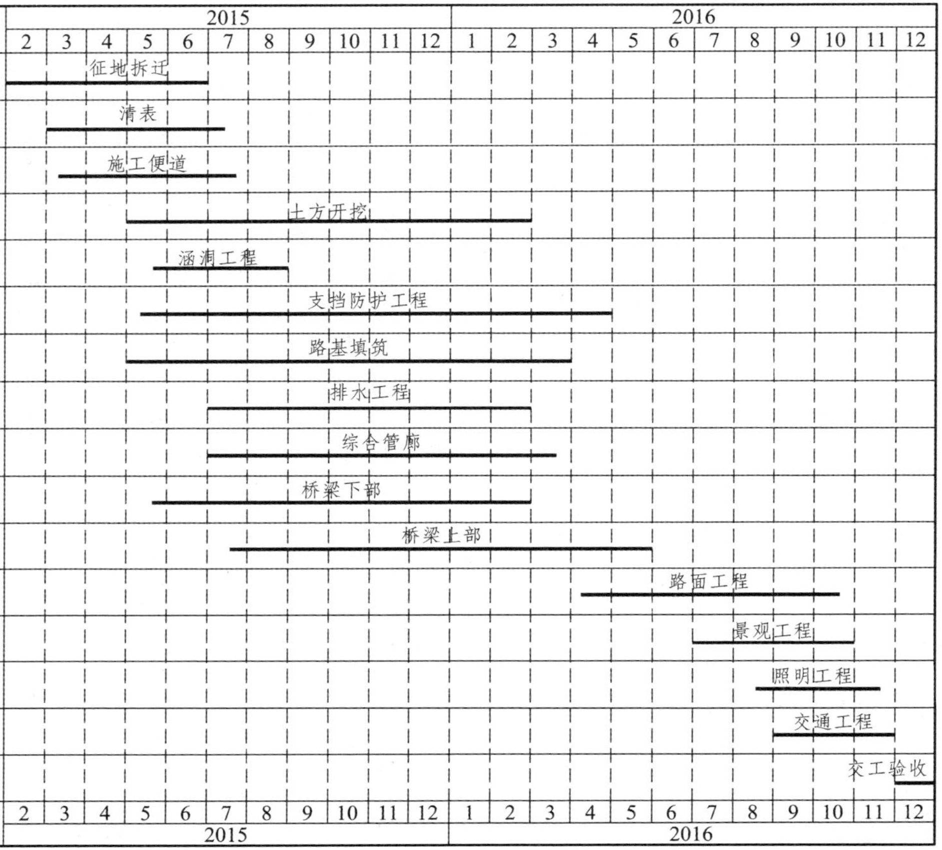

图 3-20　道路工程总体进度计划

从该图中可以看出各项工序的起止时间十分清晰明确，但是各单位工程之间的空间关系、搭接关系很难体现。以路基填筑、路面工程、景观工程、照明工程、交通工程等单位工程之间的关系为例，在甘特图中就无法了解这些单位工程之间是如何搭接的。景观工程与路面工程之间顺利搭接的关键工作在何处也无法了解。

2. 运用 LSM 方法表示进度计划

运用 LSM 技术转化该总进度计划，各项工作的描述如下：

征地拆迁：由于征地拆迁时分段进行的，且每段地块的征地拆迁工作均需耗费一定的时间，且各段征地拆迁任务很难连续完成，因此可表示为间歇性全过程块状活动。

清表：单位距离路段的清表工作相对耗费的时间较少，且清表工作可连续进行，因此可表示为连续全过程线性活动。

施工便道：单位距离路段的施工便道相对耗费的时间较少，且施工便道施工可连续进行，因此可表示为连续全过程线性活动。

涵洞施工：单个涵洞施工相对集中在一个很短的距离内，且需耗费较长的施工时间，多个涵洞之间的分布是非连续的，因此涵洞施工可表示为离散型条状活动。

挖方工程：挖方工程与道路沿线的高程有关，在市政道路中通车挖方地段非连续分布，且每段均具有一定的长度，每段挖方均需耗费相对较长的时间，因此挖方工程可表示为间歇性部分块状活动。

路基填方工程：路基填方通车会被桥梁、隧道工程所打断，每段路基填筑均具有一定的长度，每段填方均需耗费相对较长的时间，因此路基填方工程可表示为间歇性部分块状活动。

支挡防护工程：支挡防护工程与路基边坡相关联，因此支挡防护工程可表示为间歇性部分块状活动。

综合管廊工程：综合管廊在空间上是连续的，当综合管廊采用流水施工时，单位距离的施工时间相对较短，因此可表示为连续全过程线性活动。

桥梁工程：单座桥梁均独立分布在道路的不同里程，属于间断分布状态，每座桥梁均具有一定的长度，每座桥梁的施工均需耗费相对较长的时间，因此桥梁工程可表示为间歇性部分块状活动。

路面工程、景观工程、照明工程、交通工程：这四类工程在空间上是连续的，一般情况下均流水施工时，单位距离的施工时间相对较短，因此可表示为连续全过程线性活动。如图 3-21。

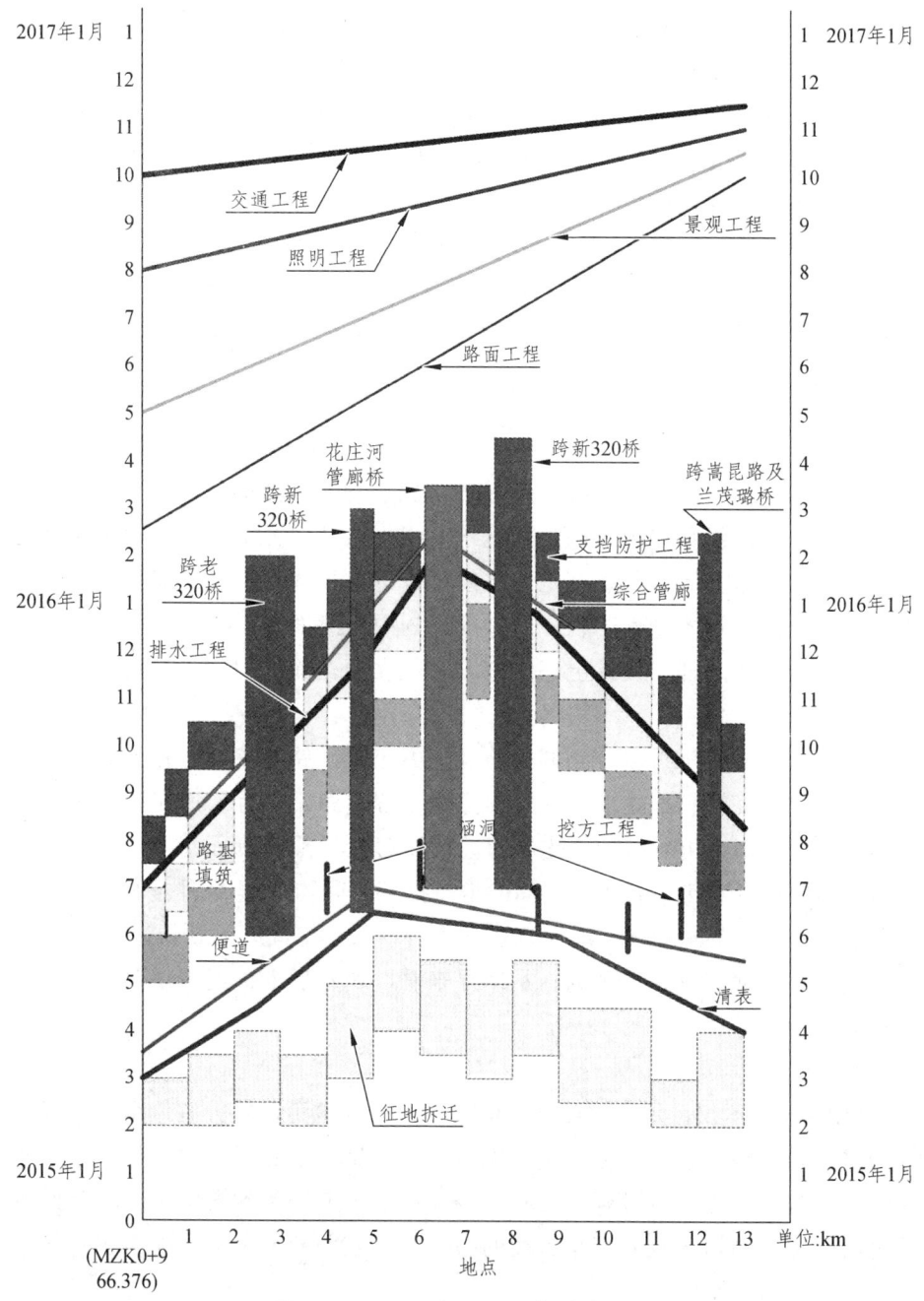

图 3-21 LSM 表示的总体进度计划

按照上述转换方法，图 3-20 的甘特图可以比较轻松地转化为图 3-21 所示的 LSM 进度计划图。两种相比较可以清晰地看出：LSM 方法可以得到比甘特图丰富得多的计划信息，LSM 方法从时间和空间两个维度对计划进行描述，它是一种图形描述技术，这是 LSM 方法超过 CPM/PERT 技术的最大优势。LSM 计划的时间信息可以从纵轴时间轴得到，纵轴类似甘特图，空间信息可以从横轴地点轴得到，这也是 CPM/PERT 技术不能提供的信息。LSM 方法适合各个层次的管理者，便于交流沟通，有利于现场管理。

在编制 LSM 计划时，需要了解活动的类型、开始和完成时间、开始和结束位置及活动之间的关系。通过以上几点就可以确定 LSM 进度计划图，活动之间的平行施工可以很容易表示出来，且不破坏施工的连续性。

3. 使用 LSM 方法进行进度计划优化与进度计划更新

1）进度计划优化

从图 3-20、3-21 可以看出路基挖方、路基填筑、路面工程施工这三项单位工程的施工组织存在较大的工期优化空间，路基挖方工程与前续工序之间连接不紧密，路基填筑与路基挖方之间可以进一步优化搭接空间。而路面施工时本项目的主要控制性工程，原进度计划中，路面施工在路基填筑全部完成后才开始全面展开，实际上路面施工有较大的提前空间，可与路基施工连接得更加紧密。

按照上述分析，可以分别调整路基挖方工程、路基填筑工程、路基支挡防护工程的进度计划，之后相应调整路面工程、景观工程、照明工程、交通工程的进度计划，可以得到优化后的进度计划如图 3-22 所示。

从图中可以看出，各工序之间的最短搭接时间均有 1 个月左右，而路基与路面施工之间的最短搭接时间长达 4 个月，最小空间间隔则长达 5 km，由此可见整个工期安排是合理的；从结果来看，调整后的进度计划较调整之前可提前 2 个月左右。如图 3-23 所示。

2）进度计划更新

LSM 方法不仅可用于进度计划的优化，同样也可以很方便地用于进度计划的更新和调整。在市政道路施工中最容易产生工期延后的工作是征地拆迁工作，征地拆迁工作一旦延后会对整个项目的工期产生致命影响。因此如何针对前面工序的拖延及时调整后续的施工计划是顺利推进工程施工，确保工程如期完工的关键所在。

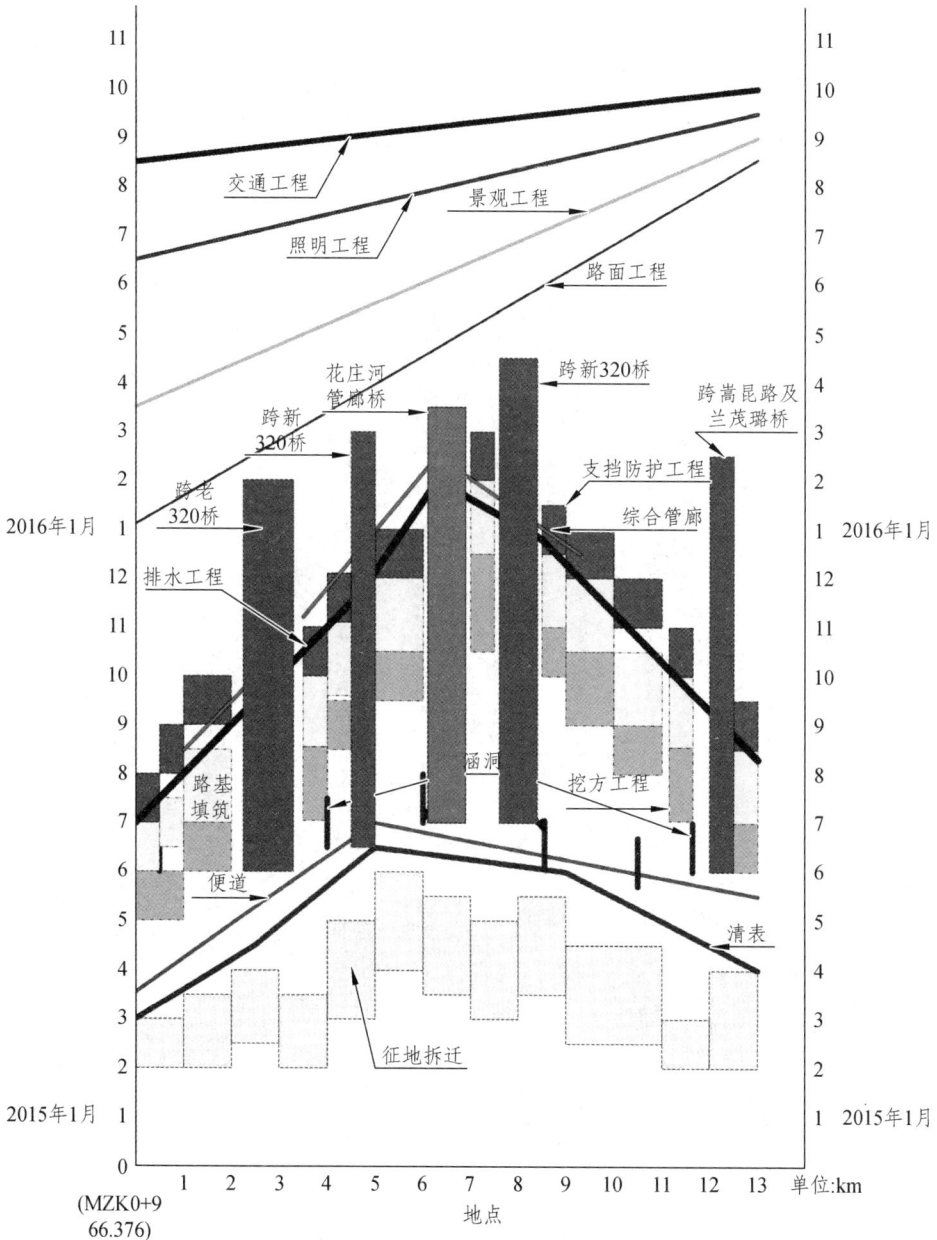

图 3-22 进度计划调整优化

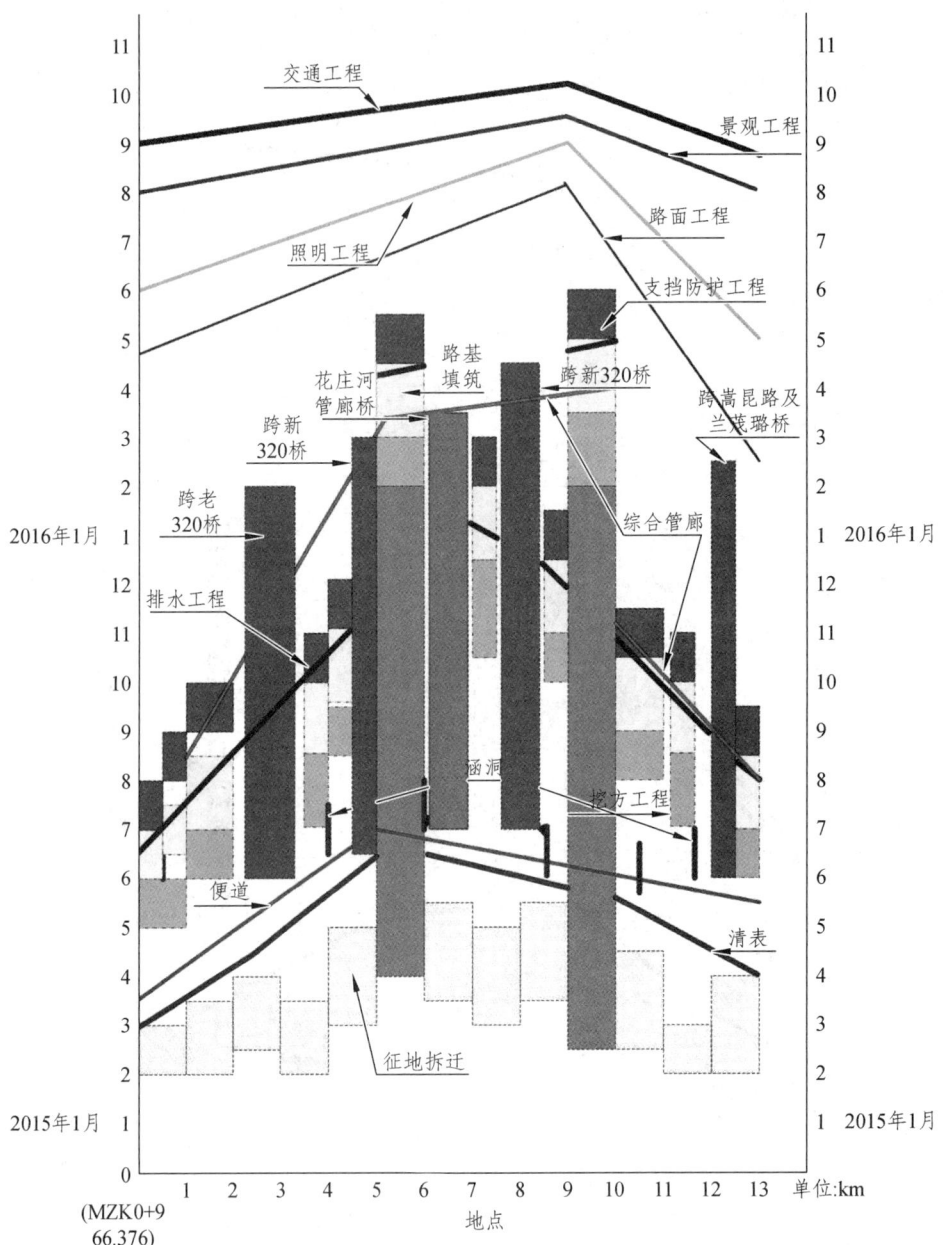

图 3-23 调整后的进度计划

以本工程为例，假设工程在 MZK5+100～MZK6+000、MZK9+150～MZK10+100 两处发生征地拆迁严重滞后的情况，原计划 2015 年 6 月完成征地拆迁工作，实际拖延至 2016 年 2 月才完成征地拆迁工作。如果采用甘特图显然无法有效调整工期，而是用 LSM 方法可对进度计划调整如图 3-23 所示。

图 3-23 显示在两处征地拆迁工期滞后 8 个月后，通过及时调整进度计划，可以顺延征地拆迁延后段的挖方、填方、排水、支挡防护、综合管廊工程，将原来的连续线性施工修改为非连续线性施工。同时将路面工程、景观工程、照明工程、交通工程原来的单项施工方案修改成两个标段相对施工，在适当增加成本的情况下可尽量减少征地拆迁导致的工期整体延后。在保证路基与路面施工之间的最短搭接时间 1 个月，最小空间间隔 2 km 的前提下，可将工期延后控制在 1 个月左右。

3.3.2 工程局部进度计划优化

1. 路基填挖施工组织

LSM 不仅方便用于工程总体进度计划的编制、调整和管理，同样也便于用作局部工期优化的工具。以下图所示的路基挖方填方交界段施工为例，如图 3-24 所示，本段总长 300 m，其中路基挖方段 140 m，路基填方段 160 m。

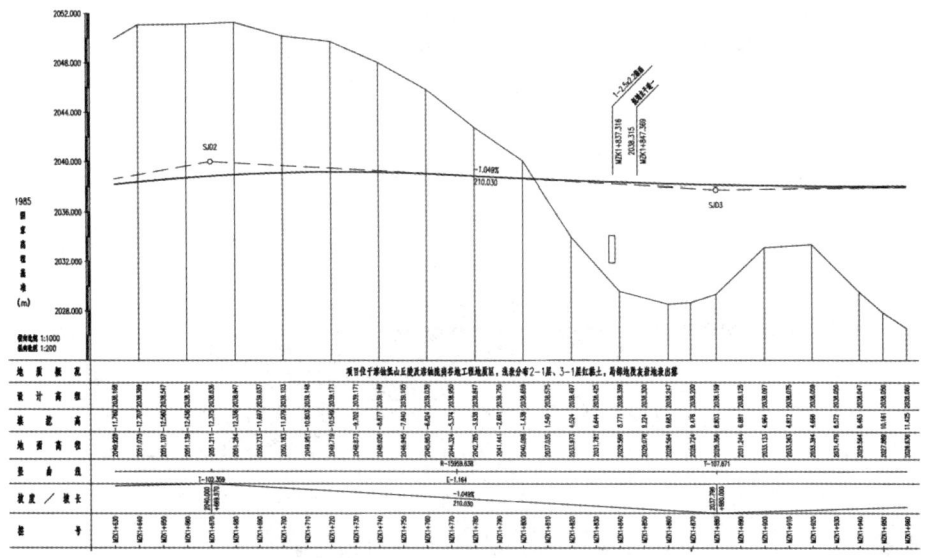

图 3-24 填挖交界处纵断面图

对于这种局部路基工程的施工进度计划编制，无论是采用甘特图还是 CPM/PERT 方法均难以进行有效的描述，而 LSM 方法则可以很方便地表达其进度计划安排。

路基挖方的主要工序：清表→测量放样→开挖→边坡休整→挖至设计高程以下 80 cm→整平压实→分层回填至设计高程→防护排水施工。

路基填方的主要工序：基地处理→填料分层填筑→防护排水施工。

纵向填挖交界处施工方法：路基填挖交界（含半填半挖交界）处由于填方会产生沉降，往往导致填挖交界处路基产生断裂，为了防止或减缓填挖交界处路基开裂，采取了开挖台阶和加筋补强措施：清除地表草、腐殖土后开挖台阶，台阶宽度不小于 2 m，台阶内向倾斜坡度 3%；在路床附近铺设 2～3 层钢塑格栅，钢塑格栅要求设计抗拉强度不小于 80 kN。详见图 3-25、3-26 所示。

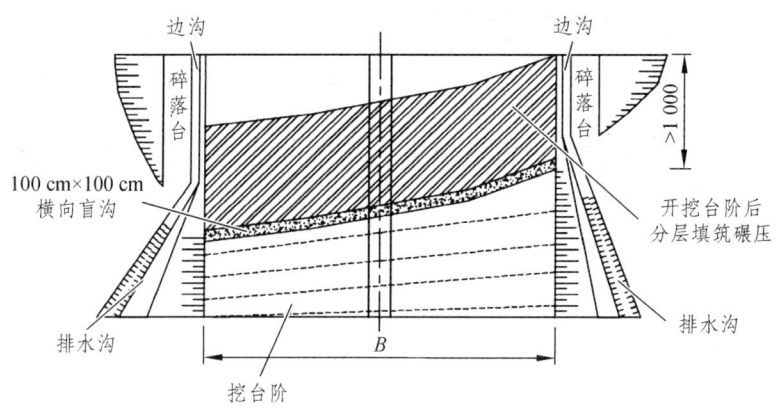

图 3-25 纵向填挖方过渡段（平面）

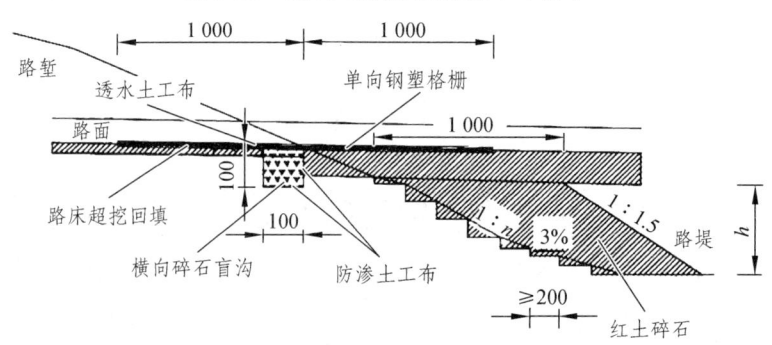

图 3-26 纵向填挖交界处拼接示意图

运用 LSM 技术编制该工程进度计划，各项工作的描述如下：

清表、边坡休整、挖至设计高程以下 80 cm、整平压实、分层回填至设计高程、防护排水施工、基地处理、填料分层填筑：这些工序在空间上是连续的，一般情况下均流水施工时，单位距离的施工时间相对较短，因此可表示为连续全过程线性活动。

测量放样：测量放样一般与土方开挖过程相伴随，土方分层开挖，测量放样需要反复进行多次，因此尽管单次测量放样工作所需时间较短，但工程施工中需进行重复多次测量，因此测量放样工作可表示为连续性全过程块状活动。

土方开挖施工：挖方工程与道路沿线的高程有关，在本段中挖方长度不长仅 140 m，且最大挖高 10 m 左右，因此可联系开挖施工，挖方均需耗费相对较长的时间，因此挖方工程可表示为连续性全过程块状活动。

挖台阶、碎石盲沟施工：挖台阶和碎石盲沟施工相对集中在一个很短的距离内，且需耗费一定的施工时间，因此挖台阶和碎石盲沟施工均可表示为离散型条状活动。

按照上述原则可以得到该段填挖施工地段的进度计划安排如图 3-27 所示。该计划清晰地描述了填方和挖方工程的先后顺序关系，以及二者之间的搭接施工关系。

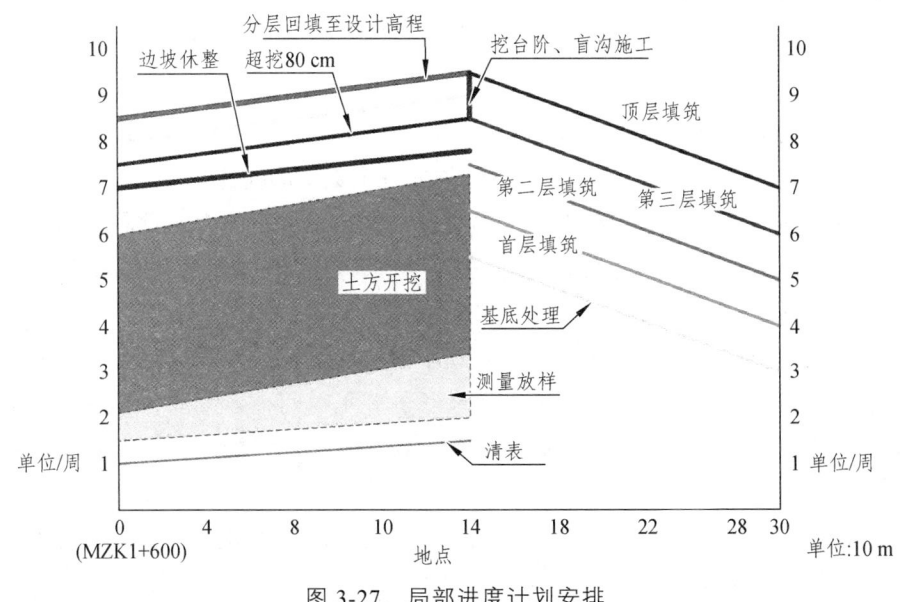

图 3-27 局部进度计划安排

2. 跨铁路桥施工组织

某跨铁路桥计划开工日期为2016年6月20日，计划完工日期为2017年6月19日，工期12个月。传统的进度计划编制方法为甘特图法，如图3-28所示。

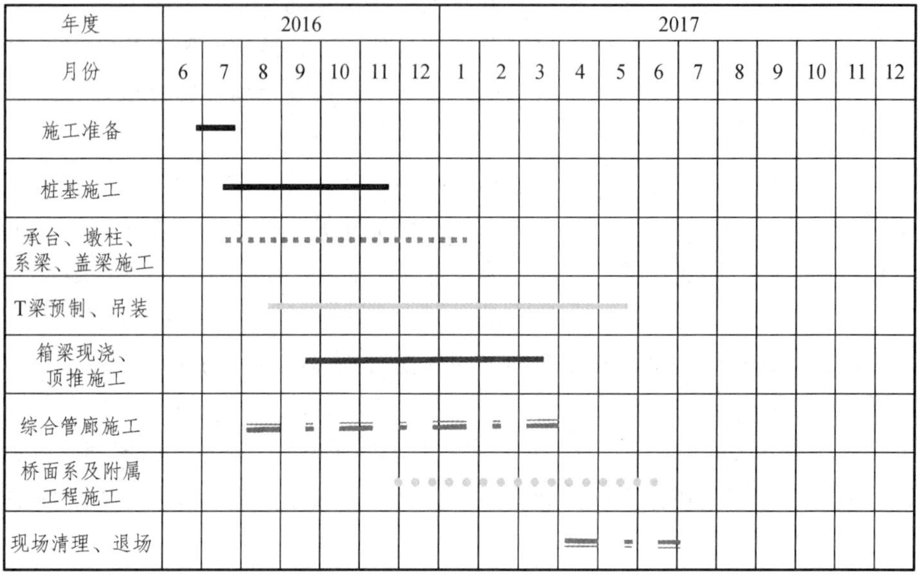

年度	2016						2017									
月份	6	7	8	9	10	11	12	1	2	3	4	5	6	7	8	9	10	11	12
施工准备																
桩基施工																
承台、墩柱、系梁、盖梁施工																
T梁预制、吊装																
箱梁现浇、顶推施工																
综合管廊施工																
桥面系及附属工程施工																
现场清理、退场																

图3-28 施工进度计划

从图3-28中很难获得该桥施工组织的具体信息，因此可用LSM方法对该进度计划进行优化。

运用LSM技术编制该工程进度计划，各项工作的描述如下：

桩基施工：单个桩基施工相对集中在一个很短的距离内，且需耗费较长的施工时间，多个桩基之间的分布是非连续的，因此桩基施工可表示为离散型条状活动。

承台、墩柱、系梁、盖梁施工：单个承台、墩柱、系梁、盖梁施工相对集中在一个很短的距离内，且需耗费较长的施工时间，多个承台、墩柱、系梁、盖梁之间的分布是非连续的，因此承台、墩柱、系梁、盖梁施工也可表示为离散型条状活动。

T梁预制：T梁预制集中在预制工厂进行，且可连续进行，因此可描述为连续部分块状活动。

T梁吊装：T梁吊装以片为单位，每片T梁吊装均需要耗费一定的时间，

T梁与T梁之间作业不连续连续，但在全桥空间上连续，因此可描述为非连续全过程块状活动。

箱梁现浇顶推施工：箱梁现浇顶推施工耗费时间较长，且在时间和空间上均相对连续，因此可表示为连续块状活动。

综合管廊施工：综合管廊采用框架涵施工技术，施工时间较长，空间距离相对集中，工序在时间和空间上均相对连续，可表示为连续全过程块状活动。

桥面系及附属设施施工：这些工序在空间上是连续的，一般情况下均流水施工时，单位距离的施工时间相对较短，因此可表示为连续全过程线性活动。

现场清理、退场：该项工作持续时间较短，且在空间上连续，可描述为连续全过程线性活动。

按照上述原则可以得到该上跨铁路桥施工进度计划安排如图3-29所示。该计划清晰地描述了不同位置桩基础施工先后顺序关系，承台、墩柱、系梁、盖梁施工与桩基础施工的搭接关系，T梁预制吊装与下部结构施工的空间关系及工序关系，现浇箱梁及钢箱梁顶推施工之间的空间关系及工序搭接施工关系等。

从图中还可以清晰地算出不同工序之间的最小时间间隔关系，最小空间间隔关系等，十分便于理解施工组织关系以及进行施工过程的进度控制。

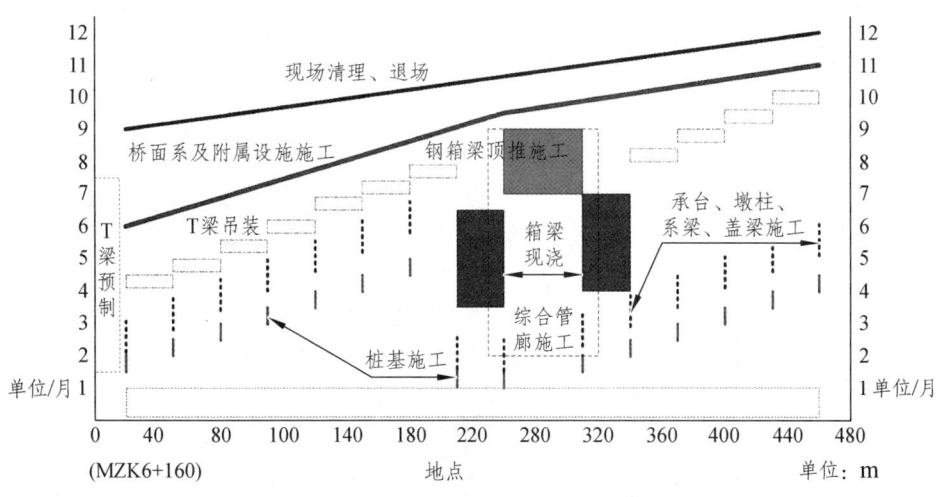

图3-29 跨铁路桥施工进度计划

第4章 基于BIM与LSM的山区高速公路进度管理

4.1 基于BIM与LSM的田坝大桥进度管理

4.1.1 田坝大桥工程概况

K30+708田坝大桥位于保山至施甸高速公路整体式路段上。本桥为跨越山间沟谷而设，孔跨布置及结构形式为11孔39 m预制预应力（后张）混凝土连续T形梁。本桥采用3+4+4孔各一联，先简支后结构连续，全桥共3联。全桥共设4道伸缩缝，见桥位图4-1所示。

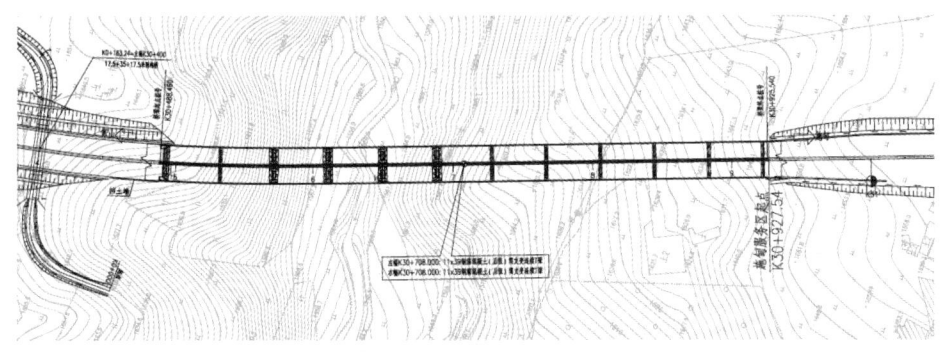

图4-1 田坝大桥桥位图

本桥上部结构采用：40 m预应力混凝土（后张）T形连续梁。下部结构桥墩采用：钢筋混凝土圆形截面双柱墩，直径分别为1.8 m和2.1 m，下设单桩基础，直径分别为1.9 m和2.2 m；变截面薄壁空心墩，下设承台带群桩基础，直径为1.5 m。桥台：保山岸桥台均为重力桥台，扩大基础；施甸岸桥台为桩柱式桥台，桩基础。盖梁和台帽均按普通钢筋混凝土结构设计，其上设支座垫石和防震挡块。针对墩顶处的桥面横坡，盖梁为正做斜置。护栏采用SA级钢筋混凝土墙式护栏，如图4-2所示。

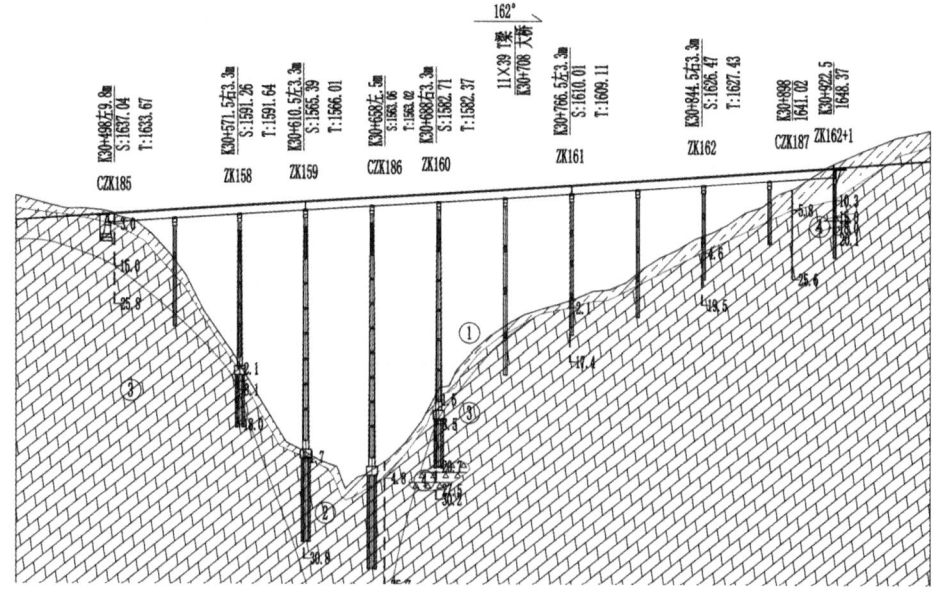

图 4-2　田坝大桥桥位图

1. 场地位置及地形地貌

桥址区为构造剥蚀丘陵地貌，桥址区横跨一深沟。各桥墩位于沟底及沟坡上，两桥台位于沟坡上。小里程桥台的自然坡度为 25°~35°，大里程桥台的自然坡度为 15°~25°。拟建桥址区高程介于 1 542~1 650 m，地表以灌木及农田为主。有农村便道通往桥址区，交通条件较为便利。

2. 区域地质构造

路线区域处于青藏滇印尼巨型歹字形构造体系中段与经向构造体系相复合部位，这两类构成了本区的基本构造格架。零星的纬向构造体系的构造形迹对后期构造运动的制约作用。桥址区未见活动断层通过，故不考虑活动性断裂的影响。

3. 气　象

本项目位于路线属中亚热带为主体的低纬山地季风气候，雨量充沛，干湿季节分明，气候温和潮湿。多年平均降雨量 944.5 mm，雨季主要集中于 5—10 月。年平均蒸发量 1 665.1 mm，最高极值 2 010.5 mm，最低 1 405.3 mm。测区丰富的降雨量是地下水补给的主要来源，并因季节的变化，致使地下水也随季节有明显的动态变化。年平均气温 17.6 °C。年最高气温 32 °C，年最低气温-3.2 °C，最热月份为6—8月，最冷月份11、12及次年1、2月。气候垂直分带明显，处于不同海拔高度的地区差异甚大。河谷地区颇为炎热，终年无霜；高山地区则较寒冷，冬末春初常有短暂积雪。总体而言，区域气候条件对项目建设及营运的不利影响较小。

4. 地层岩性

根据地质调绘及钻探揭露，拟建桥址区范围内上覆地层为第四系全新统硬塑粉质黏土，下伏基岩为强—中风化泥灰岩。以上地层岩性按照工程力学性能并结合工程特征共划分为4个工程地质单元层。现自上而下分述如下：

（1）第四系全新统残坡积（Q_4^{el+dl}）

硬塑粉质黏土（单元层代号为①）：褐黄—褐红色，夹少量强风化基岩圆砾，切面光滑，手感细腻，韧性和干强度高，无摇振反应。

（2）志留系上统（S_3）

强风化泥灰岩（单元层代号为②）：灰褐色，微粒结构，中厚层状构造，大部分矿物严重风化变质，失去光泽，岩芯极破碎，多呈碎块状，径3~5 cm。

（3）志留系上统（S_3）

中风化泥灰岩（单元层代号为③）：紫红色，微粒结构，中厚层状构造，岩石主要成分为黏土矿物和方解石，节理裂隙较发育，岩芯多呈柱状，柱长10~25 cm，部分碎块状，径3~8 cm，岩质较硬，RQD=57%。

（4）第四系全新统（Q_4）

稍密充填溶洞（单元层代号为④）：充填物为褐红—褐黄色硬塑黏性土，夹约30碎石。

5. 水 文

（1）地表水

桥址区地表水不发育。桥址区范围内冲沟底部勘察期间未见地表水，预计雨季降雨短时会形成较大的地表径流，在雨季桩基施工时，建议加强地表的截排水工作。

（2）地下水

桥址区上覆地层为硬塑粉质黏土，下伏基岩为强~中风化泥灰岩，地下水多为孔隙水及基岩裂隙水类型。地下水主要接受大气降水及周围地表水入渗补给，自山谷两侧向谷底方向径流，以泉的形式排泄于山间溪流或水库地段。桥址区地下水埋藏较深，钻孔揭露地下水位埋深 13.8 m，标高 1 549.3 m，对钻孔灌注桩施工有一定影响。

（3）不良地质作用及特殊性岩土

桥址区不良地质主要为岩溶，钻探揭露充填型溶洞，分布于桥址区下部中风化泥灰岩中，高约 2 m，充填卵石与钙华胶结物。溶洞规模较小，充填物较为密实，强度较高，对桥梁桩基承载力有一定影响，桥梁桩端宜置于溶洞底板以下 3 ~ 5 m。桥址区未发现其他影响桥梁工程安全的较大规模不良地质作用。

4.1.2 田坝大桥 BIM 模型构建

1. 修改 CAD 图纸

采用 Revit structure 软件进行建模，以桥位平面图（CAD 图纸）为基础，建立草图，以从基础到承台，墩台，盖梁到主梁再到桥面系的顺序从下往上建模。每个组件都有自己的名称，以便于以后修改属性。每个组件必须定义材料和相关属性，这些属性可以用不同的颜色来区分。

因为桥位平面图的 CAD 图纸有很多我们不需要的冗余信息，所以在把 CAD 导入 REVIT 之前我们要对 CAD 图纸进行修改。在原图中，需要用到的桥位平面图就只有中间桥的轮廓部分，其他的地形图，注解都是多余的，需要我们把其他部分删除或者隐藏，并截取保留需要的部分。

2. 项目文件创建

初步准备工作已经完成，接下来的一步进行 Revit 上的建模。创建田坝大桥的项目文件，在这里要选用建筑样板而不是族样板。默认程序将会打开"标高 1"平面视图。打开项目浏览器，在项目浏览器中可以浏览所有视图，找到"立面"视图类别并且展开，双击其中的"南立面"视图名称，至视图就能转换到南立面视图（图 4-3）。在南立面视图中，这里会显示原始样板中自带的默认标高"标高 1"和"标高 2"，且"标高 1"的标高为±0.000 m，"标高 2"的标高为 4.000 m。我们可以重新定义标高，双击标高数字就可以直接更改。

重新打开"标高 1"视图，在"插入"项目栏中选择"链接 CAD"图纸，将之前修改好的桥位平面图导入 Revit 中，导入之后还要进行平纵面的定位，步骤如下：

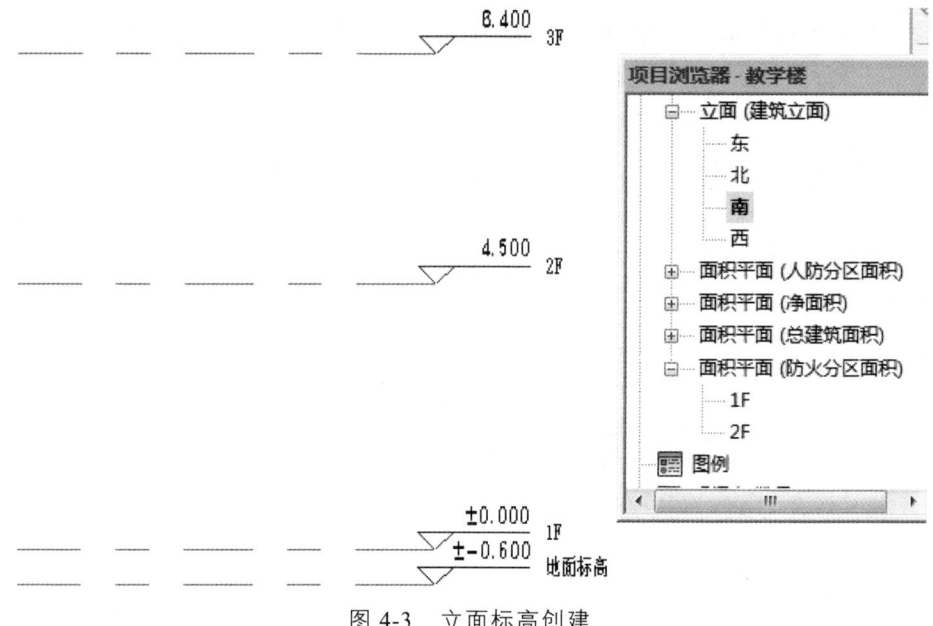

图 4-3 立面标高创建

确定平面中心线路径：导入"田坝大桥桥位平面图"CAD，对图纸进行解读，找出道路中心线图层。

以梁作为辅助定位：选择任意尺寸的梁，以"左"或"右"作为 Y 轴对正，用拾取线的方式拾取中心线进行绘制，长度为两跨之间

确定每一跨的桥的两端标高，并修改梁的连续标高：根据"桥型布置图"中，设计高程的高度进行对梁的高度进行定义。基本的纵向垂直方向就可以确定。

以梁面为工作平面，绘制道路中心线。

3. 布置桩基础

根据施工工艺来看，建模的第一步就是布置基础，桥梁最下部的结构。它直接位于岩石或陆基上，其顶部与码头或桥梁相连，统称为桥的下层结构。承受上部结构传来的全部荷载是桥梁基础的作用，桥梁基础可以上部传来的荷载和下部结构荷载全部传递给地基。

在放置基础构件之前，首先要先定义构件的各项性质。首先载入公制结构轮廓的"混凝土圆形桩"打开 Revit 软件自带的素材文件夹就可以找到"混凝土圆形桩"的公制结构轮廓。单击"结构"选项卡"结构"面板中的"基础"-"独立基础"，这样就会跳转到结构放置模式，点击"属性"面板中的

"类型选择"。列表中当前基础名称为"混凝土圆形桩",单击"复制"按钮,在弹出的"名称"对话框中输入"左幅 1 号-1 900 mm"作为新类型名称,并且修改尺寸为 1900。第一个桩就定义完成了,然后再选择"标高 1"视图,拾取中点的方式在桥位图上放置桩基础,如图 4-4 所示。放置完以后,选择基础构建,在"属性"面板中可以更改桩的长度,根据图纸确定每一颗桩的桩长。

图 4-4 桩基属性确定

4. 创建承台

桩基创建完成后,再进行承台创建。承台指的是为了承受、分布从桥墩主体转移到承重部分的荷载,在基桩顶部设置的混凝土平台,用于将各个桩的桩与柱或者墩紧密地连接在一起而创建的。承台分为高桩承台和低桩承台,低桩承台一般埋在土中或部分埋进土中,高桩承台一般露出地面或水面。本桥梁工程包含大、小两种承台,承台的创建,在 Revit 的建模中采用的是与楼板的建模方法相似的方法。在"结构"选项卡中选择"板"之中的"结构基础楼板"。通过拾取边界线的方式拾取承台轮廓。在拾取时按住"TAB"键可以快速拾取相关轮廓,拾取轮廓要注意是闭合的图形。拾取完之后使用"延伸"和"修剪"工具进行修改,形成一个闭合的图形。

然后选中放置好的结构,单击左上角的"属性"即可即可弹出"属性"面板,单击"复制"然后选择重命名,将其命名为"左幅 1 号承台"。将厚度修改为图示所要求的尺寸,并且根据图纸文件夹中的"桥型图"上所标示的标高进行修改。然后点选"修改"中的"对齐"按钮,将基础对齐到承台并且"锁定"。在这里,相同的承台可以使用"修改"中的"复制"功能,但每一个的承台标高都是不一样的,这就需要我们对不同的承台进行一一定义。在"属性"面板中找到并且单击"编辑类型"按钮,即可打开"类型属性"

对话框。在"类型属性"对话框中，以"常规-150 mm"为基础复制建立名称为"左幅 1 号承台"。在"类型参数"列表中找到"结构参数"，在这里会有一个"编辑"按钮，单击这个"编辑"按钮，然后会弹出一个"编辑部件"对话框。这里可以对构件的材质，还有构件的厚度或者高度和宽度进行调整。单击"插入"按钮，配合使用"向上"或"向下"按钮在核心边界上方插入两层新构造层。

5. 布置桥墩

本桥梁主要采用了两种类型的桥墩：柱式桥墩，空心式梯形桥墩。柱式桥墩的构建可以直接采样结构柱的创建方法。先单击"结构"面板中的"柱"工具，这样就可以进入"结构柱放置模式"。验证"属性"面板的"类型选择"列表中的当前族名称是否为"混凝土-圆形-柱 300 mm"。单击"编辑属性"按钮，便可以打开"类型属性"对话框。同样的复制重命名修改名称为"左幅 1 号桥墩-1 800 mm"作为新的类型名称，并且修改尺寸半径。放置方式与基础类似，选中"标高 1"视图，拾取中心点放置桥墩，再调至三维视图，利用"修改"选项卡中的"对齐"工具，将承台对齐到柱式桥墩。

空心异型桥墩的创建。异型桥墩用到最多的就是"参数化"和"参照"在 Revit 中选择新建一个族，选择"公制常规模型"，然后点选"插入"选项卡中的"导入 CAD"。因为这里的桥墩是梯形台体。所以要分别处理三个桥墩横截面，删除钢筋网并且单独保存三个截面，以方便导入 Revit 里使用。接下来的一步"导入 CAD"，同样地要选中"仅当前视图"，并且定位为"中心到中心"。在"公制常规模型"中有一个中心线的样板，这个中心线是锁定的、不可改变的。所以这可以作为建模的参照线，因此导入的轮廓一定要对齐并锁定到这个"参照线"上。这时首先要点选"修改"中的"对齐"工具，先选中"参照线"然后再选中桥墩轮廓上的对应边。这时会弹出一个像一把"小锁"一样的符号如图 4-5 所示，点击这个"小锁"，就能把两个构件锁定成一个整体。

在"创建"选项卡里的"拉伸"和"融合"以及"空心融合"三个操作。"拉伸"也可以称为实心拉伸：通常是通过选中二维形状（轮廓）然后沿着固定路径拉伸的方法来创建三维实体形状。可以用来创建异形柱体或带状体。"融合"是一种立体融合：用来创造立体的三维形状，它将沿着其长度从最初的形状变为最终的形状。通过这个工具可以将两个不同的轮廓融合起来。分别导入桥墩轮廓的上表面轮廓和下表面轮廓,并分别与"样板参照线"锁定,在这里需要绘制参照平面来帮助控制轮廓的参数化。

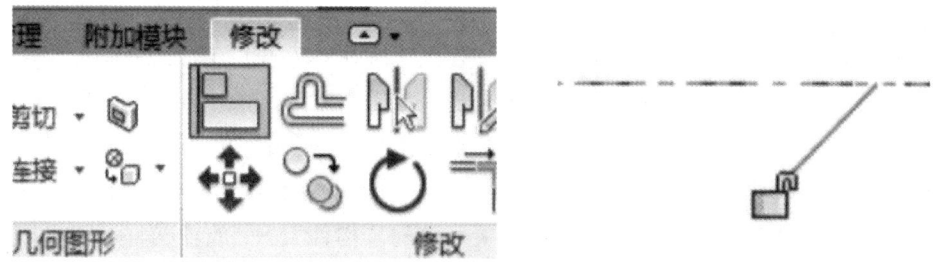

图 4-5　构件处理示意图

首先第一步在轮廓横向中点到中点绘制一条"参照平面",然后利用"注释"选项卡中的"对齐标注"将轮廓中点锁定在"参照平面"上。这样只要移动这条"参照平面",整个轮廓都会跟着移动。下一步就是将"参照平面"与"样板中心线"的 X 轴对齐。并将轮廓左边与"样板中心线"的 Y 轴对齐。注意要一一锁定。同样的方法将桥墩轮廓的上、下截面轮廓都锁定到"样板中心线"上之后如图 4-6 所示。

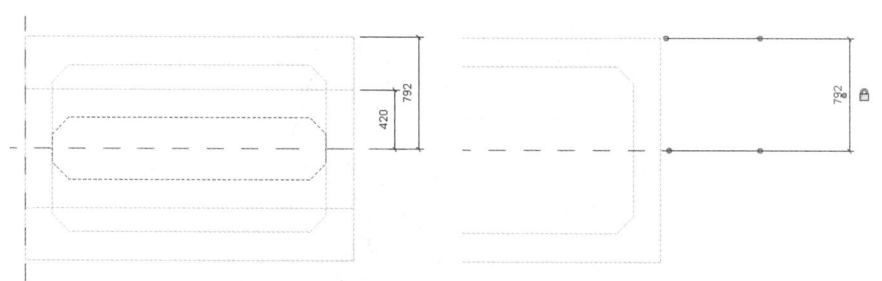

图 4-6　截面处理示意图

使用"创建"选项卡里的"融合"按钮,使用"拾取线"工具,先拾取下截面,后拾取上截面,完成好后三维视图如图 4-7 所示。

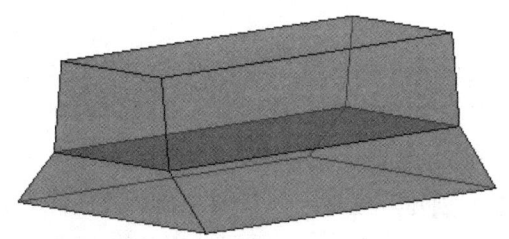

图 4-7　桥墩三维截面示意图

切换到左视图或右视图,然后创建两个"参照平面",分别将上表面和下表面锁定在相应的参照平面上。创建相应的"参照平面"后,在"注释"中选择"对齐注释"在参照平面之间插入注释,在"修改/尺寸注释"选项卡中插入"标签"以制作桥墩模型。变为参数化。只要输入高度 h,就可以更改模型族的形状。接下来用同样的方法来创建"空心融合"。然后将创建好的"空心融合"与"实心融合"一样锁定到相应的"参照平面"上。在创建好了需要的桥墩族之后,就能将这个构建放置到田坝大桥项目相应的位置上了。在项目中载入族之后,选择"结构"选项卡中的"构件"—"放置构件"就可以完成桥墩的放置,如图 4-8 所示。

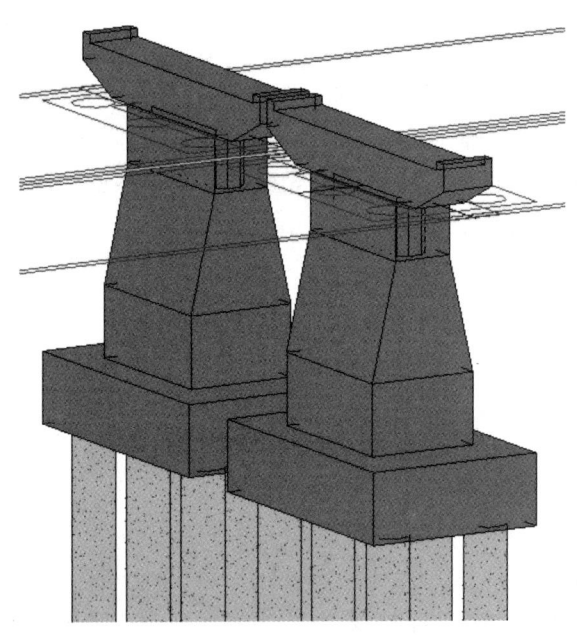

图 4-8　桥墩模型

6. 盖梁、箱梁

盖梁:盖梁是指设置在排桩墩顶部的横梁,用于支撑、分配和传递上部结构的荷载。因为盖梁通常是不定形状的,在建模的时候创建盖梁同样需要用的族。首先在新建族里选择"公制轮廓",导入处理好的"盖梁"轮廓的 CAD 图纸,之后在"创建"选项卡里找到"拉伸"工具,拾取该轮廓进行拉伸就能创建出箱梁的族。然后定义一下属性中的"拉伸起点"和"拉伸终点"

就可以了，如图 4-9 所示。

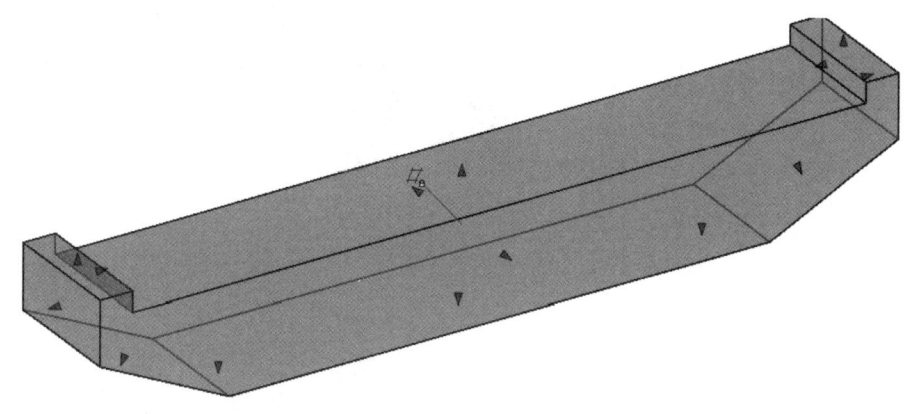

图 4-9　盖梁族构建

箱梁的创建也是桥梁建模中的一个难点，这里也需要用到族。首先新建一个"公制结构框架-梁和支撑"，因为箱梁和梁的构造类似，所以可以赋予它梁的特性。在导入 CAD 图纸前，先在"公制结构框架-梁和支持"的样板基础上新建两个"参照平面"，用来参数化定义接下来要创建的箱梁。先切换到"右立面"视图，导入处理好的"箱梁轮廓"，并且锁定到"样板参照平面"。在导入前还需要把当前视图设置为工作平面，否则会出现无法导入的情况。在"创建"选项卡找到"工作平面"栏点选"设置"。选择"参照平面：右"。之后才能操作"导入 CAD"。导入后，CAD 轮廓锁定在"公制结构框架梁和支架"模板的参考平面上。在"创建"选项卡里找到"拉伸"命令并且点选，然后拾取箱梁轮廓。第一步先拾取箱梁的 T 形箱梁段拾取完成后，切换至"参照标高"视图，将刚刚创建的拉伸模型，左右两边分别对齐到最开始创建的"参照平面"上，然后用同样的方法，创建后浇带的模型。

横隔梁：横隔梁是在梁之间设置的一个构件，用于保持横截面形状和提高横向刚度。它作用于桥上分布活荷载的部分。桥端的横隔梁称为端横隔梁，桥中横隔梁称为中横隔梁。首先拾取横隔板轮廓，然后调到"参照标高"视图。将横隔板对齐到参照线上，如图 4-10 所示。

最后进行的是箱梁的填充，在箱梁架设完毕之后，需要在吊梁孔洞里应用补偿收缩混凝土进行填充。建模方法如上，最终箱梁族的成果如图 4-11 所示。

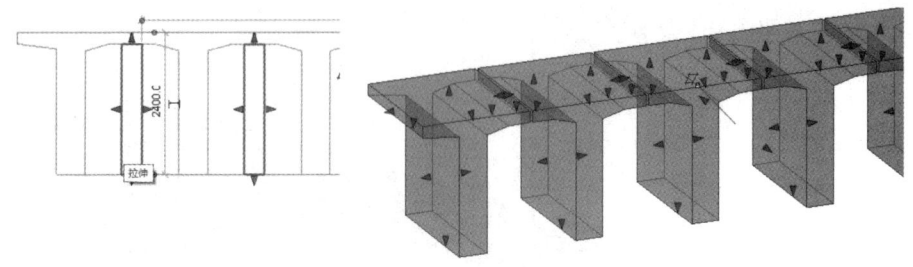

图 4-10　横隔梁建模

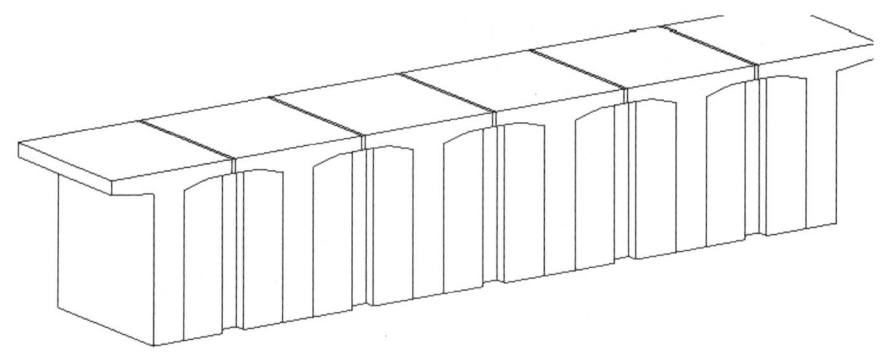

图 4-11　箱梁族构建

在创建好箱梁的族之后，载入到田坝大桥项目中。点选"结构"里的"梁"按钮，点击"编辑类型"，调整族为箱梁族。切换到"标高 1"视图，然后用拾取线的方式放置箱梁模型，获得箱梁模型如图 4-12 所示。

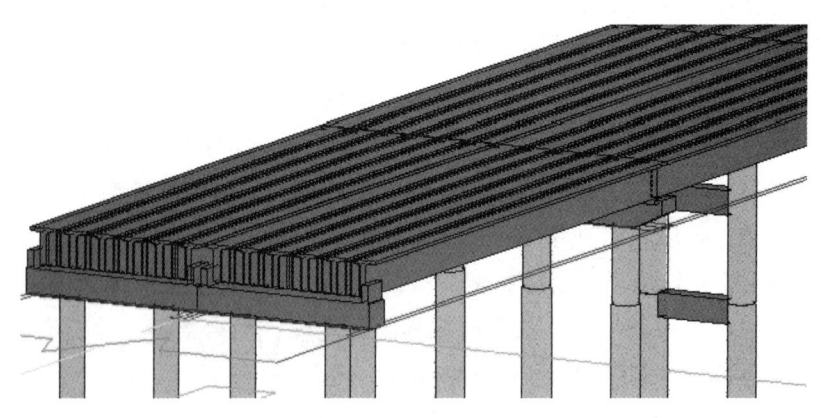

图 4-12　箱梁 BIM 模型

7. 桥面系模型构建

桥面系指的是桥梁附属设施中，车辆、人群等荷载直接作用于其上面的结构。桥面的结构体系由桥面，加筋肋，纵梁，横梁等构件组成的直接承受车辆荷载作用的桥面构造系统。桥面系包括纵梁、横梁和纵梁间的连接系。承重结构包括桥面铺装、桥面板、纵梁。田坝大桥项目的桥面系建模中，需要按照如下施工顺序进行建模：桥面铺装→伸缩缝→栏杆扶手。桥面的铺装，在 REVIT 建模里应用的是和布置板的方式相似的方式。首先切换到"标高 1"视图。点选"结构"选项卡里的"板"-"结构基础：楼板"。选择绘制"边界线"的方式来绘制楼板的轮廓。绘制好一段楼板之后，要调整这块板的高度。这里要用"调整子图元"的方式来调整高度。"调整子图元"这个工具可以选定目标的板，屋顶或者楼板上的点和边的位置然后进行高度的调整等操作。运用"修改子图元"和"高程点"两种工具相结合。就能调整好一块板的四个角的高度。因为桥面不一定是一个平面，它还具有坡度，中间高两边低的特点。所以这里楼板的高度必须用"修改子图元"的方法来调整，如图 4-13 所示。

图 4-13　图元修改示意图

在创建栏杆之前，要先制作一个栏杆轮廓的族。新建"公制轮廓"并导入之前处理好的轨道轮廓的 CAD 绘图。同样，将轨道轮廓的两侧与"公制轮廓"模板的参考线对齐。然后在"创建"中选择线条模型，通过拾取工具拾取栏杆轮廓。将"栏杆轮廓"模型载入到田坝大桥项目之中。在软件上边栏的"建筑"选项卡里找到的"栏杆扶手"下拉选择卡中的"绘制路径"按钮。然后在"属性"选项卡中找到并且单击"编辑类型"，这时的类型名称为"900 mm 圆管"，将名称复杂重命名为"900 mm 混凝土护栏"。然后单击，"扶栏结构编辑"，进入编辑扶手模式。然后更改"高度"和"轮廓"。高度改为图示尺寸，轮廓更改为之前导入的"栏杆轮廓"。然后用拾取线的方式就能放置栏杆。但是放置的栏杆目前并没有于桥面对齐，这时需要手动更改栏杆扶手的高度。这里采用"注释"选项卡里的"高程点"可以实现。"高程点"工具可以显示所选点的高程。高程点可以放置在平面视图、立面视图和三维视图中。通过计算两个高程点之间的高程差，可以得到两个高程点之间的高程差，获得栏杆的建模成果如图 4-14 所示。

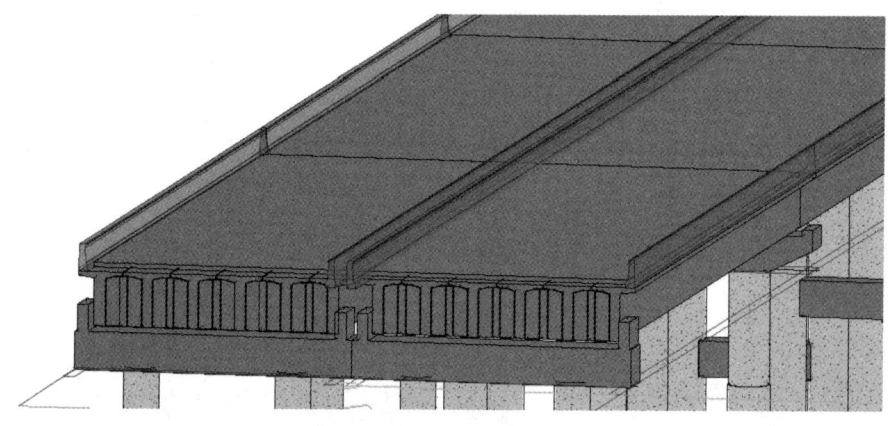

图 4-14　护栏 BIM 模型

8. 整桥模型整合

将各桥梁结构部件在 Revit 软件中进行整合之后，可获得整桥 BIM 模型如图 4-15 所示。

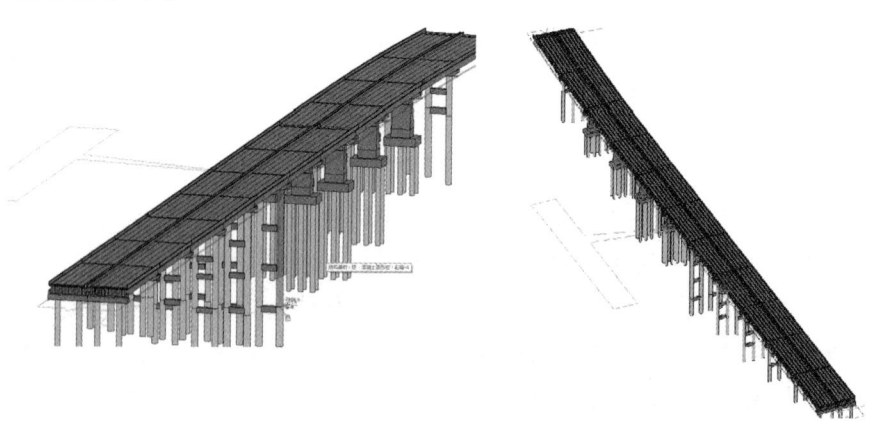

图 4-15　整桥 BIM 模型

4.1.3 田坝大桥 LSM 进度计划构建

1. 工期安排

总工期时间长度为 6 个月（2017 年 1 月 15 日正式开始至 6 月 25 日正式完成，即工期时间长度 170 天）。

2. 本工程施工主要控制节点

2015 年 1 月 15 日施工正式开始；
2015 年 2 月 8 日基础工程开始施工；
2015 年 2 月 15 日至 4 月 25 日墩台工程施工；
2015 年 4 月 15 日至 6 月 1 日梁体施工；
2015 年 5 月 25 日至 6 月 15 日桥面附属结构施工；
2015 年 6 月 15 日至 6 月 25 日完成收尾工程。

3. 进度计划构建步骤

采用美国 Trimble 公司的 tilos 软件构建 LSM 进度计划，具体步骤如下：
1）建立单个桥墩

➤ 插入任务 *foundation*（桥基），如图 4-16，注意设置细节

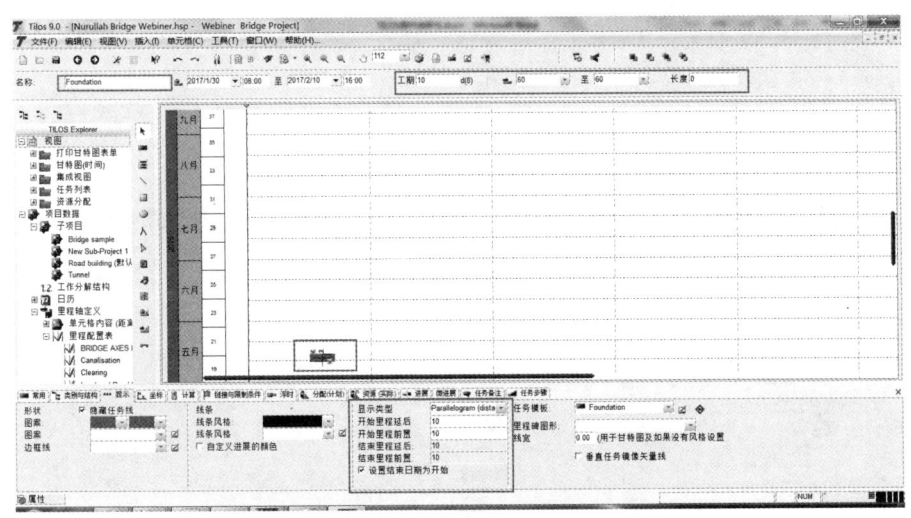

图 4-16 插入任务

➤ 增加一个 *pier* 的子模板，在 *bridge* 下面增加一个 *pier* 的子模板（如图 4-17 ~ 4-19）

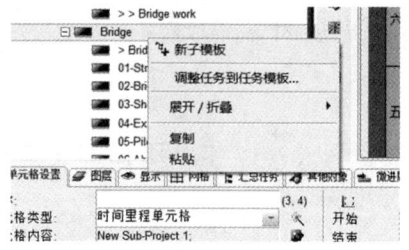

图 4-17 添加模板

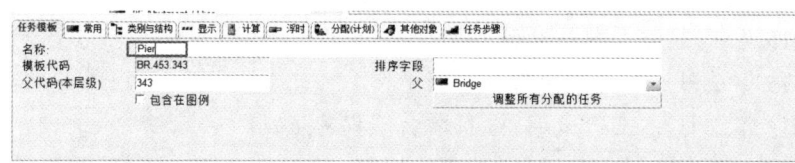

图 4-18 创建桥墩模板

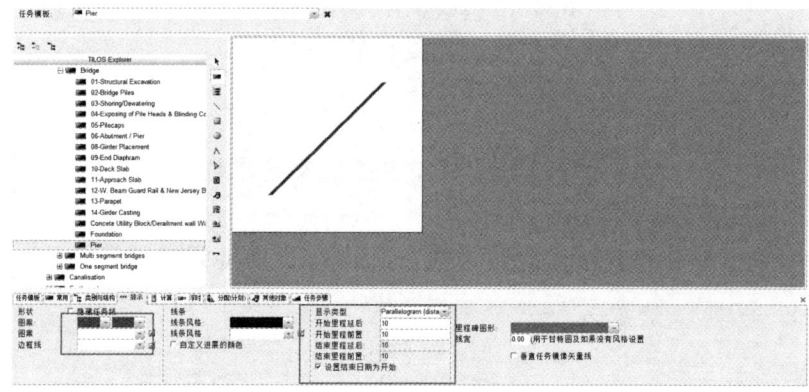

图 4-19 设定模板类型

➢ 插入任务 pier（如图 4-20）

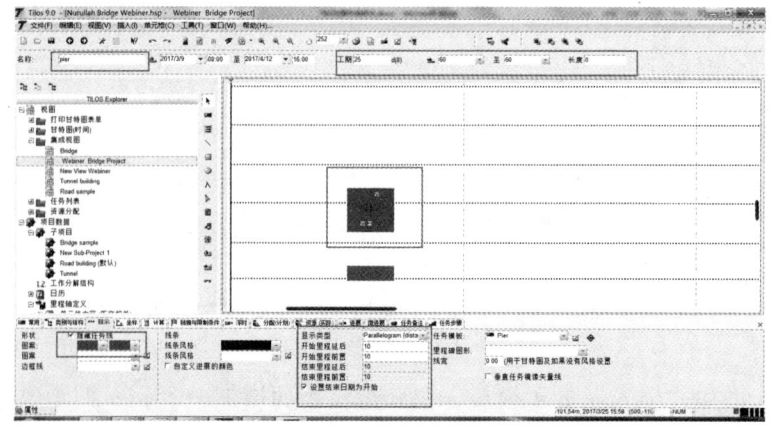

图 4-20 设置任务模板

➢ 插入任务 *pilecaps*（如图 4-21）

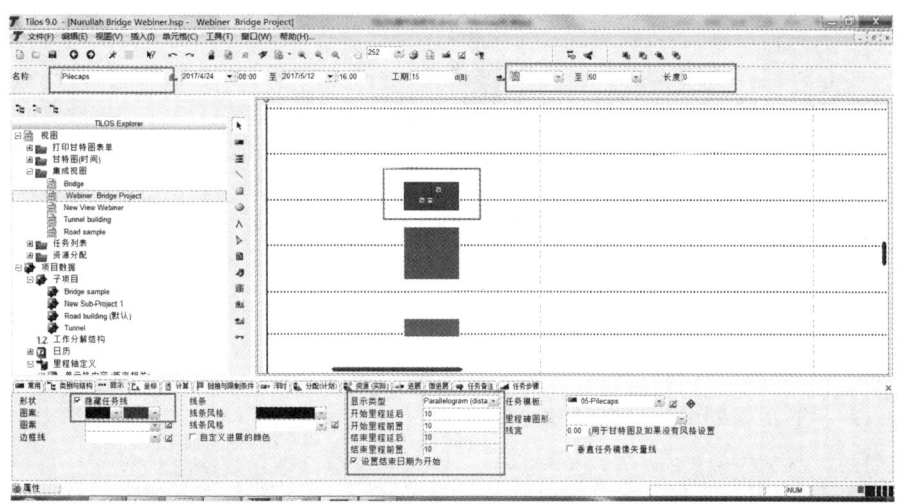

图 4-21　插入任务 *pilecaps*

➢ 插入任务 *pile heads*（如图 4-22）

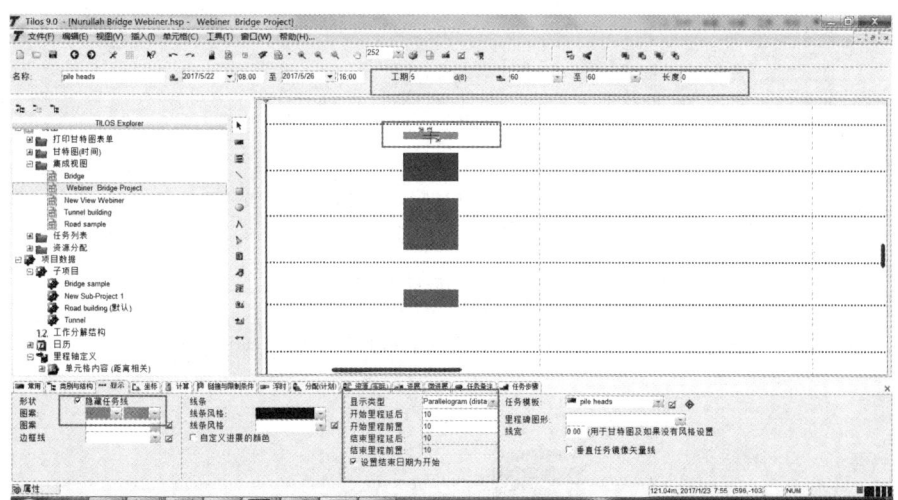

图 4-22　插入任务 *pile heads*

➢ 把四个任务链接起来（如图 4-23）

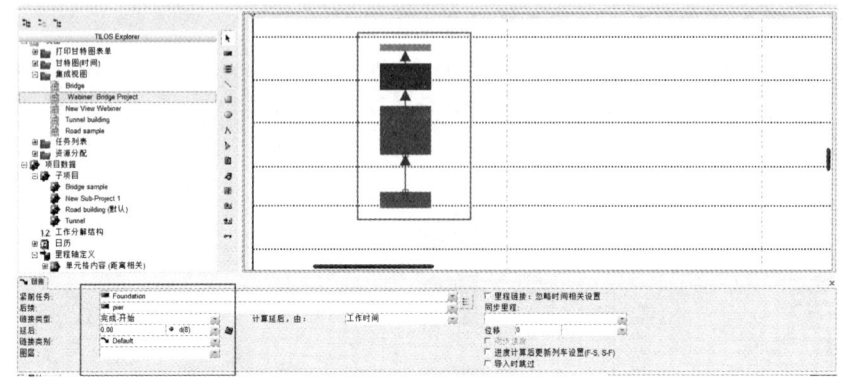

图 4-23　任务链接

➢ 重新规划一下（如图 4-24）

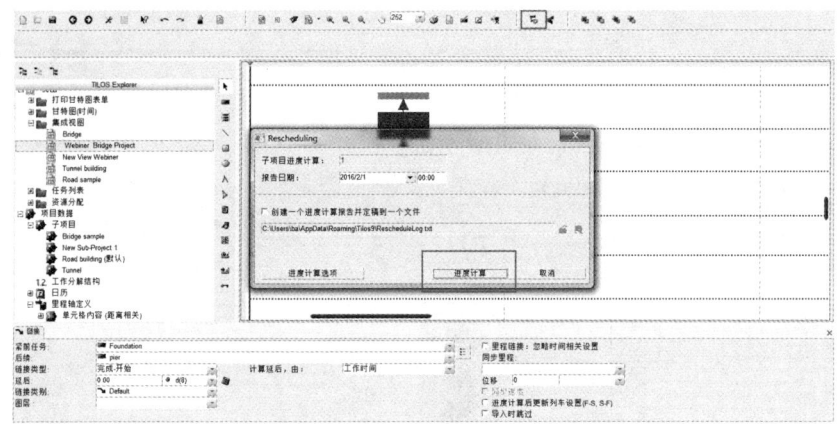

图 4-24　重新规划

➢ 将任务建组，全部选中，右键保存为任务组（如图 4-25）

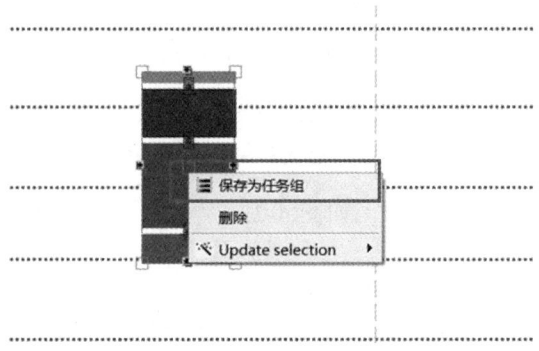

图 4-25　保存任务组

2）建立多个任务（如图 4-26）

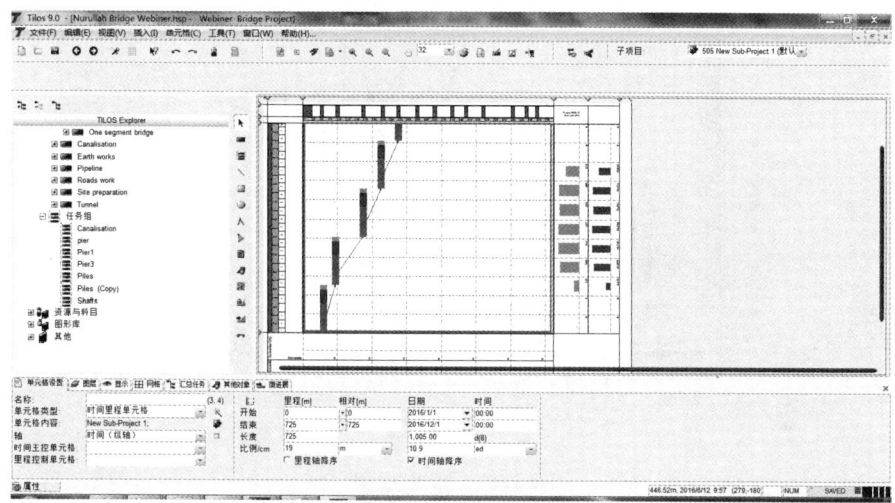

图 4-26　建立任务

➢ 重新规划（如图 4-27）

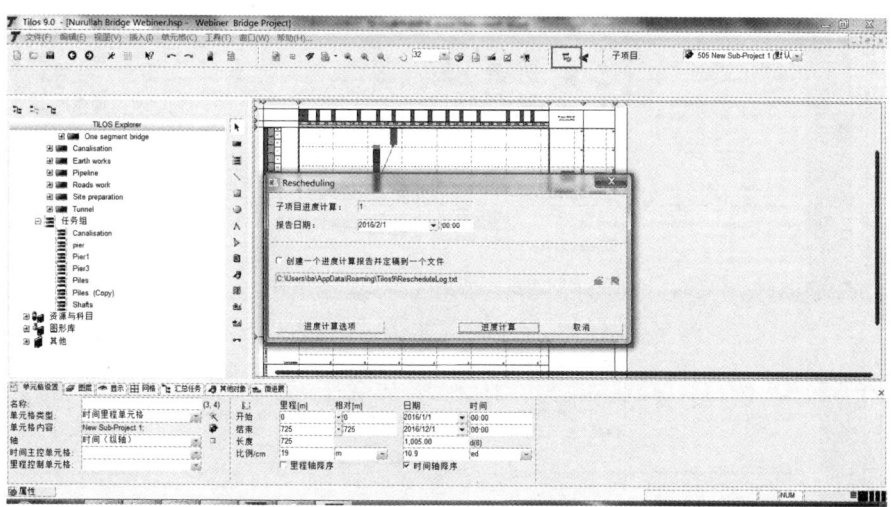

图 4-27　重新规划任务

➢ 项目规划完毕（如图 4-28）

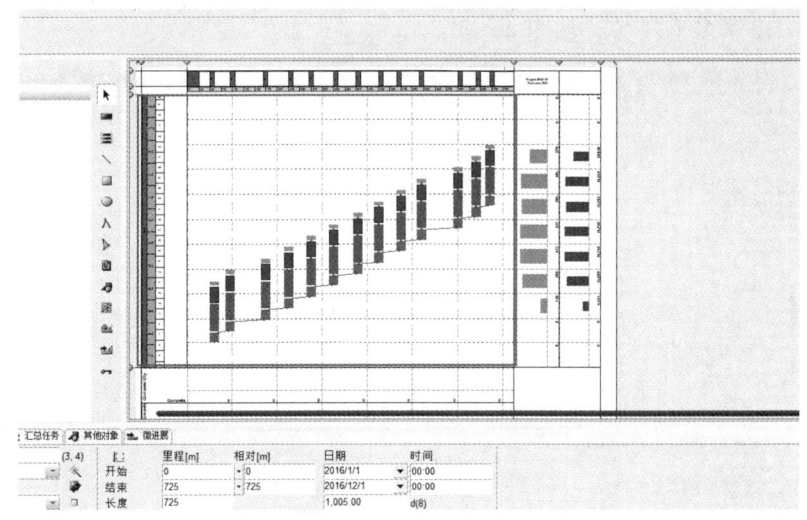

图 4-28　规划成果

4. 最后的田坝大桥 *tilos* 进度计划（如图 4-29、4-30）

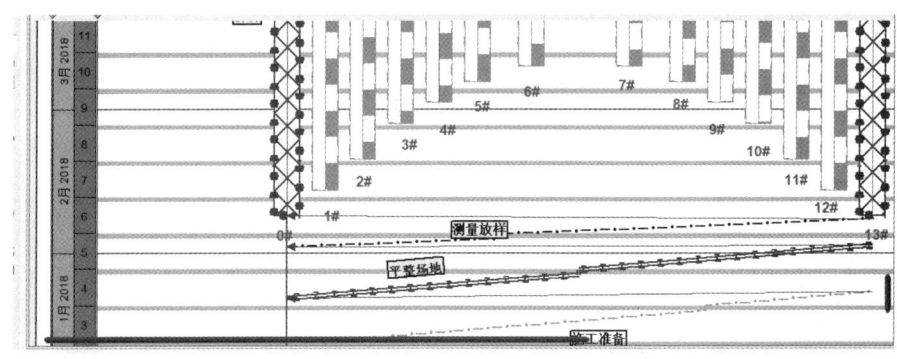

图 4-29　田坝大桥进度计划 1

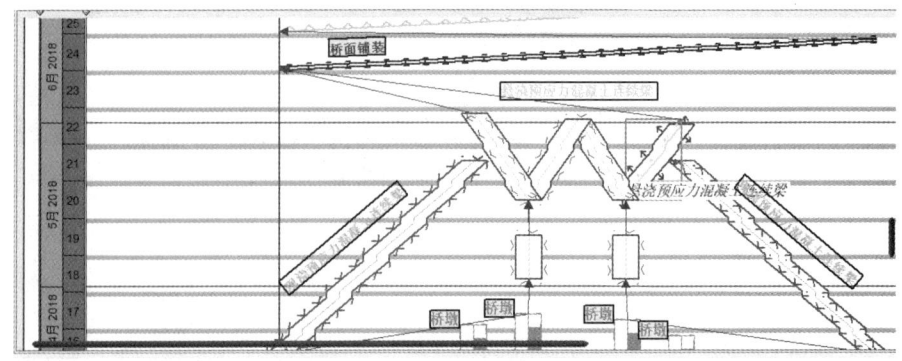

图 4-30　田坝大桥进度计划 2

4.1.4 基于 LSM 技术的资源配置

1. 主要资源材料

在该工程项目中用到大量的资源，其中的资源如图 4-31 所示。

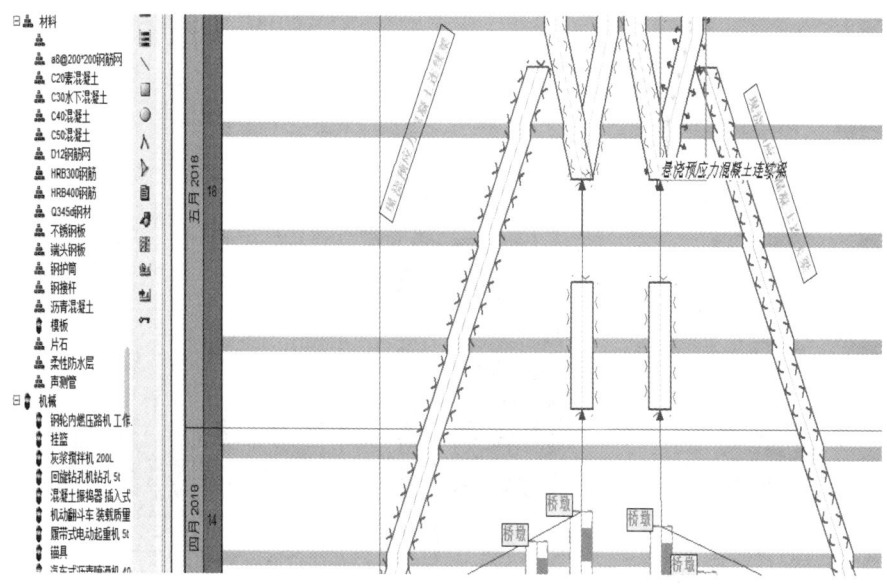

图 4-31 主要资源材料图

2. 资源的分配

在该工程项目中根据进度计划进行资源的分配，以场地平整为例，对该工作任务分配一定的资源（普工、机械司机、挖掘机、自卸汽车等）（如图 4-32）。

名称	科目	模式	角色	输入值	供应	交付中心	工作量（时间数量
普工	劳动力费用	分配		10.0000			100.0000 d
机械司机	劳动力费用	分配		6.0000			60.0000 d
挖掘机	机械费用	分配		2.0000			20.0000 d
自卸汽车	机械费用	分配		2.0000			20.0000 d
载重汽车	机械费用	分配		2.0000			20.0000 d

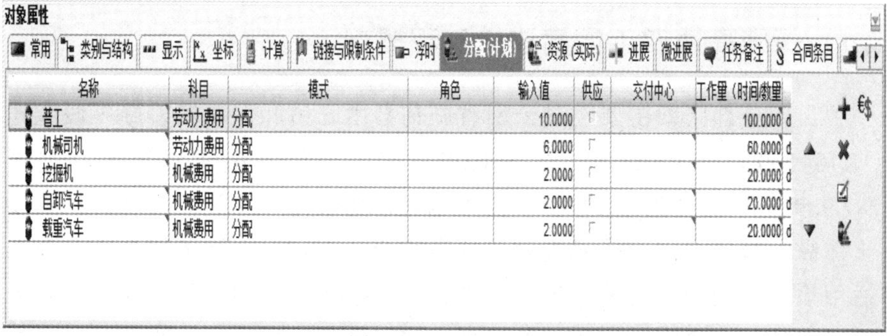

图 4-32 资源分配图

3. 完成工程消耗的主要资源及成本

根据市场情况对各种资源的价格进行统计，从而根据施工进度计划和资源的调配计算出该工程的成本，其中材料费用为 2 746 138 元，机械费用为 92 400 元，人工费用为 195 300 元（如图 4-33）。

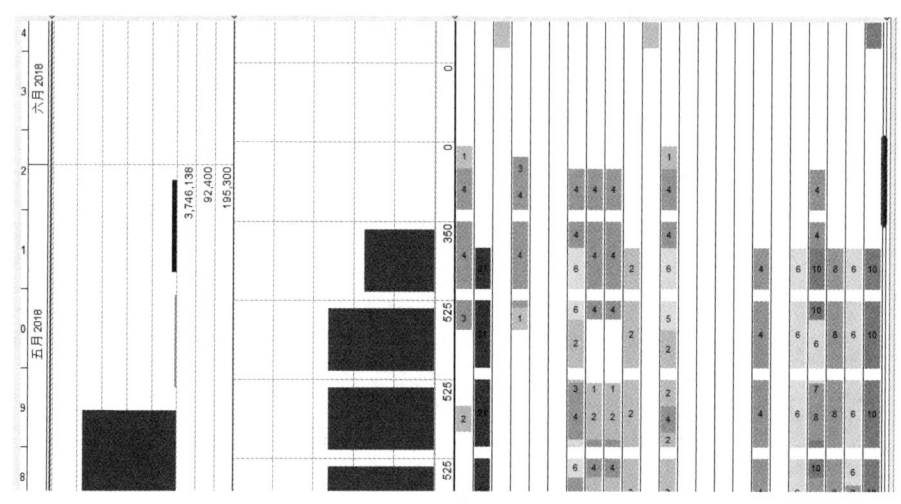

图 4-33　资源消耗图

4. 进度及成本综合分析

通过进度计划的安排进行资源的调配，可以更好地实现进度过程中的成本管理，从而让施工管理人员对工程有更加准确的认识。

4.2　基于 BIM 与 LSM 的边坡工程进度管理

4.2.1　保施高速四工区高边坡工程概况

项目四分部路线主要经过云南省施甸县由旺镇和保场镇，施工段起讫桩号 K18+160-K22+947.989，在 K19+331.581 处设置由旺立交区。主线长 4.787 989 km，路基挖方 212.2 万立方米，路基填方 26.2 万立方米。挖方及借方土体纵、横向利用应统筹规划、分步实施，为避免合格填料被大量舍弃而非适用填料被利用的情况发生，挖方施工应按两个步骤进行，即首先剥离非适用表层，弃至指定弃土场，然后再利用下卧层合格填料。路线区域群山连绵，山脉、沟谷和凹地相互交错，地势起伏较大。本分部路基高边坡共计有

11 段，见表 4-1 所示。

表 4-1 四工区高边坡分布情况一览表

序号	路段和位置	边坡高度	防护设计情况	备注
1	K18+850～K19+116.806 左侧	54.28 m	一级采用主动防护网，二级采用锚杆框格梁护坡，三、四级采用锚索框格梁护坡，五、六、七级采用现浇拱形护坡	由旺立交区
2	K19+960～K20+160 左侧	35.37 m	一、二、三级采用锚杆框格梁护坡，四级采用现浇拱形护坡	由旺立交区
3	DK0+160～DK0+260 右侧	31.02 m	一级采用锚杆框格梁护坡，二、三级采用锚索框格梁护坡，四级采用现浇拱形护坡	由旺立交区
4	DK0+380～DK0+570 右侧	51.7 m	一级采用现浇拱形护坡，二级采用锚杆框格梁护坡，三、四级采用锚索框格梁护坡，五、六、七级采用现浇拱形护坡	由旺立交区
5	EK0+344.239～EK0+460 左侧	40.06 m	一级采用主动防护网，二、三级采用锚杆框格梁护坡，四级采用锚索框格梁护坡，五级采用现浇拱形护坡	由旺立交区
6	K20+160～K20+240 左侧	32.7 m	一、二、三级采用锚杆框格梁护坡，四级采用现浇拱形护坡	主线
7	K20+810～K20+983.921 左侧	38.23 m	一、二级采用锚杆框格梁护坡，三、四级采用锚索框格梁护坡，五级采用现浇拱形护坡	主线
8	K21+827～K21+980 左侧	28.45 m	一级采用现浇拱形护坡，二级采用锚杆框格梁护坡，三级采用锚索框格梁护坡，四级采用现浇拱形护坡	主线
9	K22+000～K22+319.460 左侧	41.61 m	一级采用锚杆框格梁护坡，二级采用锚索框格梁护坡，三、四、五级采用现浇拱形护坡	主线
10	K22+868.500～K22+947.989 右侧	28.75 m	一、二级采用锚杆框格梁护坡，三、四级采用现浇拱形护坡	主线
11	K22+868.500～K22+947.989 左侧	30.13 m	一级采用锚杆框格梁护坡，二、三级采用锚索框格梁护坡，四级采用锚杆框格梁护坡	主线

1. 地形和地质情况

1）地形地貌

路线区域群山连绵，山脉、沟谷和凹地相互交错，路线沿施甸盆地东侧边缘展线，山区路段存在集中升、降坡，地形对路线克服高差影响较大。区内山脉走向受构造影响多呈近南北走向，由于河流、洪水溯源侵蚀较严重，沿施甸盆地边缘山体东西向的"V"形冲沟发育。区内海拔最高点 2 074 m（老白坟山），海拔最低点 1 470 m（施甸盆地）。路线区域地貌形态主要有溶蚀侵蚀洼地地貌、溶蚀侵蚀低中山地貌、溶蚀断块山地貌和构造溶蚀湖积盆地地貌 4 种。

2）地质构造

路线区域处于青藏滇印尼巨型歹字形构造体系中段与经向构造体系相复合部位，这两类构成了本区的基本构造格架。零星的纬向构造体系的构造形迹对后期构造运动的制约作用，路线走廊带内构造主要有大芋子断层（F29）、平沟断层（F28）、王家山断层（F27）、搬家寨断层（F9）和松坡头向斜（55）。

3）地层岩性

本项目区域内出露的地层主要有第四系全新统（Q_4），泥盆系上统大寨门组（D_{3d}）、泥盆系中统何寨元组（D_{2hy}）、泥盆系下统（D_1）、志留系上统（S_3）、志留系中统上仁和桥组（S_{2r}）、志留系下统下仁和桥组（S_{1r}）、奥陶系上统上蒲缥组（O_{3p}）、奥陶系下统岩箐组（O_{1y}）、寒武系保山组上段（$\in_{3b2}$）。

4）不良地质作用及特殊岩

岩溶：区域内碳酸盐岩分布较广，据地质调查基岩露头偶见小溶孔、溶隙，地表岩溶石芽、沟槽较发育，局部地段基岩呈半裸露，上覆残坡积红黏土厚度不均，对一般路基持力层而言属不均匀地基土，石芽需超挖换填，本分部 K19+960～K20+160 段有个充填溶洞，根据设计地质断面分析，该溶洞位于边坡坡体内，且已被黏土填充，不影响边坡施工。

2. 气象和水文情况

1）气　象

本项目属中亚热带为主体的低纬山地季风气候，雨量充沛，干湿季节分明，气候温和潮湿。多年平均降雨量 944.5 mm，雨季主要集中于 5～10 月。年平均蒸发量 1 665.1 mm，最高极值 2 010.5 mm，最低 1 405.3 mm。区域丰富的降雨量是地下水补给的主要来源，并因季节的变化，致使地下水也随季节有明显的动态变化。年平均气温 17.6 ℃，年平均最高气温 32 ℃，年平均最低气温-3.2 ℃，最热月份为 6—8 月，最冷月份 11、12 及次年 1、2 月。气候垂直分带明显，处于不同海拔高度的地区差异甚大，河谷地区颇为炎热，终年无霜；高山地区则较寒冷，冬末春初，常有短暂积雪。

2）地表水

项目区属怒江水系，本区域内主要河流是施甸河，发源于施甸盆地南侧高山区，自南而北流经盆地，至由旺镇拐弯向西南流入怒江，盆地河道经人工整修取直，纵坡较小，雨季流量较大，枯季断流。区域山间沟谷底部多有流水，部分被筑坝拦蓄径流成水库。

3）地下水

根据地形地貌、地层结构及地下水赋存条件，区域地下水类型可划分为松散岩类孔隙水、基岩裂隙水和岩溶水三类。

松散岩类孔隙水：主要分布于山间凹地和冲沟内第四系冲洪积层孔隙中，富水性弱，地形低洼地段地下水位埋藏较浅，对填方路基稳定性有影响，应加强截排水设计。基岩裂隙水：主要分布于泥盆系下统（D_1）、志留系中统上仁和桥组（S_{2r}）、志留系下统下仁和桥组（S_{1r}）、奥陶系下统岩瞥组（O_{1y}）和寒武系保山组上段（$\in_{3b2}$）页岩和粉砂岩裂隙中，富水性弱，山坡上地下水位埋深一般在 20.0 m 以上，对填方路基影响较小，但对深挖路堑的人工边坡、路基有影响，应加强排水设计。在沟谷局部地段出露于地表，对路基稳定性不利。岩溶水：主要赋存于泥盆系上统大寨门组（D_{3d}）、泥盆系中统何寨元组（D_{2hy}）、泥盆系下统（D_1）、志留系上统（S_3）、志留系中统上仁和桥组（S_{2r}）、志留系下统下仁和桥组（S_{1r}）、奥陶系上统上蒲缥组（O_{3p}）、奥陶系下统岩瞥组（O_{1y}）和寒武系保山组上段（$\in_{3b2}$）的碳酸盐岩节理裂隙及岩溶孔隙中。多呈管道式径流、排泄，富水性中等。山坡上地下水位埋深一般在 20.0 m 以上，对填方路基影响较小，但对深挖路堑的人工边坡、路基和隧道有影响，应加强排水设计。

4.2.2 边坡工程 BIM 模型构建

边坡工程 BIM 主要采用的是 civil3d 软件来搭建，包括地形模型的处理，在地形点云数据基础上通过逻辑关系来决定和地面不同高程的放坡，以达到模拟土方工程施工工序的目的。在土方模型的基础上还同时搭建了道路模型为模型使用过程中所需要的量编制好代码为计量打好基础。管道网络的模型在道路模型的基础上操作，按照图纸要求布置上了各管道网络，综合各方数据完成了整个civil3d模型的搭建。

1. BIM模型的地形搭建过程

地形铺设首先通过获取到的施工区域地形点云文件，从不同密度的地形点文件中挑选了50*50 mm的地形点云文件，既能够达到地形精度要求，对硬件的要求也不高。

1）建立civil3d文件

导入中国本地化模板，如图4-34所示，为的是使文件内部的规制标签都和国内常见的标准规范所契合。

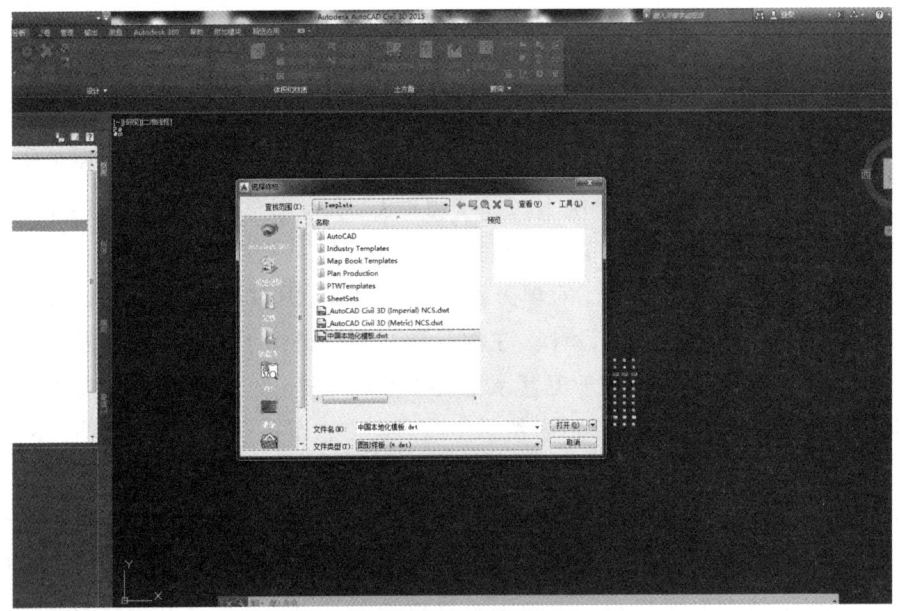

图4-34 载入本地化模板

2）创建曲面

曲面在civil3d里面是一个广泛的概念，既可以指代地形曲面，同时也可以代替很多其他的道路构件。例如填挖方边坡，道路面层的设计构建，创建正确的曲面对计量和整个模型的正确性都能起到很大的帮助，这里先建立好地形曲面，通过曲面定义导入选择好的50*50 mm的点云文件。如图4-35所示。

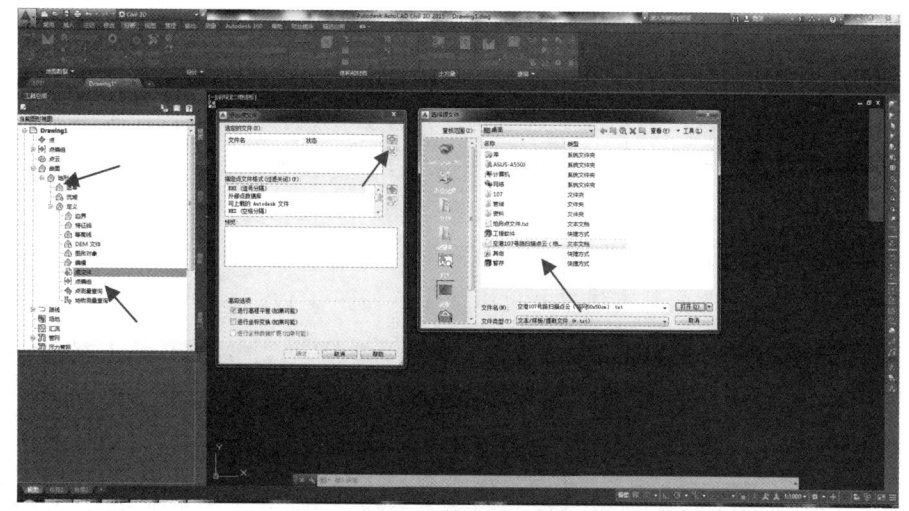

图 4-35 导入点文件

通过列定义，对不同的数字列进行定义，让它成为北距和东距，点高程等具有意义的数字。即可以生成大致的地形图案，可以通过三维查看手段查看地形文件的详细情况，对于新生成的曲面还要经过三角网最大边长操作进行简化和修正才能达到最终使用要求，同时给曲面附加上标签和样式。如图 4-36。

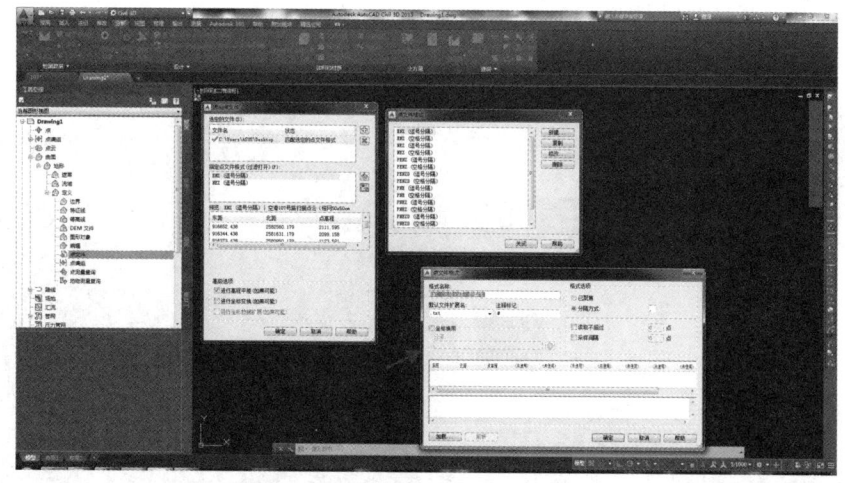

图 4-36 通过列定义校正点位置

3）通过各类标签和定义修正地形

标签和样式和之前提到的特性是 civil3d 的三大属性，civil3d 是基于对象的设计软件,其中生成的构件即可以指代真是的建构筑物,civil3d 正是通过对特性、样式,以及标签的定义来全面地描述一个构件从实物到标注的各方各面。特性简单来说就是决定这个构件是什么,怎么生成的;样式决定的是这个构件的外貌样式,即这个构件长什么样;标签则类似于标注,决定的是怎样标注该构件,怎样出图。civil3d 整个软件的任何构件都围绕着这三个属性来对构件进行定义,为刚创建的曲面附上三大属性后 civil3d 中的 107 号后半段道路的地形曲面基本建立并可以使用。如图 4-37。

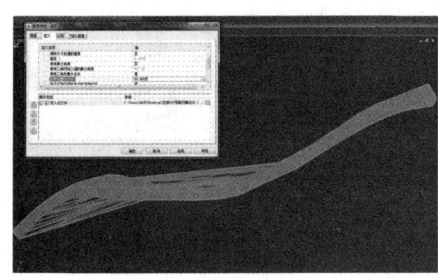 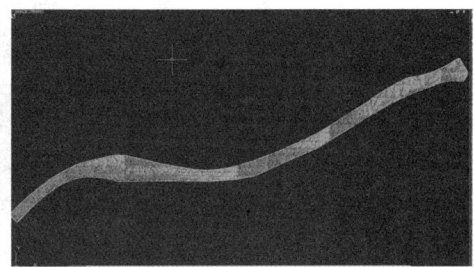

图 4-37 曲面定义界面和未修正的曲面

4)分析模型

通过定义点创建的曲面,是具有可分析属性的三维面,可以通过分析对流域高程数据等进行分析,以配合设计或者施工过程中的工程规划工作,同时 civil3d 中存在世界坐标的概念,并不需要原点对正等工序,导入点云的文件后的地形仅需经过简单处理即完成了曲面的创建工作。如图 4-38。

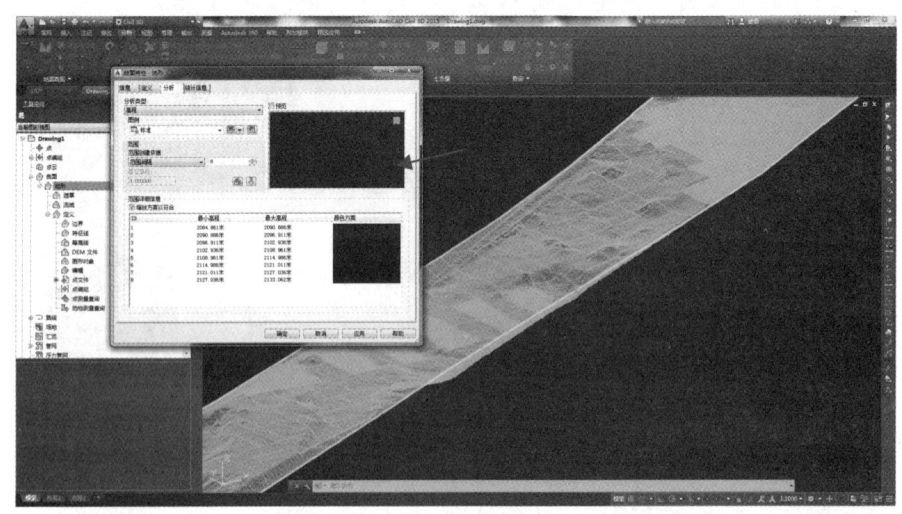

图 4-38 曲面分析

2. 道路模型建立

Civil3d 是通过路线平面布局，道路纵断面，道路横断面，在 civil3d 中称之为装配，三方面来确定一个道路的三维道路模型的，建立三维道路模型是 civil3d 建筑信息模型的关键之处，无论是土方工程量还是道路工程量都必须依托地形模型和道路模型，甚至是接下来的管道模型都必须以现有的 civil3d 道路模型为基础来搭建，所以模型的准确与否，是否有用都必须在这一步严格把控。

1）路线设计

建立 civil3d 模型，第一步是在原有的地形曲面上确认道路的水平走向，相关数据可以通过 107 号提供技术资料获取，在地形界面输入几个关键坐标关键点，通过曲线半径规律的录入可以自动生成路线走向，为了便于道路路线的绘制，先通过显示设置将曲面显示简化，这样既可以降低视觉上的杂物影响，同时优化了计算机的处理效果，创建路线设计必须基于曲面设置，所以对曲面一定要精细处理。通过设计资料获取到的关键点坐标来确定整个路线的走向，将关键点的位置通过地形点工具确定出来，设计资料提供了平曲线关键数据这免去了使用线路绘制的烦琐过程，可以直接通过关键数据的录入来绘制线路。如图 4-39。

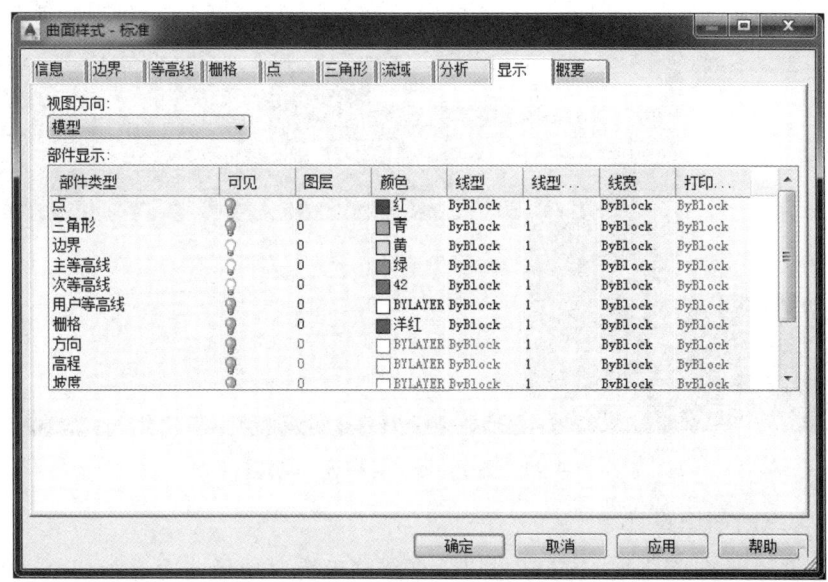

图 4-39　通过显示样式控制曲面显示

civil3d 提供强大的路线编辑器功能，有浮动、固定、自由、半径输入等参数方法生成，本段 107 号道路缓和曲线和线路走向并不复杂，所以只需采用缓和曲线和圆弧法，同时使用栅格视图来总体调节参数值。通过路线创建工具调出路线平曲线设计表格将各个关键点连接并确认其半径参数值就可以画出道路的平面线路。如图 4-40、4-41。

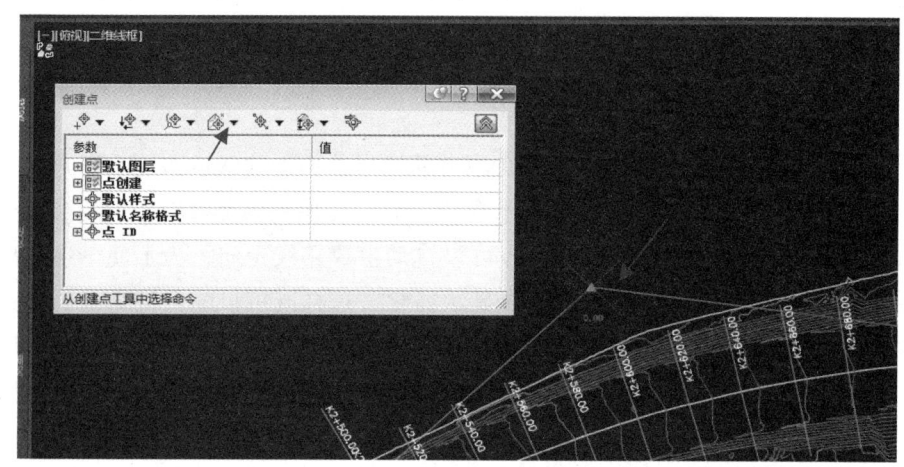

图 4-40　线路关键点绘制

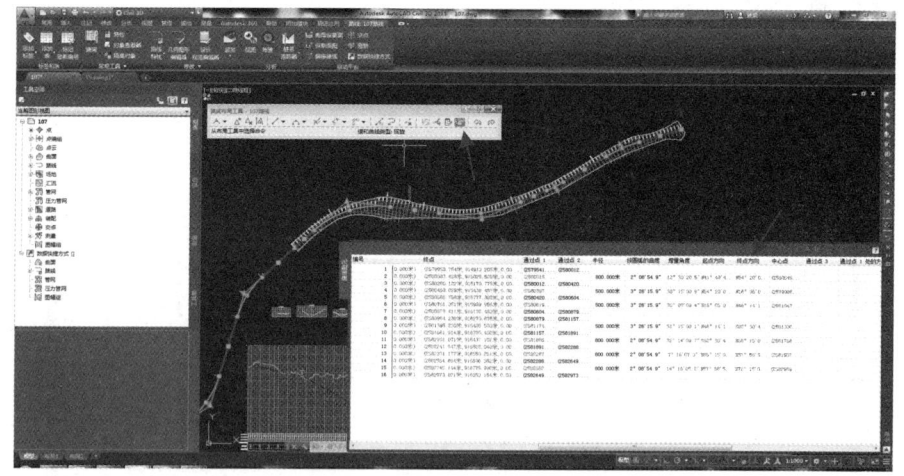

图 4-41　输入点数据和变向数据

2）纵断面图设计

在有了平面线路后 civil3d 可以依据线路走向对地形曲面进行切割，做出沿着路线走向的地形曲面的纵断面图，这将是模型建立的下一步的基础，在有了这个地形纵断面后可以在其之上进行设计纵断面的操作。如图 4-42。

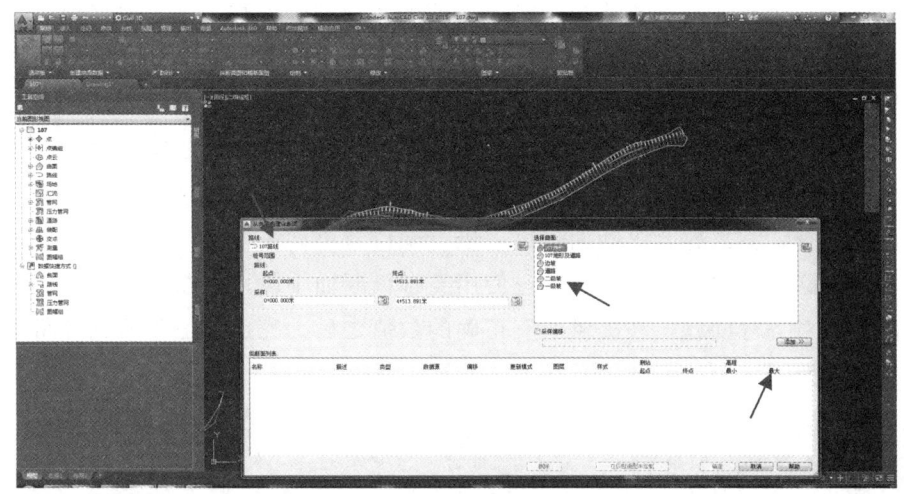

图 4-42　创建纵断面

通过纵断面的创建，纵断面线即该设计路线沿着地形所产生的截面，在产生的纵断面图中可以马上反映出所经过地形的纵断面线路，这里值得一提的是纵断面和纵断面图是两个不同的属性，在 civil3d 定义中也需要区分两个不同对象的不同定义属性。如图 4-43。

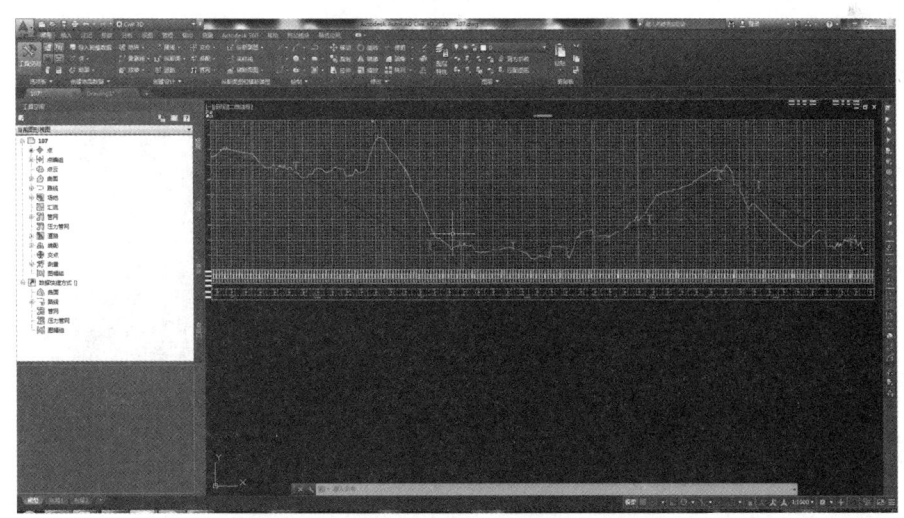

图 4-43　纵断面上的地面线和设计线

有了地形线和纵断面图后，可以在此基础上建立设计线，因为该纵断面是沿着路线行走，所以只需根据相关设计文件在地形纵断面上画出设计纵断面，故设计线也是沿着路线在前进，符合道路有关设计要求，为地形纵断面图中添加几个拐点将拐点连接，输入前坡度、后坡的参数，输入关键拐点的标高即可以定位出设计线路的纵断面。这里值得一提的是在civil3d中纵断面和纵断面图并不是一个东西，纵断面是在纵断面图中对于地形或者设计线路的切线，在一个纵断面图中可以添加多个纵断面来实现更多的BIM目标，比如多条线路的同纵断面图情况，来判断设计过程中是否存在标高差距或者进行碰撞检查，其次叠合纵断面也可以进行同位置不同高度的多条同线道路的施工。道路模型建立过程中就通过使用叠合纵断面手段来判断和一些道路的标高是否对齐等问题。在提供所有正确的数值之后，完成了道路的三维路线的创建。如图4-44、4-45。

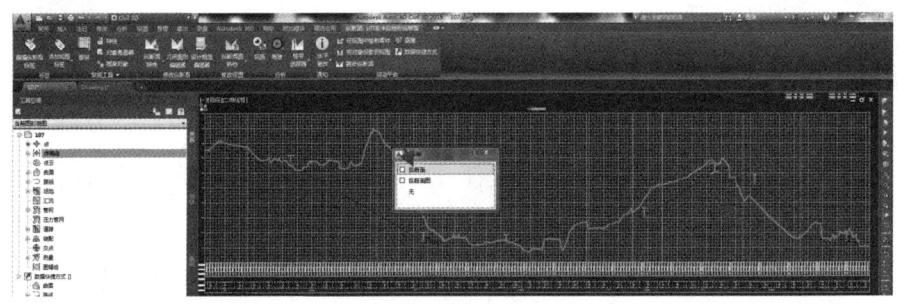

图 4-44　叠合纵断面线和设计线

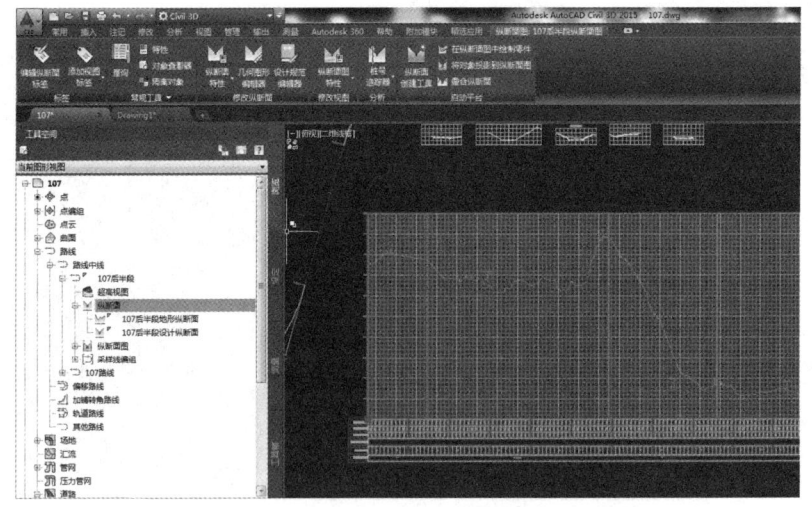

图 4-45　纵断面图包含着纵断面线图

3）横断面设计

通过对纵断面和路线设计的综合定义，道路的路线三维模型已经生成，为了完善整个道路的模型，接下来需要在已经生成好的路线模型上沿着路线生成横断面图，但是沿路的地形有高有低，不同高差情况下的放坡水平也不均等，不同情况的坡度也不一样，这在传统模型中是非常头疼的问题，只能通过不断地对特殊截面进行横断面剖切才能表达清楚，而在 civil3d 提出了非常实用的装配概念，使得这样复杂的模型可以通过一个类似编程的部件结构来实现。如图 4-46。

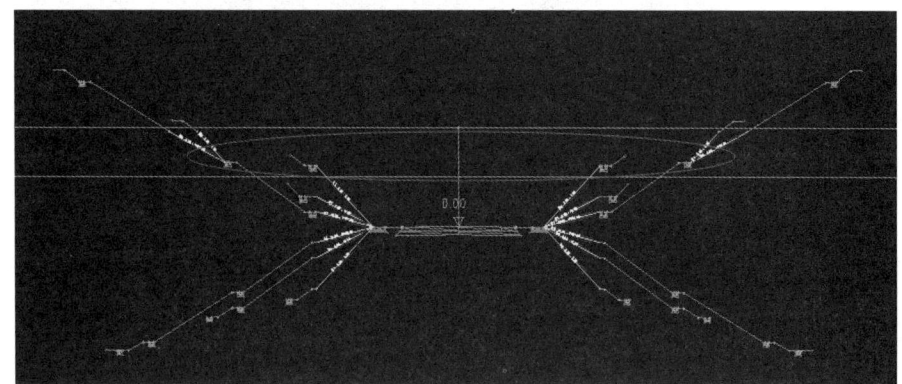

图 4-46 道路模型装配展示

首先建立一个装配，装配原型其实只是道路中心线，而在中心线的基础上可以通过添加部件来生成路面横断面，civil3d 正是通过将路面拆分成一个个的部件，通过各种各样带有参数甚至带有条件命令的部件来决定整个路面结构以及边坡遇到不同情况下的自适应变化模式，而保施高速公路的放坡情况复杂，对 civil3d 来说是正好处理的情况。如图 4-47。

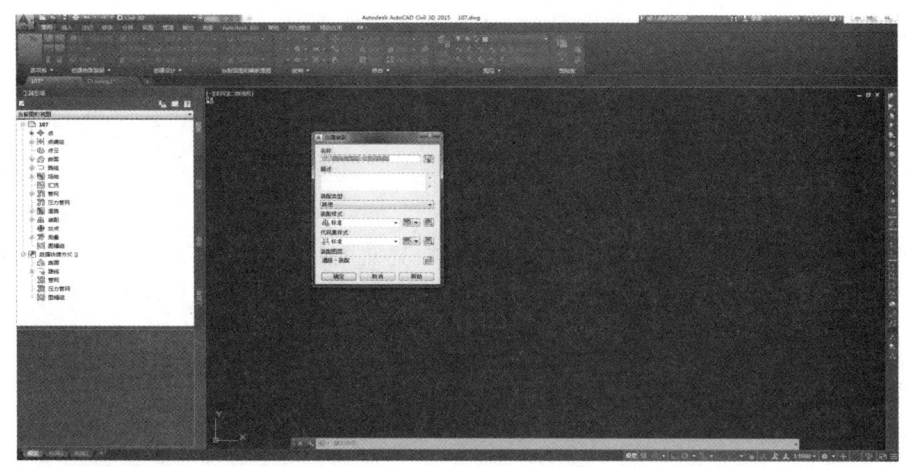

图 4-47 创建装配中心线

Civil3d 提供了丰富多样的道路部件可以适用多种道路情况，包含路肩、管沟、路面、路床等多种情况。如图 4-48。

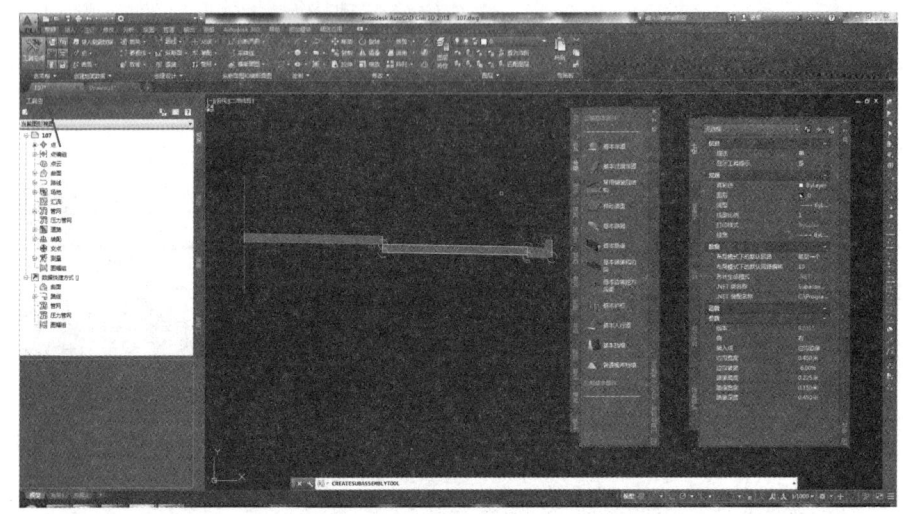

图 4-48　使用自带工具部件创建装配

Civil3d 对横断面部件的描绘其实提供了三种方案，三种方案的思路都是一致的，采用参数定义部件，使用代码集描述部件的每一个点线面来生成可调整、可变化、可提取任意线长、体积的图元。第一种办法是使用自带的各种可参数化的标准路面和边沟放坡路肩的灯自带部件来生成路面，就是上文提及的带有缺陷的方法，这种方法的优点是路面造型好看，创建简单方便，但是它也有着致命的缺陷，就是无法对每部件的点线面进行自定义代码集的编辑，这点对之后的提量过程将会带来巨大阻碍。

第二种办法是通过自定义画多段线，通过对多段线附上名称，和各点线面的代码，一个个地生成路面、路床等部件，再将部件添加到装配当中，装配有了这些带有代码的部件就可以精确提量，并且使用自定义部件中的各种需要逻辑目标的部件，将逻辑目标附着在地形曲面上，可以将道路与曲面的交点交线确认。civil3d 正是通过确认两相交曲面在垂直方向上所围住的空间差异来计算土方体积的，所以可以达到十分精确的算量操作。针对不同高差情况下的放坡要求，civil3d 在自定义部件的同时可以附加上条件定义进行是非判断。例如在人行道有边沟顶点开始放坡，在此处添加了一个是非判断，来判断该点与地形表面的高差，若处在一级放坡情况条件下，进入是判断，执行一级放坡操作，若否进行非操作继续判断，正是通过不断地判断在道路的建模过程中采用这种方法,可以让装配自动判断各种情况下的地形来进行自动放坡操作,节省大量的工程量并且可以更为直观地展现整个放坡过程。这也是前期工作中采用的工作方案。

该方法首先创建装配,根据定义上装配的各种属性,然后在空白地方使用多段线创建图形,同时使用创建工具将该图形转换为部件。如图4-49。

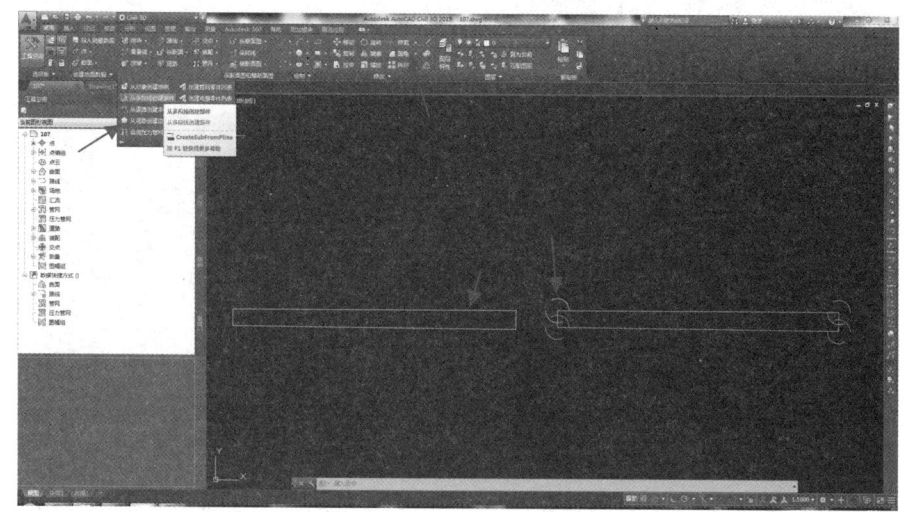

图 4-49 创建自定义部件

被转换成部件的图元将会如图4-50所示带有可编辑的代码点,接下来使用代码添加和造型添加,完善部件的所有体积和可锁定的代码。

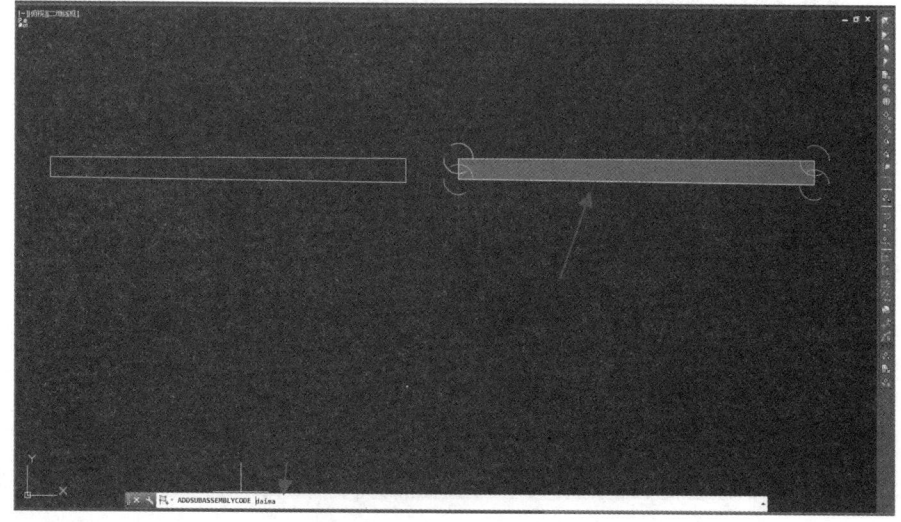

图 4-50 创建自定义部件造型和代码

接下来创建代码集合，将部件的所有代码导入代码集合，之后的所有有关道路的控制参数和显示样式都将可以通过代码集统一管理，对道路的参数化起到了重要的作用。在设定选项卡添加一个代码集，并且导入代码。如图4-51。

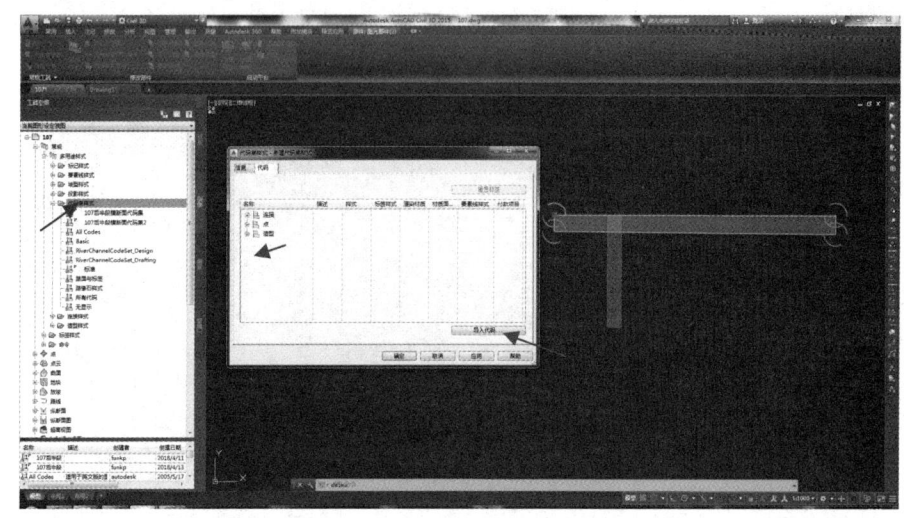

图 4-51　创建代码集并导入代码

到此就完成了一个完整的可使用的可参数化的包含路面各部件代码的路面部件，之后的精准计量都将依据所有的代码集来设计，同时配合相关对象设计，插入可指向对象的部件。如图4-52。

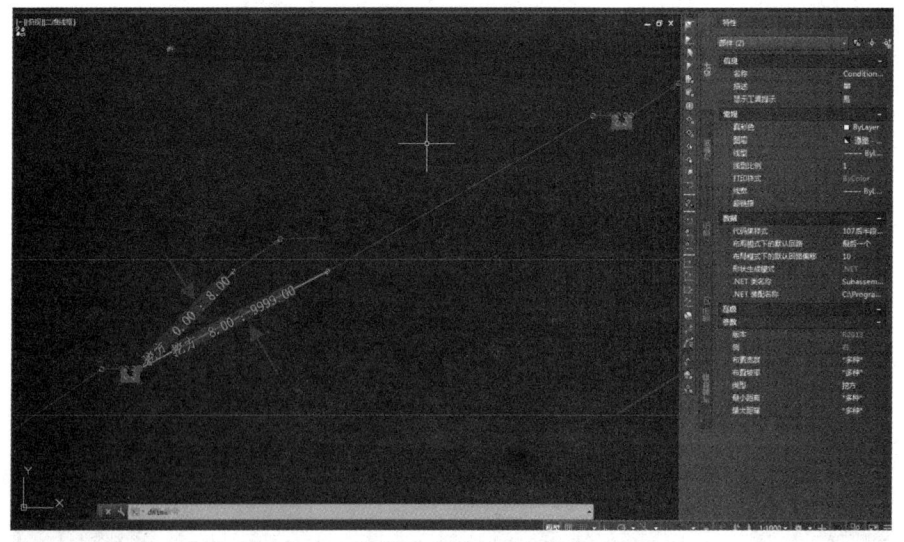

图 4-52　创建自动放坡的条件判断程序

这里还介绍了第三种生成装配的方法，这也是后期使用的路面创建方式，即使用 civil3d 自带的部件编辑器进行装配部件的建设。如图 4-53。

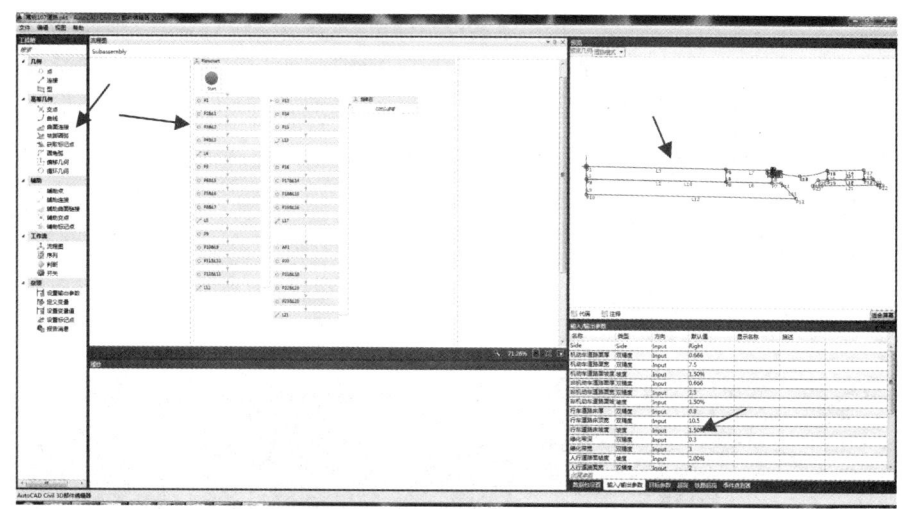

图 4-53　部件编辑器道路标准路面路基展示

部件编辑器涉及编程知识，但是却同时能做到灵活的参数化和自动判别化，并且同在具有自定义代码的操作，是最为灵活好用的装配创建方式，在完成道路的模型创建之后，本次课题也尝试性地使用这种方法创建了参数化道路的装配，效果良好。

工作工程较为复杂，类似编程过程，首先建立项目，然后使用左侧的部件按钮依据创建规范，从原点开始，通过每个点与其基准的相对位置，创建一个个点、线、面，同时附上可变参数和指向对象，这里可以使用逻辑开关和是否判断，来进行类似第二种方法中的条件判断和指向对象操作。如图 4-54。

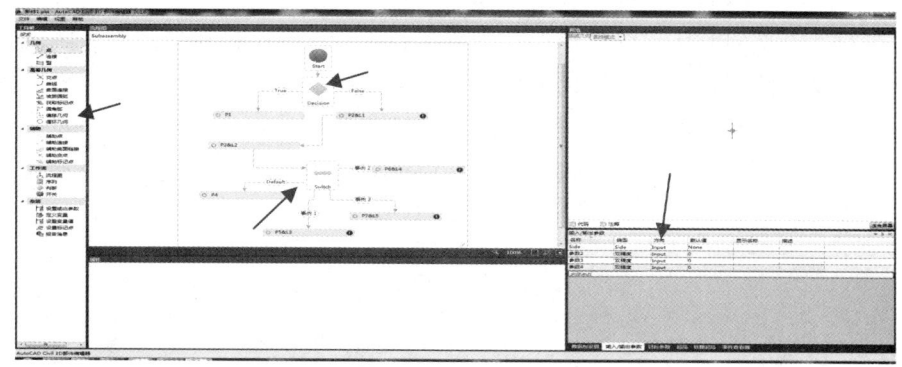

图 4-54　创建可变参数和逻辑判断

· 109 ·

类似于道路模型的创建，管网模型依旧是使用了路线，纵断面，横断面的方式来创建，同时对于装配也制作了可参数化的管沟模型来计算土方量，综合三个角度，附上管道尺寸格式，即可完成管网模型的创建。道路中还有一个涵洞，对于这样的独立结构，采用revit辅佐civil3d的模式独立建立起涵洞模型以提供建筑信息。综合所有的操作基础，完整的道路模型已经在civil3d中生成，各种资源信息也同时被赋予在模型中，怎样合理地使用BIM建筑信息模型，将在下一步中展现。

4）综合设计

配合之前提及的横纵断面和路线设计软件，通过道路工具，即可以创建道路模型。如图4-55。

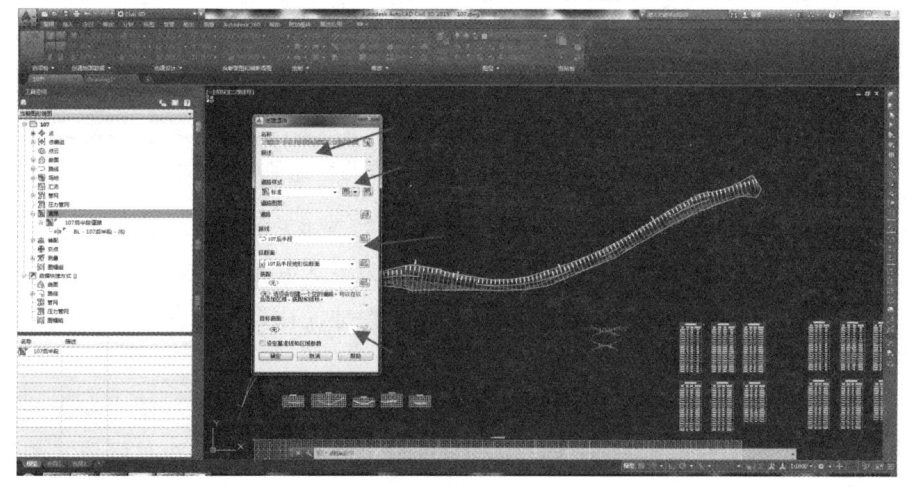

图4-55 综合横纵断面，路线创建道路

通过对道路的定义可以生成道路模型，道路定义中着重需要定义好道路的曲面关系，同时这里也可以使用各种分析和桩号断链操作对道路模型进行不同区段的分割，和对不同区段的道路采取不同的断面操作。必须要做的操作是将之前使用的代码集道路，通过代码集即可以对每条路、每个点、每个面进行精准定位和计量，将这些点在路面定义中连成面为之后的模型使用做准备。如图4-56。

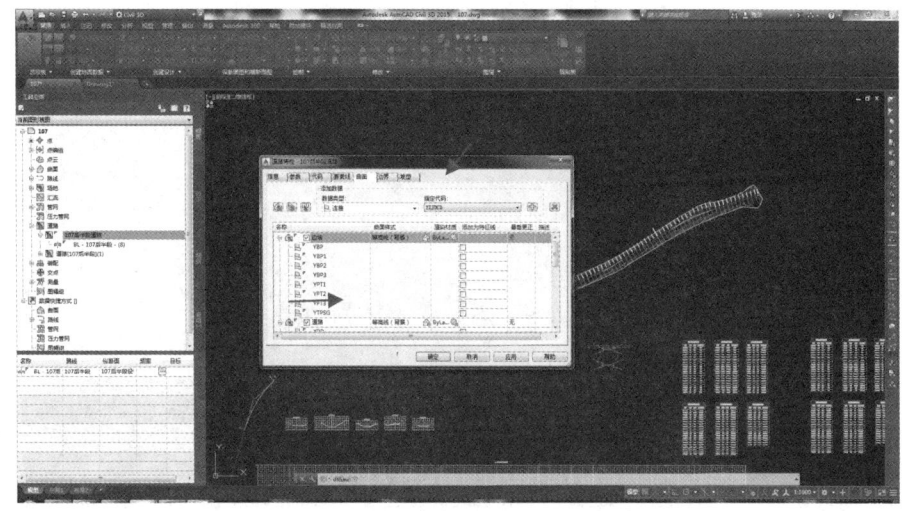

图 4-56 创建道路曲面为计算土方准备

3. 模型的使用以实现辅助施工组织设计

在模型搭建好之后怎样合理地使用是最为主要的工作之一，所谓 BIM 工作不单单只是建立模型，更多是通过模型提取出各种图形信息、工程量信息，以此来更好地安排施工组织设计，更好地预见工程量的发生和工序的开始，更好地可视化地观看模型的进展和全貌。本次课题也是在模型建立之后充分发挥和使用它配合 tilos 进度计划软件，来实现 BIM 工作的价值。

1）可视化成果

模型的可视化的道路模型的建立具有极高的可视化效果，通过和上一步的曲面建立，既可以单独查看曲面，还可以与地形相结合，使用粘贴曲面功能，导入 revit 中进行地形复核，首先在模型建立过程中就可以对图纸的合理性进行检查和复核，减少误差和碰撞问题，减少之后的返工次数。

2）精准计量

而 civil3d 的曲面功能可以在施工前期就能通过模型知道任意区间段的挖填方量，这些提前可预知的工程量可以为 tilos 的进度计划和资源安排提供指标，使用 civil3d 模型可以对高填挖方的分层分段进行土方量的统计，在保施高速公路道路 BIM 模型构建工作中就很好地利用了这一点，对将要开展的工作根据可欲知的工程量进行对应的资源调度安排，对不同情况的地形采取不同的手段处理，高填挖方阶段，要预先解决的安全隐患都可以通过 civil3d 模型预先地发现和解决。

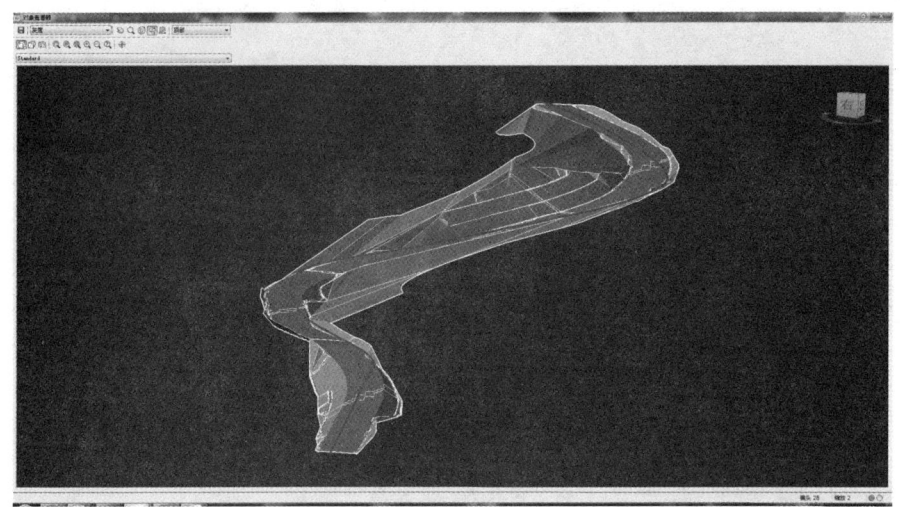

图 4-57 路面和地形的融合

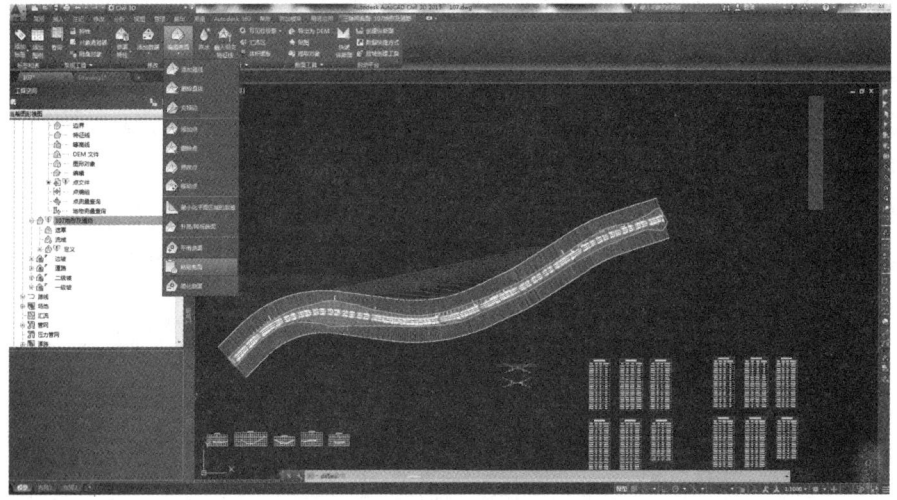

图 4-58 联合地形和设计曲面

这里就将使用到之前所定义好的曲面,首先通过采样线的设计,对道路模型和地形模型进行采样。通过采样线,采样一个截面上的所有图形,可以创建任意断面的横断面图,这里通过对道路的采样,轻松获得了道路上的每 20 m 一个的横断面图,断面图采样的东西可以通过采样源来控制,生成断面图后可以通过对类似纵断面图的特性编辑来决定图所显示的图例,包含各类土方体积和材料体积,但是这两种体积需求材质计算后才生成,材质计算在下文阐述。如图 4-59、4-60。

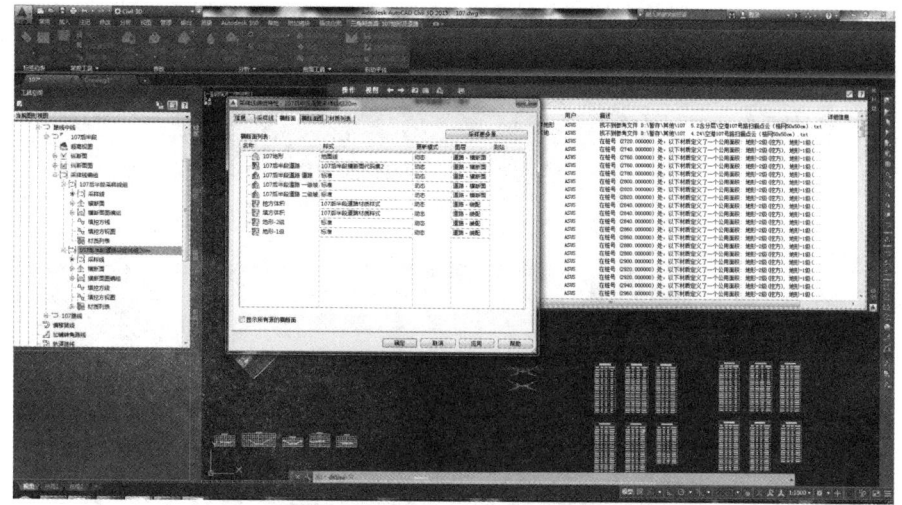

图 4-59 采样线的定义

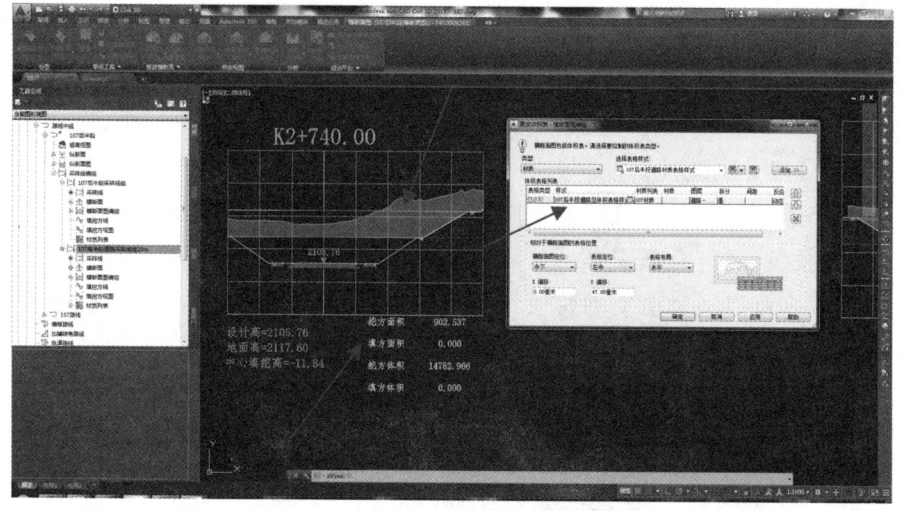

图 4-60 横断面图的可显示数据

对于接下来的计算材质工作是重点,既可以显示出每个断面图的量,还能生出相应的土方报表,对每一段的填挖方进行统计。通过分析下面的计算材质操作打开材质计算面板。将地形面和之前创建的设计面进行曲面扣减,同时设计面拥有自动根据条件放坡的功能,故可以通过曲面扣减操作,产生完全符合实际的精准填挖方量,为之后的进度计划设计打下基础。如图 4-61。

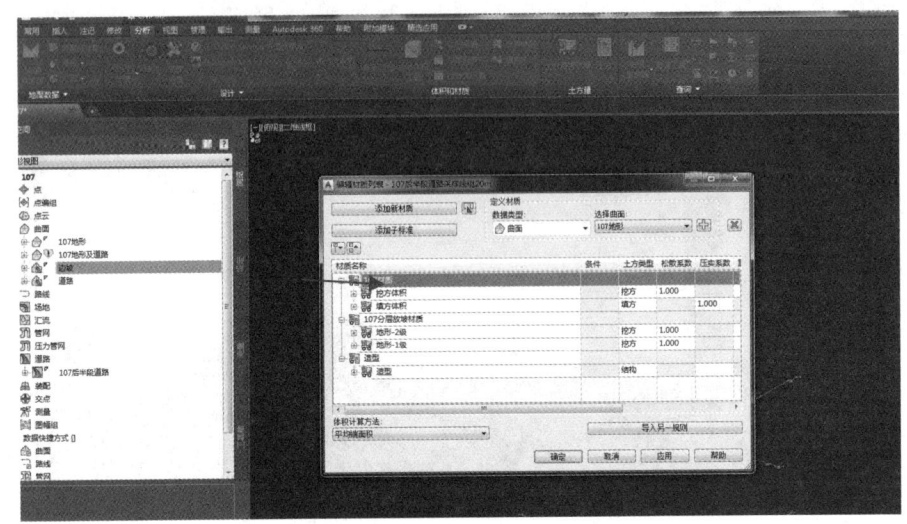

图 4-61 计算材质

计算材质时首先选取需要统计的采样线,并且定义各种材质,土方需求决定地形面和设计面的上下关系、造型,道路实体体积的计算则是使用之前的代码设定的面的代码,故 civil3d 拥有极强的逻辑性,必须步步为营。

3）分段分层统计

对于道路的工程量可以分不同的材质层进行量的统计,对即将发生的各种各样的材料进行合理安排,从而减少材料的浪费和现场过多的堆积。统计的体积数字可以通过上文的材质计算后反映在横断面图中,也可以使用生成体积表导出。如图 4-62。

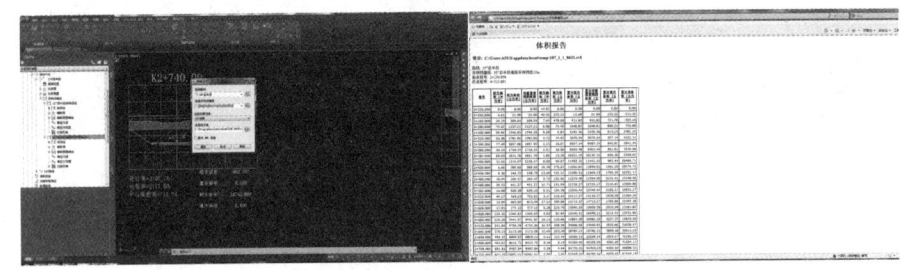

图 4-62 导出土方数据表

但是对于分段开挖的体积,软件本身是无法进行相关直接计算的,我们在此使用了一个小技巧来实现这一目的,原理是建立几个不同高度的截面,通过对地形和对 16 m 高截面的曲面体积的差值得出三级放坡的体积。同理,通过使用地形曲面和 8 m 高截面的差值减去地形曲面和 16 m 高的曲面体积差

· 114 ·

值即可得出第二级放坡的体积，同理通过使用地形曲面和设计面高截面的差值减去地形曲面和 8 m 高的曲面体积差值即可得出第一级放坡的体积，该操作需要在装配上加入几个横截面，对施工模型精度略有影响。如图 4-63、4-64。

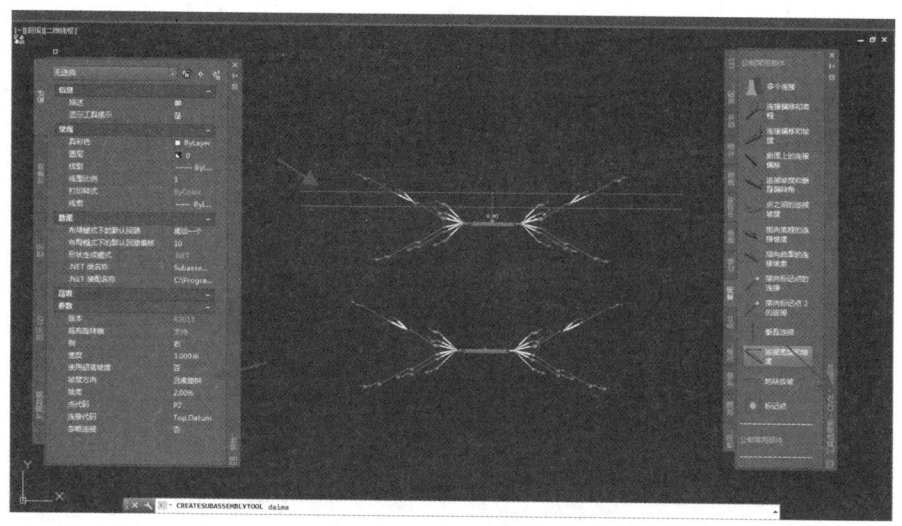

图 4-63　分段开挖装配处理加入断面

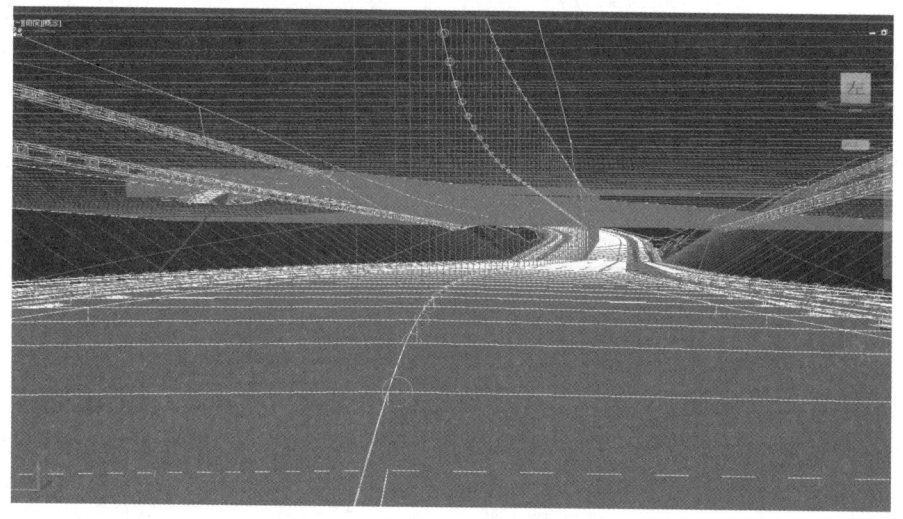

图 4-64　含有分层横切面的模型

最终将各表数据在表格中综合计算各分段结果，通过对数据的精准计算和处理，从而可以合理地使用之前打下的模型基础，分层分段地统计土方量，对道路整个基础模型进行精准计量，所提供的土方依据，为接下来的 tilos 进度计划提供了数据基础。

4.2.3 边坡工程 LSM 进度计划构建

1. 工期及施工进度安排

(1) 工期安排：总工期时间长度为 5 个月（2019 年 2 月 1 日正式开始至 7 月 1 日正式完成，即工期时间长度 150 天）。

(2) 本工程施工主要控制节点：

2019 年 2 月 1 日进行施工前的准备工作；

2019 年 2 月 8 日滑坡测量放样开始；

2019 年 3 月 12 日至 4 月 10 日进行土方开挖；

2019 年 4 月 11 日至 5 月 24 日水泥砂浆砌筑格构；

2019 年 5 月 25 日至 6 月 14 日进行格构间的充填；

2019 年 6 月 15 日至 7 月 1 日完成收尾工程。

2. 进度计划生成

(1) 创建一个新项目，并对用户界面进行编辑，设置时间、里程标尺，插入特征里程标线。

(2) 由 Civil 3D 提供的土石方数据，输入至软件中，创建填挖方直方图，从直方图中可以清晰地看出高填方和高边坡段，进行土石方运输分配，并添加一个土石方调配图，如图 4-65。

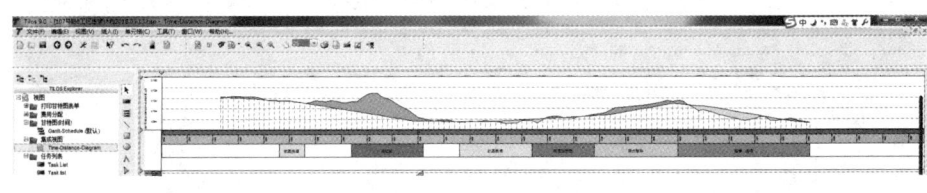

图 4-65　土石方挖方图

(3) 根据里程桩号和工程量创建任务，在要素库中设置任务模板，进一步设置任务的日历模式、图层、类型和显示，设置任务的开始结束时间、开始结束里程，可更改任务的方向，对任务的工程量、效率、工期进行计算。

(4) 通过定义浮时设置、显示关键路径。

(5) 分配资源，分配劳动力、材料、机械，依据工程量与施工企业定额进行分配。在右侧增加资源表，并插入收入和支出表，可以清晰地看出按时间、里程轴资源消耗支出情况。如图 4-66。

(6) 考虑季节性和地质性影响，并对现场的实际情况进行考虑，比如征地拆迁对施工的影响。

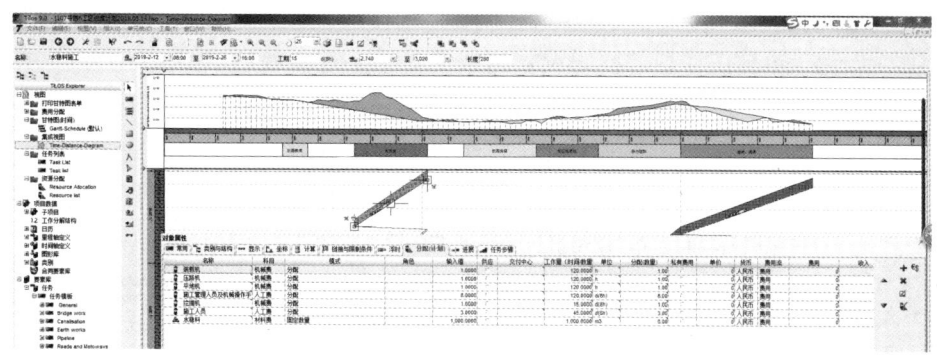

图 4-66 资源调配计算

（7）查看甘特图、任务列表是否符合实际施工情况，进一步优化，理想化的进度计划规划完毕，后续根据现场实际施工情况进行跟踪优化调整。如图 4-67。

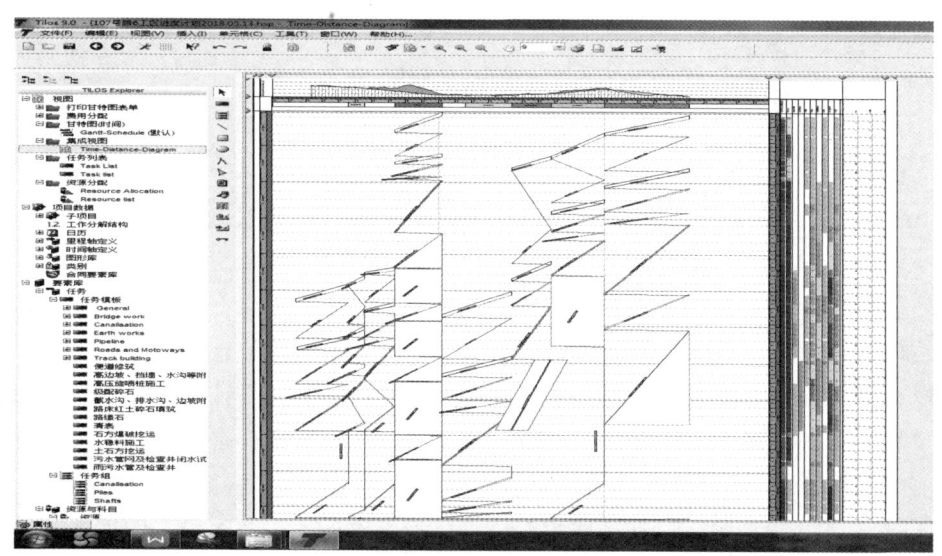

图 4-67 进度计划图

4.2.4 基于 BIM 与 LSM 的边坡工程资源配置

1. 工程量的自动计算

模型建立好之后在模型使用的过程中要用到 TILOS 软件进行整个的施工组织设计和安排，TILOS 使用的 lms 解决方案已在前文提及，是一种高效的，可视的管理手段，通过模型对不同历程段的分段提量，可以得出精确的不同阶段可能需求的资源方案，TILOS 通过整合这些工程量在对应的历程上进行计划安排，同时在计划的同时设立基线的概念，理想状态下当实际工程不断推进的时候 TILOS 都将提前一步安排好所需要的资源，并且得出在什么时间在什么历程所需要的完成的工程量，而在工程推进的时候又可以同时不断记录实际的已经完成的情况，在 TILOS 上进行对比，通过差距来更好的安排接下来的工作，可以通过 civil3d 的土方表直接导入数据，如图 4-68 所示。

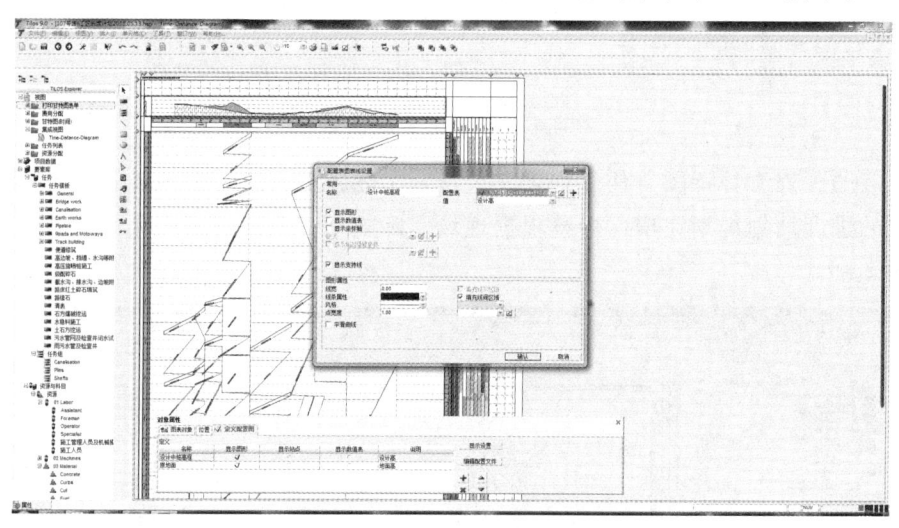

图 4-68　导入 civil3d 计算的土方数据

TILOS 的各阶图表有着不同级别的表现深度，也可以有着不同类型的表达内容和方式，不同级管理人员可以从上面了解不同的信息，例如施工员可以在上面读到下周需完成的工序，管理人员可以了解到累计已经完成的工程量和开销，工期是否来得及，更高级领导可以从经济指标表中关心到项目目前的损益情况，TILOS 在同页面可表示的内容大大提高了各阶级的工作效率。同时 civil3d 模型也可以在完成竣工模型之后，在建立一个随着工作进展而不断完善的工程施工模型，配上动画过程从而直观地演示要做什么，做了哪些工作，还有哪些没做。本期各工程工程量为多少，下期工程量是多少，需求多少资源等各种各样的建筑信息，同步动态更新更好地综合控制所有过程。

2. 不同工作任务的资源配置

综合 TILOS 的 LSM 管理方案和 civil3d 构建的道路 BIM 模型，空间的地形情况完整地在三维模拟中进行了建立，可视化地反映了整个工程概况和各分段分层区间的特点，包含了它的施工模拟过程，同时也将整个工程的各种工程量信息包含在其中，这些数据通过 TILOS 的合理安排，通过安排和实际计划的基线比对，而采取应对，通过不同的表格内容反映不同层级所关心的内容。整个保施高速公路道路的 BIM 工作达到可视化、可预见性、可比对、灵活可参数化的各种特性，达到了运用 BIM 技术完成一份完整的施工组织设计，包括 BIM 三维建模、工程算量、碰撞检查、施工进度模拟、施工现场布置、成本分析的工作，也逐步加深了 BIM 技术在线性工程中的应用的探索深度。如图 4-69、4-70 所示。

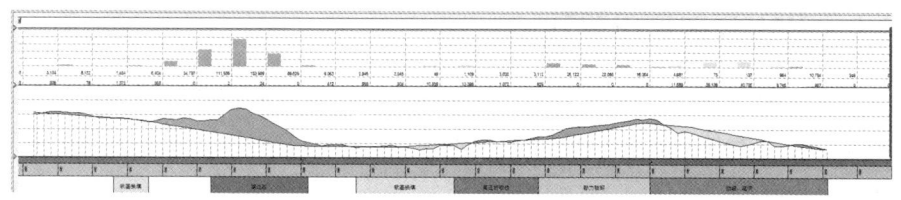

图 4-69　处理后的土方图表

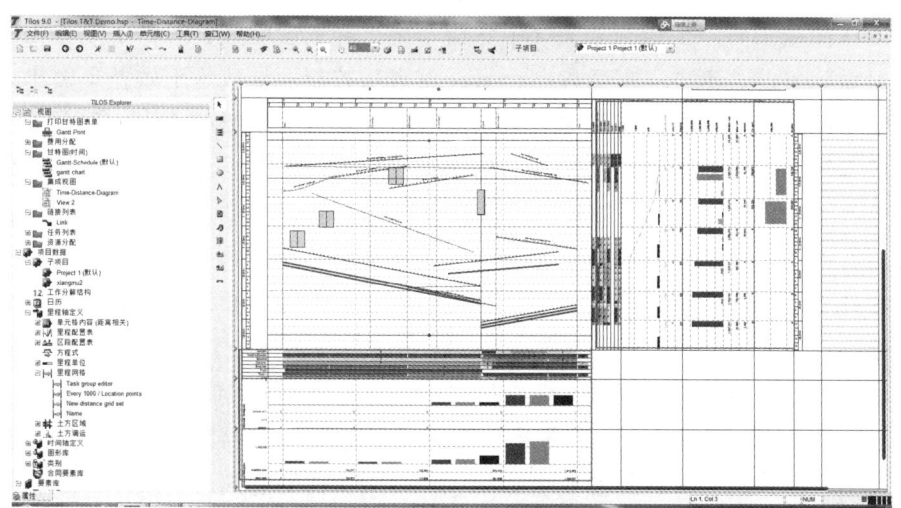

图 4-70　LSM 的任务构架与资源调配

第 5 章

基于 BIM5D 技术的山区高速公路成本管理

5.1 BIM5D 应用背景与工作原理

5.1.1 BIM5D 的应用背景

高速公路在基础设施建设中占很大的比重，目前高速公路的建设还是存在很多问题，具体表现在：成本意识不明确，分工不到位，成本控制组织制度不科学和不健全，施工组织设计方案较为落后，对成本控制较为滞后；由于高速公路自身原因，容易受到的影响因素较多，比如：征地拆迁工作导致无工作面施工而停工影响、天气中冬雨季施工降效影响等；忽略了成本控制需要做到事前、事中、事后控制，只注重事后控制而导致施工效益不突出，甚至亏损；成本控制的好坏对承包商的利润起着至关重要的作用，但是传统的成本控制方法太粗放，在发现成本偏差以后，由于数据源不足，难以找到偏差产生的具体原因并采取针对性的纠偏措施。BIM 可高度集成建造全过程的所有信息，通过将 BIM 应用到成本控制的对比、分析、纠偏、检查这 4 个主要环节，为成本偏差的分析提供了足够的数据来源，并能帮助管理人员分析偏差产生的原因，制定纠偏措施。BIM 的应用大大提高了成本控制的效率，精细化成本控制工作，可以实现更加实时和动态的成本控制。

建筑业正在迅速变化，对效率的要求越来越高，交付使用工期越来越短，质量要求越来越高，这促使业主和承包商采用新的商业模式和技术，这将给他们带来竞争优势。事实证明，从设计到施工生命周期的流程整合和改善沟通是这一变革的重要组成部分。综合项目交付和 BIM 技术是真正集成社交 BIM 平台的必要条件。Vico 的 BIM 5D 解决方案是为满足这种需求而开发的。Vico Office 是一个紧密集成的 BIM 中立平台，多种类型的 BIM 模型可以发布，综合并增加成本和时间表信息。为了最大限度地提高效率并满足各种施工流程和阶段的独特需求，Vico Office 采用模块化方式进行构建，提供量身定制的可扩展解决方案以及一致且易于使用的环境。

BIM5D 的概念：

2D-表示宽度和高度（X，Y）的对象，即平面二维对象，具有平面位置信息。3D-表示宽度，高度和深度（X，Y，Z）的对象，即三维立体模型对象，具有空间位置信息。4D-表示宽度，高度，深度和时间的对象，即在三维立体模型基础上加入了进度信息，模型从静态的可以进行动态演示，具有空间位置信息和进度信息。5D-代表宽度，高度，深度和成本或数量的对象模型，即在 4D 的基础上加入成本信息，具有空间位置信息和进度信息和成本信息。

5.1.2　BIM5D 平台简介

1. 建精细化模型

精细化建模使得所建模型的工程数量和位置信息较为精确，建模软件与 Vico 的连接是 IFC 文件，从建模软件中导出，再导入 Vico 中，可以对模型进行自动提量。

2. 工程量估算

基于 BIM 的工程量估算方式大致分为三种：导出数据信息进行估算：导出 Revit、Civil 3D 数据信息至 Excel 表格进行估算；导入专业算量软件进行计算：将 Revit 模型导入国内算量软件，比如广联达或鲁班，进行算量；在一站式管理软件中进行计算：BIM 5D 一站式管理软件，在理论上，可将模型导入 VICO、ITWO 中，通过进行分区分层、进度计划编制、模型与进度关联、工程量计算、造价计算、劳动力计算、进度时间估算等工作，从而制作出 5D 施工模拟。

从以上对比可以看出，第一种方式进度计划仅提取了模型的数据信息，而且需要借助 excel 进行计算，效率较低，并没有发挥 BIM 技术的优势；第二种，用 Revit 建模时需要服从即将导入的国内算量软件的建模规则，才能被软件成果识别提量，否则会出现很多问题，耗费精力；第三种实用性较强，可以自动计算提量。

3. BIM 5D 模型建立

BIM 技术在建筑领域使用广泛，涉及建设的设计施工、安装、运维等各个阶段。而 BIM-5D 建筑模型的概念也在近些年被频频提及，BIM 5D 是加入时间（Time）和成本（Cost）两个维度的五维模型，包含了建筑工程的实体数据和进度、成本、时间等信息，拓展了 BIM 信息模型的建模能力与应用范围。建立基于 BIM 技术的 5D 模型：将进度信息和成本信息与模型关联，形成基于 BIM 技术的 5D 模型。

4. 成本过程控制

根据 5D 模型进行材料、计量、变更等过程控制。

5. 动态成本分析

将分包结算、材料消耗、机械结算等实际成本信息关联 5D 模型，实现多维度、细粒度的动态成本三算对比分析。

5.2 基于 BIM5D 的成本管理

5.2.1 BIM5D 模型构建

1. 新建项目

打开 Vico office 软件，点击"我的仪表盘"中"新建项目，对编号，项目名称类型进行编辑，如图 5-1 所示。

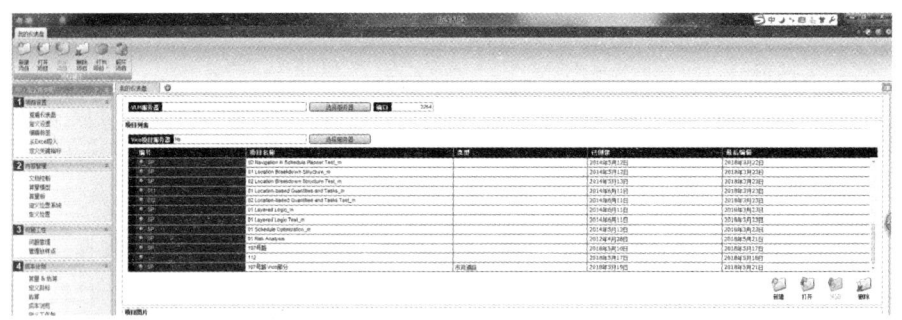

图 5-1 Vico 新建项目示意图

2. 定义设置

选中新建的"保施高速公路 Vico 部分"，点击"打开"按钮，需注意与传统软件不同的是，鼠标单击或双击项目，对于打开项目是无效命令。在"001 主工作流程"下即可对所有命令进行操作，选择"1 项目设置"下的"定义设置"，对"项目详细信息""客户信息""计量单位""小数位数""项目图片"进行设置。

3. 编辑标签

建立标签是在对模型构件具有总体把握和对资源分配具有完善方案的基础上进行操作的,标签是信息化管理工作中最基础的一步,标签可以用来创建成本管理内容的分类和过滤内容的用户字段,用来存储系统自定义下的标准视图中的不可用属性。

(1)对系统标签中"成本类型"进行定义,选择"成本类型",点击上方功能区的"值"按钮,进行录入,如图 5-2 所示。

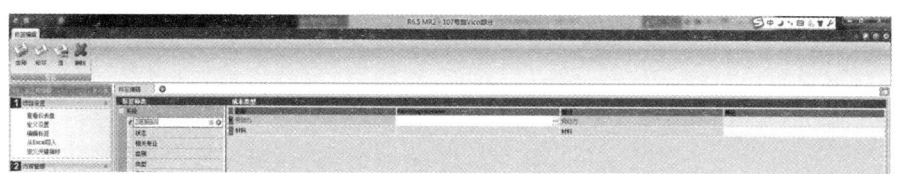

图 5-2　Vico 成本类型标签编辑示意图

(2)新建标签类别"代码",在代码下新建"标签",分别命名"代码 1""代码 2""代码 3""代码 4",代码编号层级实际是构件的树状图。

(3)新建标签类别"任务",并在其下新建两个标签"链接 1""链接 2",对标签的值进行编辑,值代表导入模型自动识别构件的代码编号,如图 5-3 所示。

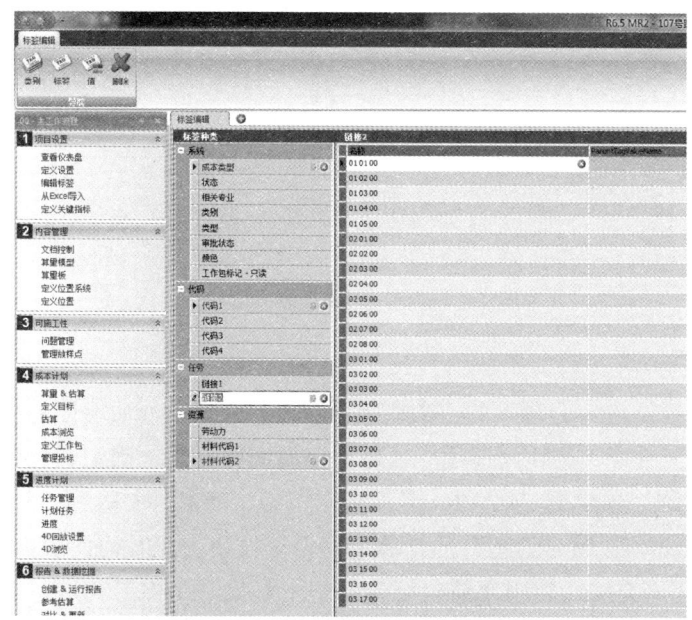

图 5-3　链接 2 代码示意图

（4）新建标签类别"资源"，并在其下新建三个标签"劳动力""材料代码1""材料代码2"，新建标签的值，值为后续对任务进行分配资源的代码编号，如图5-4所示。

图 5-4　材料代码 2 代码示意图

4. 算量模型

（1）在"2内容管理"的"文档控制"中，选择上方功能区的模型注册中"导入 IFC"命令，选择之前用 Revit 导出的文件，点击确定，此时视图右侧"3D 视图"便会出现模型结构，激活选定模型，如图 5-5 所示。

（2）点击"2内容管理"的"算量模型"按钮，此时构件名称较为杂乱，不利于信息化管理，利用之前对标签的定义对模型构件名称进行重新定义，而且此时对模型量的统计仅限于"CAD_数量、CAD_长度、CAD_体积"，此时,需要点击上方功能区"计算所有",可得到很多量的统计,如数量、长度、净参考侧表面积、净相反参考侧表面积、顶表面积、底表面积、端表面积、净体积、毛体积等重要参数,如图 5-6 所示,体现了 Vico 算量估计的先进性。可以利用功能区 3D 视图和运行模式对模型进行查看。

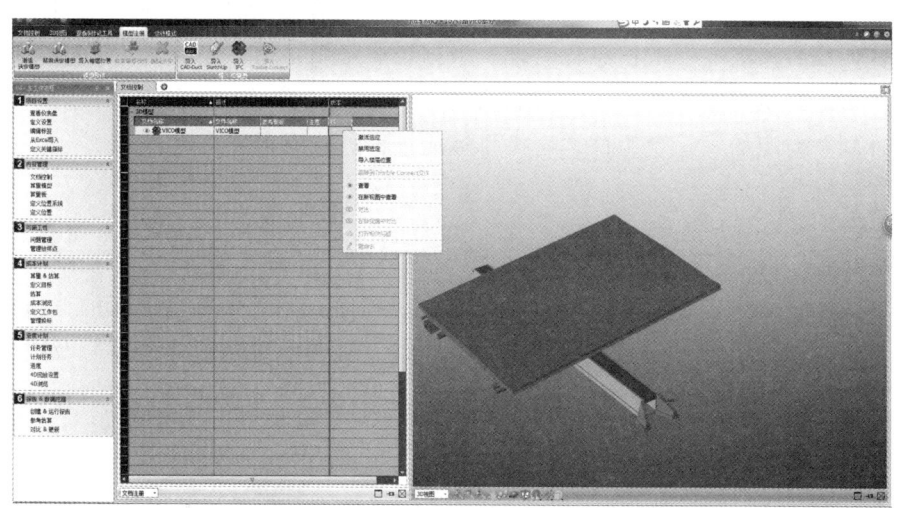

图 5-5 Vico 导入 Revit 模型示意图

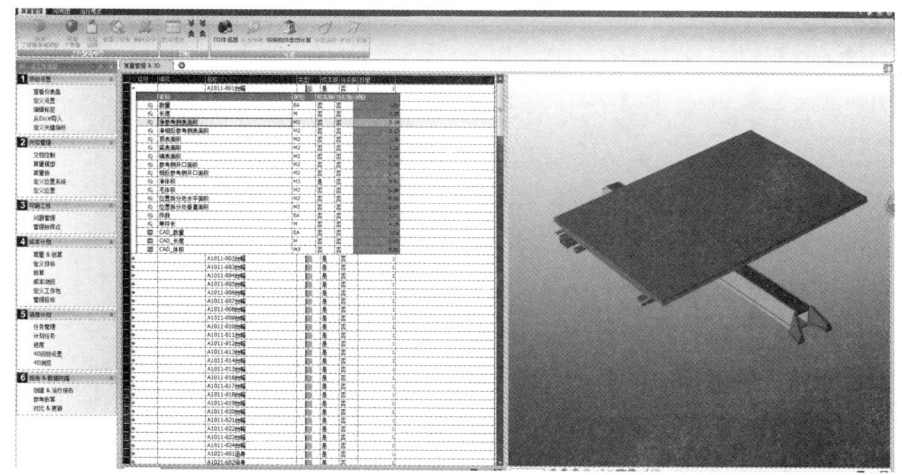

图 5-6 Vico 算量模型示意图

定义位置系统:定义位置系统可以让模型分层分区域进行工程量统计,楼层系统可以自定义识别。

5.2.2 成本计划与分析

这里的成本计划是基于模型的估算工具，成本计划是对项目的逐步精细，从项目到专业工程逐步细化到一个单一构件，从基本抽象层次发展到高度详细的成本估算。组件是成本计划的基本单位，根据之前建立的标签对组件进行代码编号命名，形成信息化管理。根据企业定额，结合之前 Tilos 的数据，对组价进行资源分配，并将模型构件的工程量从"算量管理"中链接到"成本计划"对应的每一个组件，定义目标成本，进行成本浏览。

1. 算量&估算

选择"00-主工作流程"下"成本计划"中"算量&估算"，在视图中留下"成本计划"窗口，根据之前标签定义的顺序，利用上端功能区的"新组件"及"新子组件"进行逐级手动创建组件，并对组件进行代码编号及描述编辑，当新建至模型的单一构件子组件时，对其进行分配资源，资源包括人工、材料、机械，如图 5-7 所示。

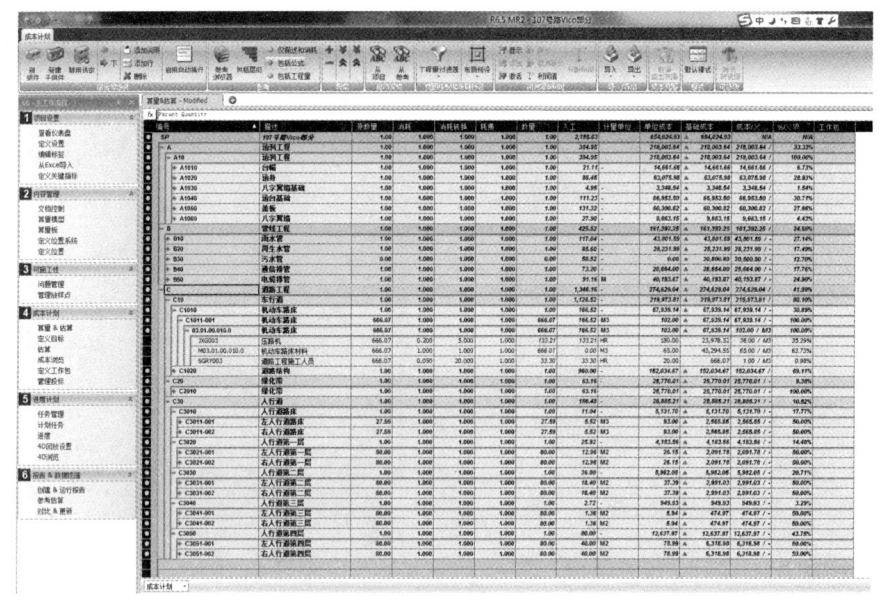

图 5-7 Vico 成本计划组件编辑示意图

此时新建的组件是没有工程量，而且和模型之间没有建立任何链接的，此时需要用工程量公式对它们进行链接。再次点击"算量&估算"，在视图中仅仅留下"算量管理"和"成本计划"两个窗口，找到左右侧对应的构件，例如"A1011-001 台帽"属于混凝土构件，在计算时应按照净体积进行计算，在左侧"算量管理"中选中构件下方"净体积"，左手按住 shift 键，右手拖动鼠标，拖到右侧"成本计划"对应的组件处，出现黄色箭头释放，此时组件的"源数量"自动匹配。修改"消耗量"和之前 Tilos 对资源的配置保持一致，修改计量单位，输入单位成本，所有的数据会自动进行计算，重复以上操作，完成成本计划，如图 5-8 所示，此时的计划成本实质上是估算成本。

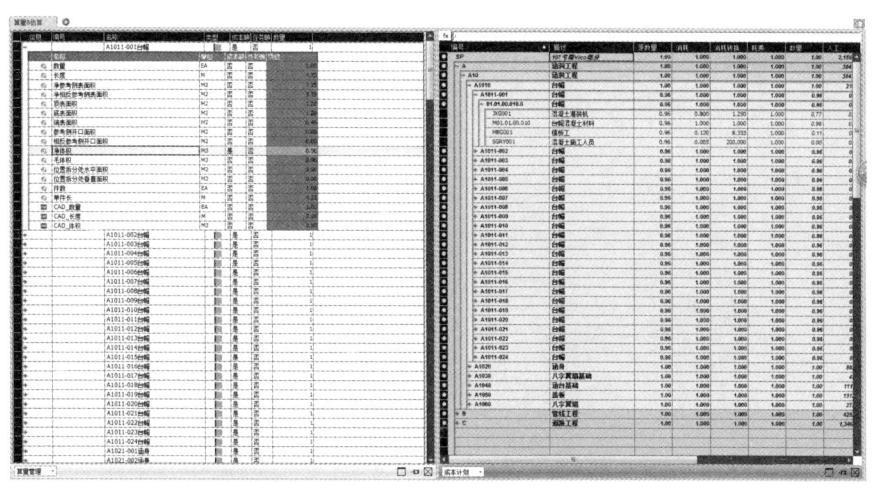

图 5-8 成本计划组件与模型链接示意图

2. 定义目标

点击"成本计划"下的"估算"，此时界面仅存在"计划成本"，在上方功能区选择快照功能，输入名称"V1-估算成本"，保存快照。再点击"定义目标"，展开组件，此处的目标成本需要根据项目资料进行编制，为施工项目内部成本计划。依次对总成本及各组件、子组件的比率进行输入，如图 5-9 所示，形成快照，输入名称"V2-目标成本"。点击功能区中"从快照中设置目标成本"，选择"V2-目标成本"。

3. 成本浏览

成本浏览的实质是成本控制研究，可以通过设置成本资源管理器视图，根据色块颜色，见图 5-10 所示的变化分析目标成本和估算成本之间的差异，并能创建差异报告，有利于做决策使用。点击视图底部"成本浏览器"右侧图标下拉框，选择"成本与目标"，绿色框选择"V1-估算成本"，绿色圆选择"V2-目标成本"，目标处默认选项，此时在视图窗口中点击图表后的加号，可以逐层展开分解结构。自动分析成本,结合成本对比范围的颜色变化,及时做出调整,降低风险,去除不合理的地方,更快速和高效。如图 5-11 ~ 5-13 所示。

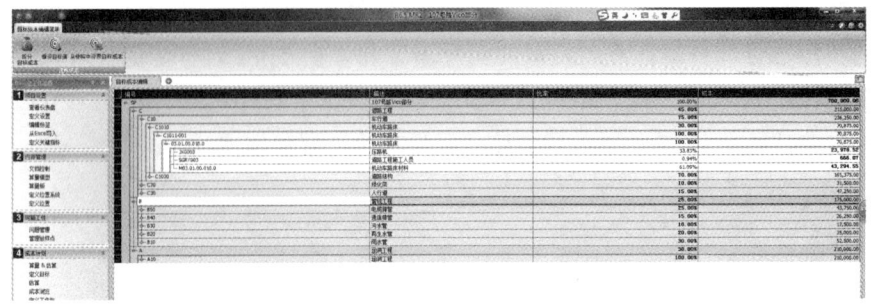

图 5-9　V2-目标成本快照编辑示意图

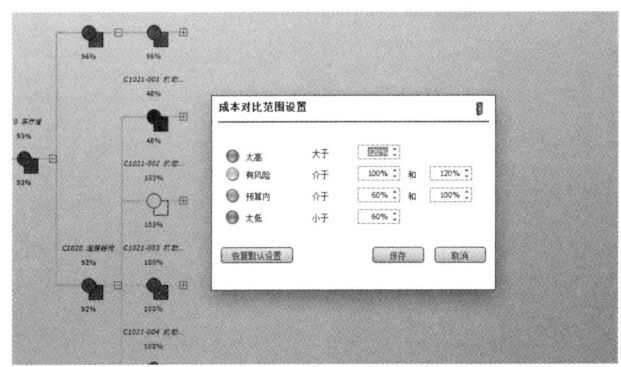

图 5-10　成本对比范围设置示意图

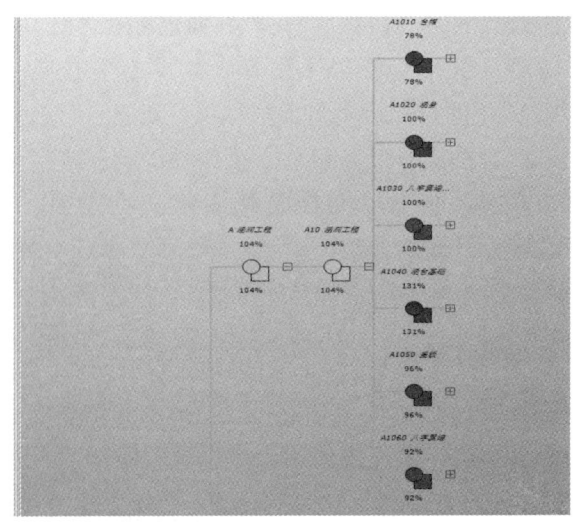

图 5-11　成本浏览示意图(一)

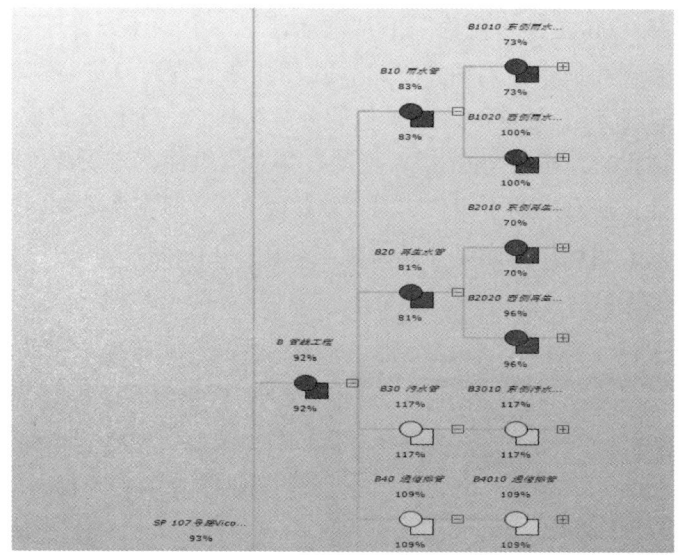

图 5-12 成本浏览示意图（二）

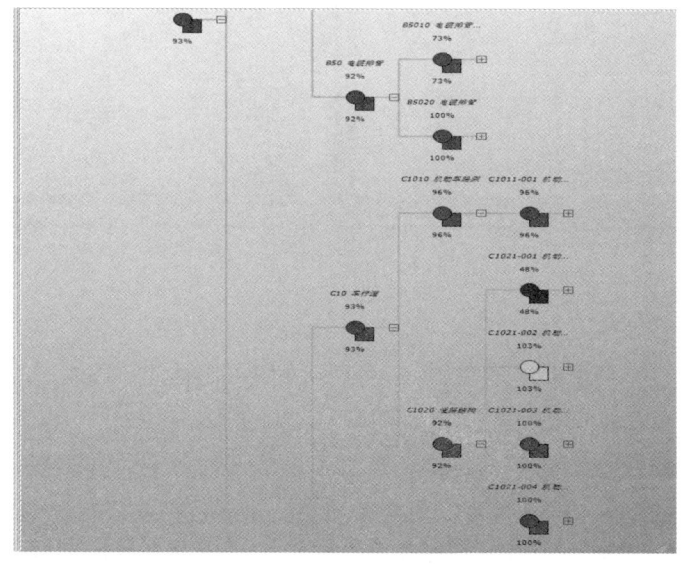

图 5-13 成本浏览示意图（三）

5.2.3 进度计划与进度风险管理

1. 任务管理

实现 BIM 5D 的最后一步，进行设置进度信息，结合 Tilos 的进度计划安

排设置。选择"00-主工作流程"下"进度计划"中"任务管理",此时视图中存在任务管理和成本计划两个窗口,左侧任务管理窗口进行"新建任务"和"新建汇总任务",建立和之前类似的分解结构,一个任务对应一个构件,在建好层级结构后,按住 shift 键,拖动右侧对应组件,出现黄色箭头释放,在任务下便会出现对应的子组件,对"单位|小时",即工作效率,进行输入数据,依次重复上述操作,完成任务管理,如图 5-14 所示。其中需特别注意对工作效率的把控。

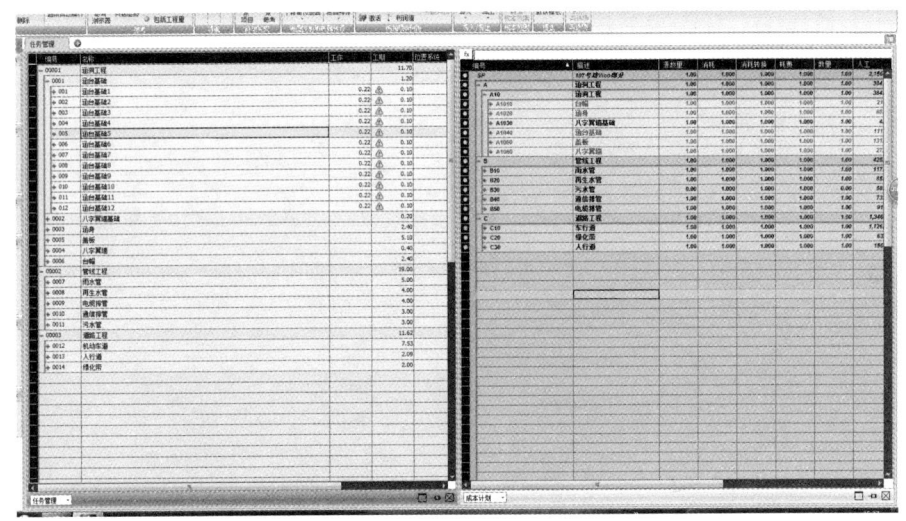

图 5-14 任务管理示意图

2. 进 度

(1)进度是将零散构件集成的一步,我们可以通过进度设置任务之间的逻辑关系,发生的时间先后关系,将任务进行关联。

(2)调整流线图的界面样式,设置工程的开始时间,并编辑适合项目实际情况的日历。

(3)在流线图中双击任务设置任务汇总,特别是施工阶段的设置尤为重要,如图 5-15 所示。

(4)在甘特图中,双击层级结构中最细化的结构,弹出编辑任务窗口,对供应商、负责人、资源成员组成、相关性进行设置,并查看工期和成本是否和之前设置的一致,点击确定几下一个,直至完成所有的任务编辑,如图 5-16 所示。

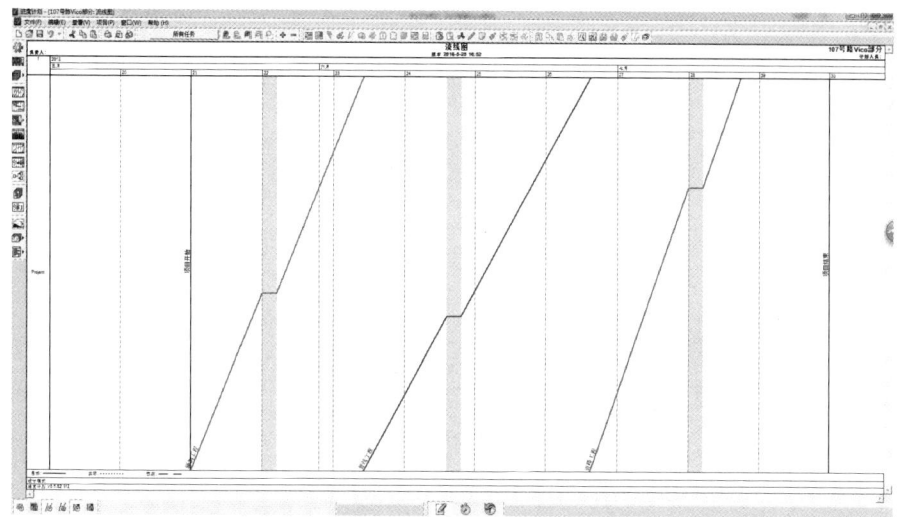

图 5-15 Vico 进度计划流线图示意图

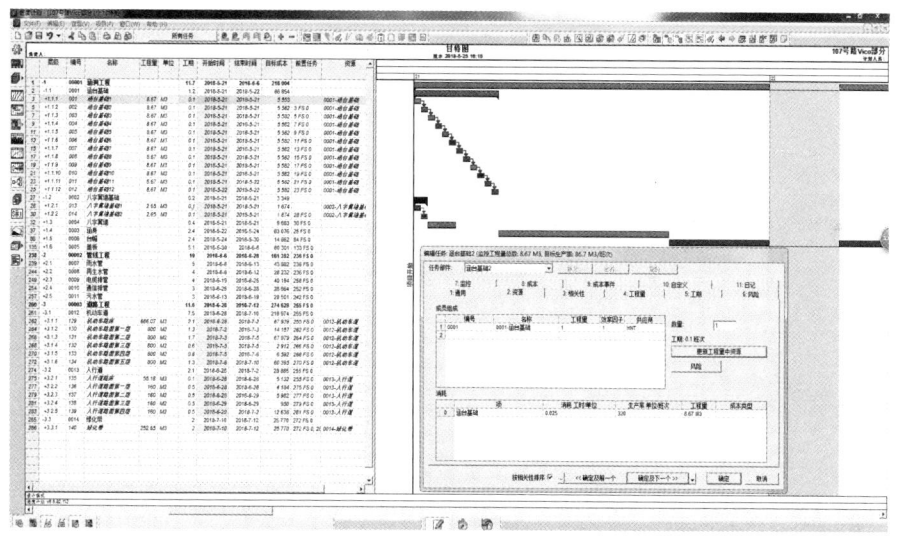

图 5-16 Vico 甘特图编辑示意图

(5) 查看资源图和资源柱状图,并与 TILOS 进行对照分析(见图 5-17、5-18)。

(6) 查看现金流视图和网络视图,在网络视图中查看其任务逻辑关系,右键点击计算所有,网络视图自行排序规划。

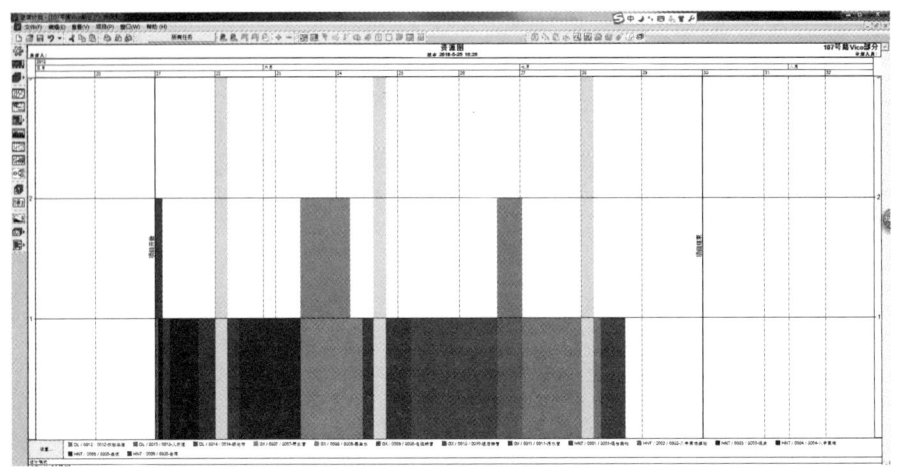

图 5-17 Vico 资源图示意图

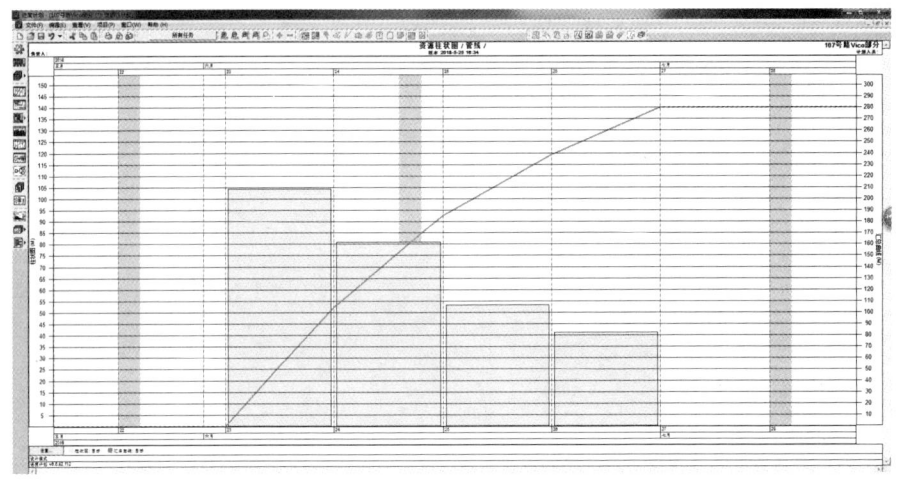

图 5-18 资源柱状图示意图

3. 4D 回放设置

4D 回放设置的实质就是施工动画的演示，根据进度计划中逻辑顺序的编排和工期的设置进行施工动画展示，可以进一步检验进度计划安排的是否正确。在 4D 任务组中按照层级结构新建 4D 组集，将右侧任务管理中的任务分配到 4D 组集中（见图 5-19），可以对其行为、颜色、透明度进行设计。使用 4D 浏览进行动画演示（见图 5-20）。

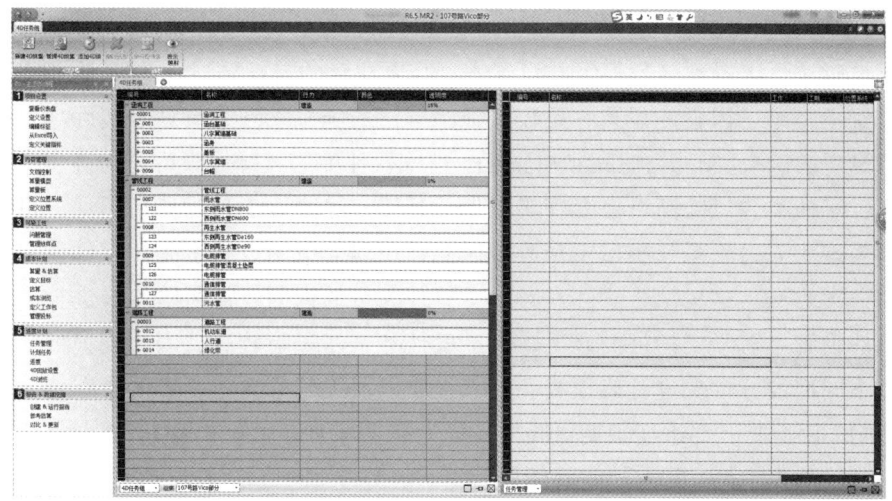

图 5-19　Vico 4D 组集编辑示意图

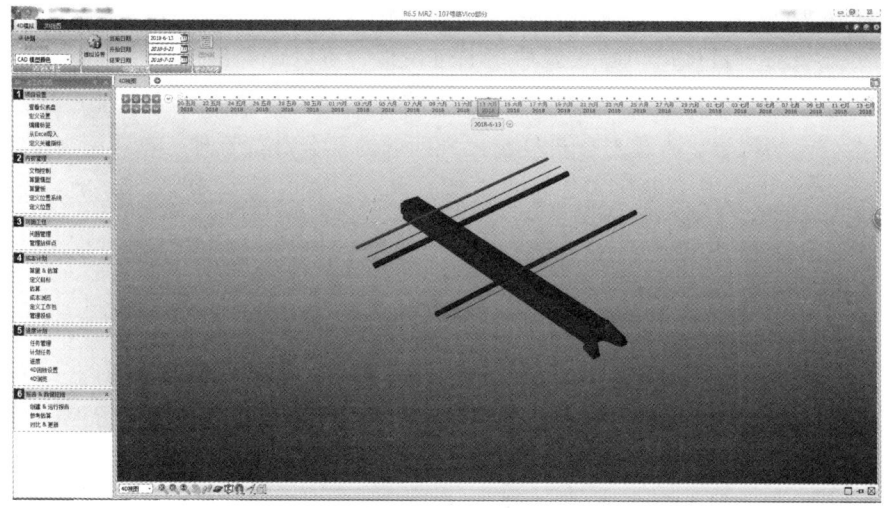

图 5-20　Vico 4D 动画演示示意图

4. 报表导出

导出报表作为成本控制研究的支撑数据，作为后续附件。

5. 风险模拟

在 Schedule Planner Standard 中可以对"开始进度任务风险""进度任务工期风险""开始风险""返空延迟风险""效率因子风险"五种风险的控制，其目的是控制工程项目的进度风险。当对工程项目进度计划设置完成后，要对其风险进行控制，通过 Schedule Planner Standard 进度软件，对相应参数进行设置，可以得到风险等级的设置表。需要注意的是，Vico 软件风险等级的设置不是单一因素的设置，是需要经验丰富的施工管理人员结合实际项目进行设置的。Schedule Planner Standard 进度软件中的风险等级可分为高、中、低、零四类。风险高可以变现为工期的延迟，也可以表现为费用超标，也可以表现为人力不足、机械不足等。因此，风险等级的设置也是该软件使用中的一大难点。这里结合实际和对施工管理人员的询问，对风险等级进行了简单的设置。对于支护桩的施工，其进度任务工期风险较高，因为支护桩要按照不同剖面分批次进行旋挖成孔，其土质以及天气等对施工进度具有较大的影响，因此将其"进度工期风险"设置为高。对于工作面准备 4，其开始任务进度风险为中等，因为其前置任务为 1 2 3 13 剖面的旋挖成孔灌注桩，由于前置任务具有较高风险，因此会影响后置任务的开始施工时间，所以设置其风险等级为中等。

完成对于进度的风险设置后，通过模拟，可以计算出工程项目最早完成时间、最晚完成时间以及能够按时竣工的可能性，同时也可以得到工程项目成本分布情况表，方便对于进度易出现问题的部分进行管理。在"控制模式"下，选择"模拟"，输入需要迭代次数，点击"模拟"，系统将自动进行迭代计算（见图 5-21、5-22）。设置迭代 100 次、1 000 次、10 000 次、1 000 000 次，对比五次迭代数据的差异（见表 5-1）。

通过表 5-1 可以发现，改项目能够在 2019 年 1 月 26 日准时完成的可能性基本稳定在 87%，最早完工时间为 2019 年 1 月 16 日、最晚完工时间为 2019 年 1 月 29 日。这可以帮助施工管理人员提前对工程项目的进度进行控制。

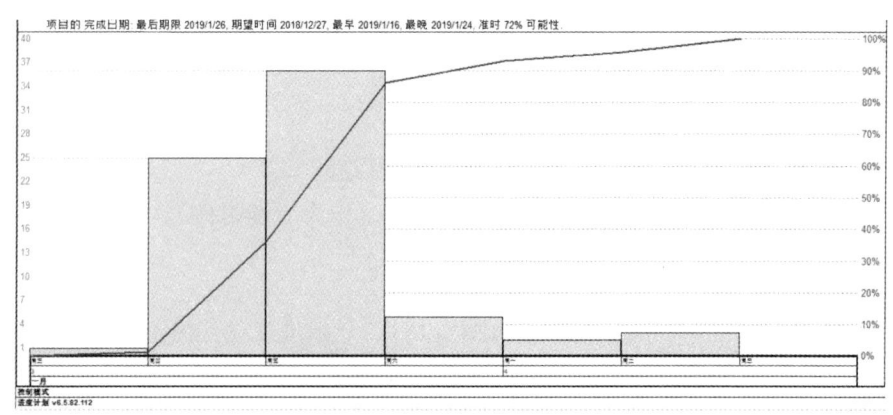

图 5-21　迭代 100 次

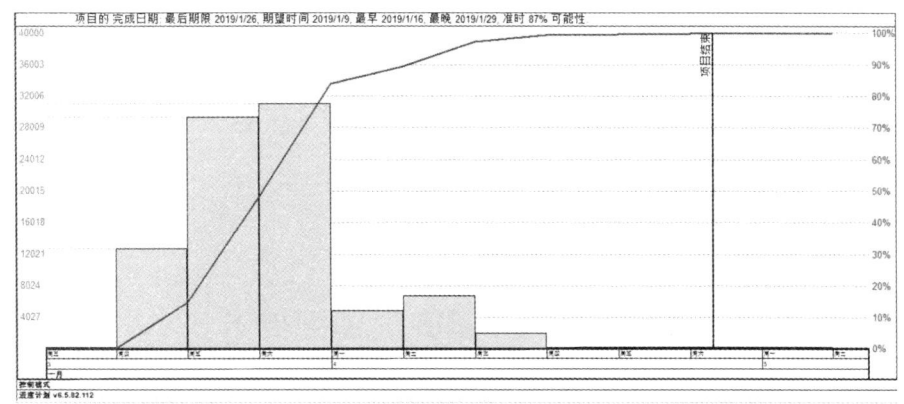

图 5-22 迭代 10 000 次

表 5-1 迭代对比表

时间概率 迭代次数	迭代 100 次	迭代 1 000 次	迭代 10 000 次	迭代 50 000 次	迭代 100 000 次
期望完工时间	2018-12-27	2018-12-28	2019-1-9	2019-1-9	2019-1-9
最早完工时间	2019-1-16	2019-1-16	2019-1-16	2019-1-16	2019-1-16
最晚完工时间	2019-1-24	2019-1-28	2019-1-29	2019-1-29	2019-1-29
准时概率	72%	75%	86%	87%	87%

用同样的方法，软件可以对项目进行成本模拟，得到项目成本模拟分部表。可以通过柱状图看到每一时期的支出以及最大最小值，如图 5-23 所示。例如：项目成本的期望值为 325 567 元，变化量为 4 350.8 元，最小值为 323 439.6 元，最大值为 327 885.5 元。项目的成本分布基本成正态分布，可以看出该项目的成本基本在项目中期支出较多。

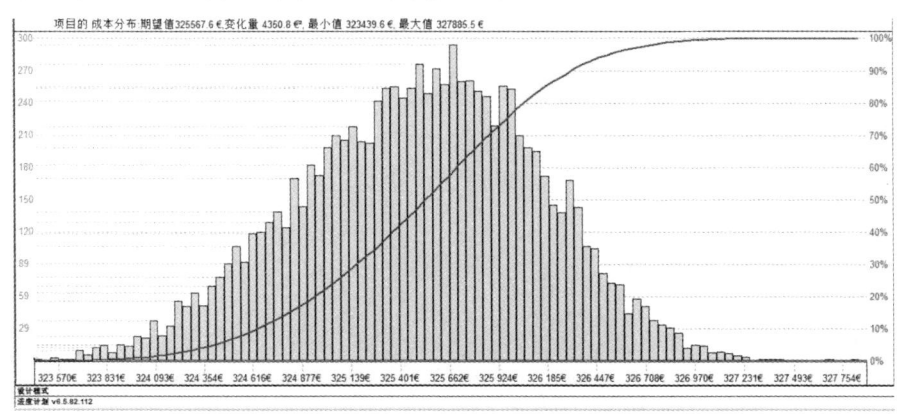

图 5-23 模拟成本分布

第 6 章

实景建模技术在山区高速公路中的应用

6.1 基于 3D 激光扫描的路基变形监测技术

三维激光扫描技术又被称为实景复制技术或者高清晰测量技术，它基于激光测距原理扫描物体表面生成点云数据，最终在专业软件中获得高精度的三维点云数字模型。该技术突破了传统测绘的单点测量方法，具有高效率和高精度的特点，是测绘领域的一次重大技术变革。三维激光扫描技术应用领域广泛，结合专业软件对生产的点云模型进行处理，使得点云数据能够在各领域得到有效应用。目前，在文物数字化保护、测绘工程、结构测量、建筑与古迹测量、娱乐业、采矿业等领域已经得到较为广泛的应用。三维激光扫描系统是三维激光扫描技术的关键，它种类繁多，在不同领域其类型也不尽相同。三维激光扫描系统主要有以下几种分类方式：

（1）按照操作的空间位置的不同可以划分为四类：机载型激光扫描系统、车载型激光扫描系统、地面型激光扫描系统、手持式激光扫描系统。

（2）按照激光光束的成像的方式的不同可以划分为三类：摄像扫描式、全景扫描式、混合型扫描式。

（3）按照扫描仪测距原理的不同可以划分为三类：基于激光脉冲测距原理、基于相位测量原理、基于光学的三角测量原理。

（4）按照生产厂家不同可以划分为：Z+F（德国）、Surphaser（美国）、I-site（澳大利亚 maptek）、Riegl（奥地利）、徕卡（瑞士）、天宝（美国）、Optech（加拿大）、拓普康（日本）、Faro（德国）等。

6.1.1 三维激光扫描系统的工作原理

地面三维激光扫描仪主要包括扫描系统、控制系统、电源系统三个部分。其中：扫描系统主要包括激光测距系统、测角系统和仪器控制矫正系统等；控制系统主要包括计算机和控制扫描仪工作的软件，通过计算机控制扫描仪工作，包括控制数据采集的过程以及扫描参数的设置；电源系统主要是为扫描仪和电脑提供电力保障。

地面三维激光扫描仪发射一束足够强度的激光束至被测物体上，经被测物体反射后再被地面三维激光扫描仪接收，通过测量激光信号从发出到返回的时间差（或相位差）计算地面三维激光扫描仪仪器中心至被扫描目标的距离 S，同时扫描仪器会自动记录由角度编码器获取的被测目标的水平角度 α 和垂直角度 θ。地面三维激光扫描仪通过仪器内部伺服马达精确控制反射棱镜的快速转动，实现对被测目标不同位置的扫描目的。地面三维激光扫描系统以仪器自身的坐标系为基准，以激光束发射处为坐标原点，z 轴指向天顶，y 轴沿水平激光束方向，x 轴与两轴组成右手坐标系，如图 6-1 所示。

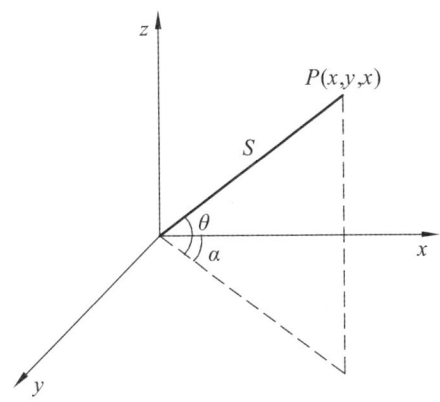

图 6-1 3D 激光扫描工作管理

6.1.2 三维激光扫描系统的数据采集方法

控制网设计是进行三维激光扫描外业数据采集的前提，控制网的作用主要是协同作业、控制误差积累和后期点云拼接。常规三维激光扫描数据采集方法主要有以下几类方法。

1. 基于标靶的外业数据采集

基于标靶的外业数据采集是使用圆形、球形标靶作为反射标靶，利用标靶作为公共点进行后期点云拼接。一般而言，在外业采集开始时，首先勘察地形，在目标物体附近视野较开阔的地方安置反射标靶，以此作为任意测站共同后视点。在任意位置设站并对目标进行扫描时，要求可以同时后视到不少于 4 个的后视标靶，如图 6-2 所示。扫描工作结束之后，对目标周围可以后视到的标靶进行精细扫描，从而获得其准确几何坐标。后期点云数据处理时利用公共点进行拼接。

在这种数据采集模式下，实际上是利用多个标靶作为已知的控制点，能够保证多次扫描的点云统一转换为标靶设置的临时控制坐标系中，该方法适合于雕塑、人体、堆体、独立树等面积较小的目标扫描。

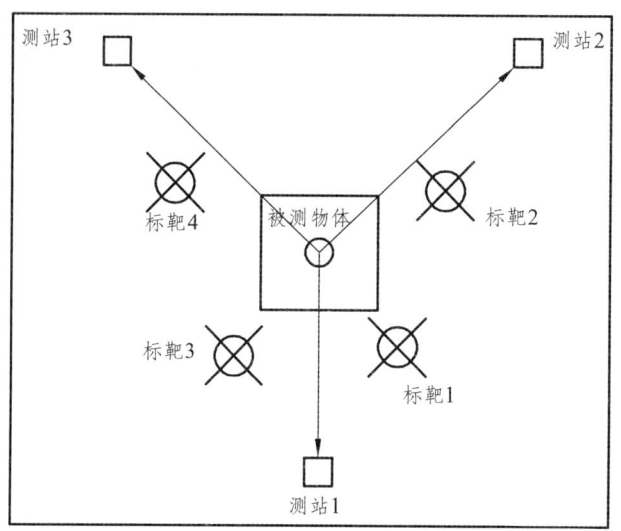

图 6-2 基于标靶拼接的数据采集

2. 基于移动标靶的外业数据采集

当扫描目标面积较大或者长度较长时，一次安置标靶不能实现整个目标的扫描，此时可采用移动标靶作为公共点进行多站拼接，如图 6-3 所示。在进行隧道扫描时，为了扫描整个隧道的断面结构，设置了移动标靶，每次扫描时都能扫描到 4 个标靶，其中两个标靶时公共标靶，数据采集完毕后可通过公共标靶进行点云拼接，形成整个隧道的断面点云。这种数据采集模式中，实际上并没有布置专用的控制网，仅仅利用公共标靶进行配准，随着距离的增加，配准误差显著增加。

3. 基于大地测量控制网的外业数据采集

当扫描目标是一种狭长形目标或通视条件较差时，可考虑布置大地测量控制网进行外业数据采集。在一些大型雕塑、道路、输电线路扫描时，可考虑布置导线控制。在外业数据采集之前，对控制网进行观测，获取各控制点的三维坐标。外业数据采集时，在控制点上架设三维激光扫描仪，利用临近的通视点作为后视定向点，采用极坐标的方法进行外业数据采集，如图 6-4 所示。数据采集完毕后，将所有的点云数据转换为大地测量控制网坐标系统内，实现点云的拼接。

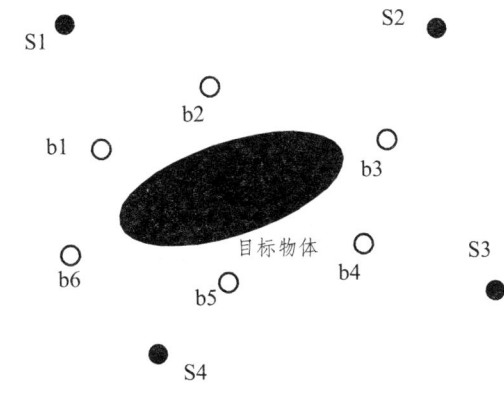

图 6-3　基于移动标靶的数据采集

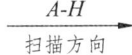

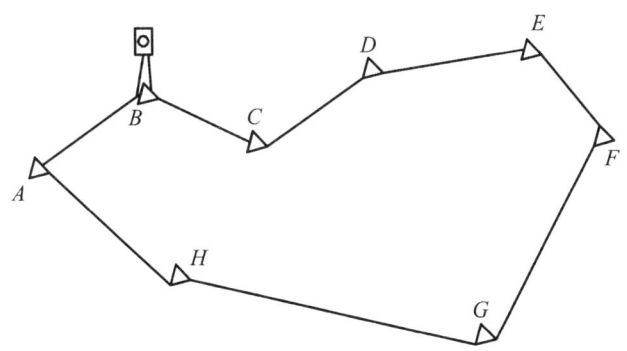

图 6-4　基于大地测量控制网的数据采集

4. 基于特征点匹配的外业数据采集

基于特征点拼接的数据采集方法是利用所获取的点云数据的重叠区域内的地物特征点所具有的特性，进行数据处理。在进行外业数据采集工作时，仪器能安置在任意的位置扫描，而且不要求后视标靶，在此过程中，仅需要确保相邻的两测站的扫描数据存在 30%左右的重叠部分。拼接时，一般是通过选取各个测站的重叠区域内共有特征点，利用软件能够计算出需要拼接的点云相对基础点云的旋转矩阵，然后把两测站的数据拼接在一起。将得到的结果再与第三站实行拼接，如此重复下去，将其与所有测站点的数据进行拼接得到一个整体。

这种数据采集方法能够在任意可以架设扫描仪的位置安置扫描仪，不要求架设公共标靶或后视标靶，但需要确保相邻扫描测站之间拥有不低于 30%的重叠区域。此法布设方式比较灵活，外业的测量工作较简单，但进行内业工作时，即拼接时必须人工地选取公共特征点点云进行拼接，过程比较复杂，精度较低，适合用于特征比较明显目标扫描。

5. 基于 RTK 控制的外业数据采集

在测区架设 RTK 基站或利用测区已有的连续运行卫星参考站提供三维激光扫描测站点和后视点的坐标，将扫描的点云数据统一转换为 RTK 系统的 WGS84 坐标系中，实现点云的拼接。由于 RTK 精度限制，这种方法较适合地形三维激光扫描建模。

6.1.3 基于 3D 激光扫描的路基变形监测

1. 数据采集

控制测量分为平面控制测量和高程控制测量。平面控制测量采用 GPS 网 D 级标准，成果输出使用西安 80 坐标系。高程控制测量采用国家二等水准测量标准，成果输出使用 1985 国家高程基准。控制点埋设于道路两侧，间隔 125 m 一个，相邻点路左路右错开，共计埋设并测量 210 个控制点。其中控制线路主要位置（首尾及里程桩处）为预制混凝土桩，埋设深度 60 cm，桩横断面尺寸 12 cm×12 cm。其他位置为 30 cm 长钢钉埋设。GPS 具有精度高，观测时间段，全天候作业等优点。本次平面控制测量采用 GPS 网 D 级联测标准，点位中误差小于 5 mm。观测采用 5 台接收机同步观测 2 小时，观测完成后再迁移至其他测站上循环进行，同步观测图形之间有 2 到 3 个共享点。高程控制测量使用二等水准标准，每公里往返测量中误差小于 1 mm。每条路段及路段之间布设连续闭合水准线路，和 GPS 网公用控制点，每条水准线路往返通过这 210 个控制点。通过对每个控制点的平差计算，得到控制点的精确高程值。

在点云拼接时是用球形标靶进行拼接，因此在外业扫描时使用的是标靶作为扫描数据拼接标准点。为了将控制点绝对坐标引入，作业过程中采用了定位球棱镜，其在设计上是将球体的百分之三十用棱镜代替。实际作业时在道路两侧分别放置两个球形标靶，沿道路方向每站前后各放置一对标靶，如此依次向前传递进行，如图 6-5 所示。

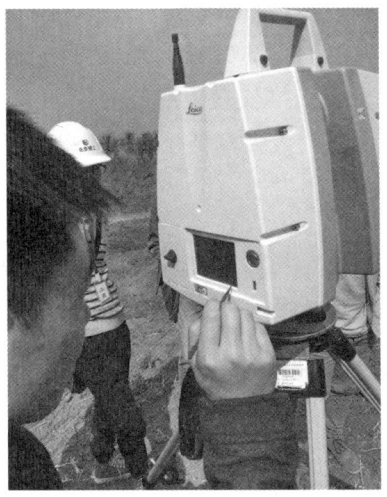

图 6-5　激光扫描数据采集

2. 点云数据预处理

由于受测量环境、待测区域的面积、表面粗糙度和自身测量系统的影响，往往采集到的数据并不能直接拿来用，需要对云进行预处理。点云数据的处理步骤主要包括点云的数据拼接、点云数据滤波、点云数据抽稀和点云数据分割等。

1) 点云数据拼接

本次扫描采用的是全站式扫描法，每一站都有一个坐标已知的控制点作为后视点。因此，在进行点云数据拼接的时候，只需对每一站数据进行后视定向处理即可将所有站点扫描数据转换到统一坐标系下。数据处理采用软件进行后视定向，定向需要输入的数据包括扫描仪仪器高、测站点和反射标靶的平面位置及高程。

2) 点云滤波

点云滤波主要包括植被滤除和去除随机噪声两部分，滤波的方法主要有人机交互法和通过滤波算法进行滤波。首先，对点云数据中的一些明显的异常点和孤立点，可以通过手动的方式进行删除。对于剩下的点云数据，由于比较难区分是不是噪声点，况且点云数据量比较大，用人工剔除冗余数据效率非常的低，甚至有时会将有用的点云数据除掉，这样将对表面模型的构建产生负面的影响。因此，需要更为有效的滤波方法进行数据去噪。

3）点云抽稀

针对不同的研究对象，需要的点云密度不同。如要提取边坡变形点信息，通常需要比较高的点云密度；而研究坡面整体沉陷变形信息，采用较低的点云密度即可满足需求，而且扫描仪获得的是海量的点云数据，海量数据的处理和计算将占用大量的内存，大大降低了数据处理的效率。

3. 路基变形分析

经过点云数据预处理后，所有站点的扫描数据合并到一起，但扫描数据中包含路基点云数据和非路基点云数据（主要有树木、房屋、农田等），因此需要将路基数据和非路基数据进行分割，本文选择手动进行分割，即使用数据处理软件中的选择工具，将路面点云数据用多边形框起来，然后创建新的点云数据，提取后的路面点云如图 6-6 所示。点云分割完成后，可以将路面点云数据导出，可以选择多种文件格式，一般导出格式为文本格式或.dxf 格式，文本中包含各个点的平面坐标和高程信息。

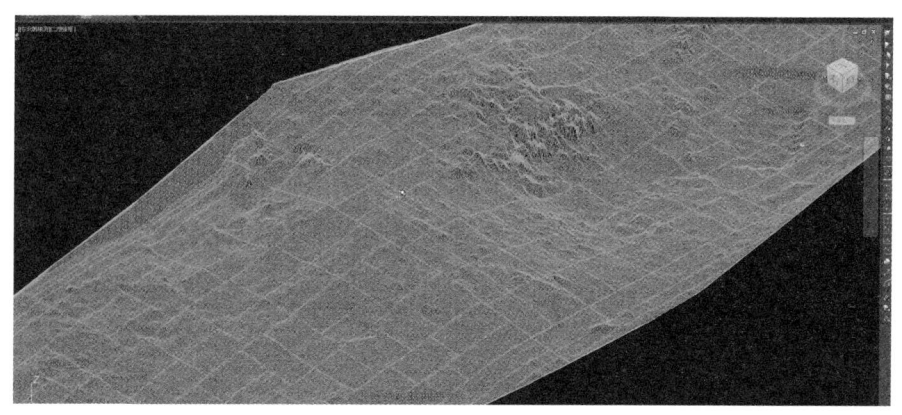

图 6-6　路基点云数据

论文首先利用路面点云数据构建 DEM，然后将两期 DEM 作差获取路面下沉。地形表面建模主要有基于点的建模方法、基于三角形的建模方法、基于格网的建模方法和混合建模方法。基于三角形的建模方法能够保持原始数据的精度，有利于提高开采沉陷监测精度，本文选用此方法构建 DEM。经过点云数据处理后，通过数据处理软件点云数据导出为文本格式，文本包含路面点云的坐标及高程信息，采用自主编制的软件生成 DEM。将后期采集的 DEM 与第一期求差，获取不同时刻的路面整体变形情况。进一步处理可获得不同里程断面的路基变形特征。

6.2 倾斜摄影技术在山区高速公路建设管理中的应用

6.2.1 倾斜摄影技术的工作原理

新型倾斜摄影技术可以通过大范围、高效率、高精度的方式最大程度地还原复杂场景。通过高效的数据采集设备以及协同并行的处理流程生产能够真实直观反映地物实际外观、精准位置的实景三维模型,从而提供精确的地理坐标、几何结构等信息。倾斜摄影技术突破了只从垂直角度拍摄的局限性,在同一飞行平台上,搭载不同角度的相机,在曝光瞬间可以获得垂直及倾斜等各个视角的影像,能够比较完整的获取地面物体的侧面纹理信息。通过这一技术得到的多视影像并结合市面上推广的三维模型生产软件,便可以高效率构建大范围的实景三维模型,这很大程度上提高了实景三维模型的生产效率。此外,通过集成的 POS 系统能够应用高新的定位技术为其赋予精度较高的地理信息。倾斜摄影建模技术是基于摄影测量学中前方交会的思想,利用共线方程通过前方交会确定影像和地物点之间的几何关系,如图 6-7 所示空中三角测量几何关系示意图,以获取被摄物体的大小、形状、位置、性质和相互关系。经过多视影像密集匹配提取稠密点云数据,将点云数据抽稀后连

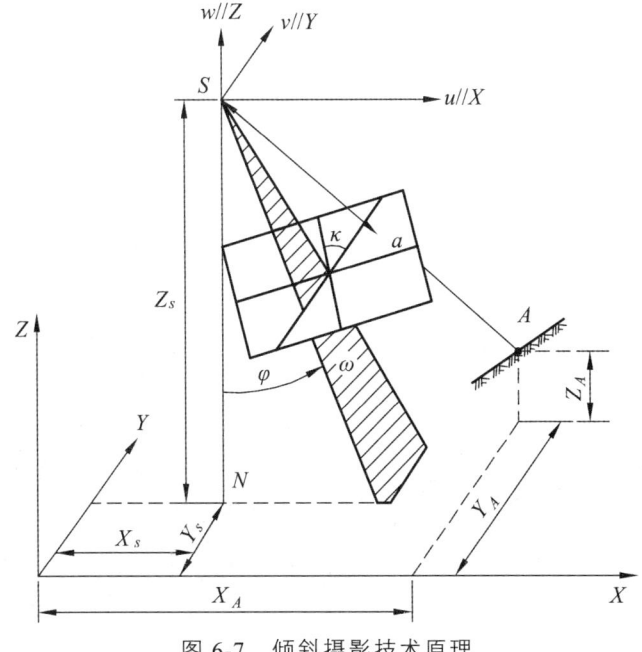

图 6-7 倾斜摄影技术原理

接构建不规则三角网,生成多级分辨率的数字表面模型,最后从影像中提取最佳的纹理信息映射到模型。

图中,X_S,Y_S,Z_S 为摄影相机在物空间坐标系的空间三维坐标,X_A,Y_A,Z_A 为同坐标系中地面地物的空间坐标,φ,ω,κ 分别为绕轴旋转的偏角。空间点 $A(X_A,Y_A,Z_A)$ 和相对应的像点 $a(x,y)$ 与相机中心 $S(X_S,Y_S,Z_S)$ 在一条直线上。此时,中心投影共线方程式为:

$$x = -f \frac{a_1(X-X_s)+b_1(Y-Y_s)+c_1(Z-Z_s)}{a_3(X-X_s)+b_3(Y-Y_s)+c_3(Z-Z_s)}$$

$$y = -f \frac{a_2(X-X_s)+b_2(Y-Y_s)+c_2(Z-Z_s)}{a_3(X-X_s)+b_3(Y-Y_s)+c_3(Z-Z_s)}$$

式中 x,y ——影像量测像点平面坐标;

f——像片主距,可以通过摄影相机的检定求出;

a_i,b_i,c_i(i=1,2,3)——6个外方位元素组成的方向余弦。

6.2.2 基于倾斜摄影技术的实景建模

1. 无人机倾斜影像数据获取

本次试验采用垂直起降四旋翼大疆无人机搭载 3 镜头多视角航空相机组成的飞行平台获取无人机倾斜影像数据,包括垂直和前后左右视角的倾斜影像。如图 6-8 所示为此次试验航空倾斜影像采集的无人机设备。

图 6-8 无人机数据采集系统

无人机倾斜摄影数据采集流程见图 6-9 所示，具体内容包括：

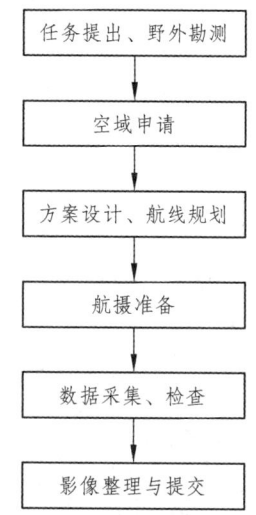

图 6-9　无人机数据采集工作流程

1）任务提出、实地调查、野外勘测

在无人机采集航空影像之前，需要全面收集当地的交通、地质、水文、天气等相关资料，根据收集的资料信息以及航测范围初步确立航摄仪器选择、无人机型号、拍摄时间等航测计划。在航飞之前，若测区涉密涉，需向有关管理部门申请航飞空域，获批准后，做好飞行准备。

2）航飞规划设计

航飞规划设计依据航空摄影规范以及无人机飞行计划相关规定，根据航摄测区地形进行航线、航高的规划设计。

3）飞行作业

航线航高等参数规划好后，选择晴朗无风天气携带设备到达测区进行航飞准备，无人机空中影像采集过程主要包括：在航飞前到达指定起飞地点，检查仪器设备，进行无人机、航摄仪、桨页等组装；将地面站参数设置导入飞控系统中；航摄过程中，地面监控系统实时监视无人航摄进程，同时航摄仪根据预设曝光时间进行影像采集并实时保存在航摄仪存储设备中，并同步通过无线电信号传送给地面站；接收天线和遥控设备如图 6-10 所示。

4）数据检查

飞行作业完成以后，地面作业人员获取数据后需要对 POS 系统数据提供的姿态参数、航飞影像质量进行检查，分析其是否能够满足测绘级精度。因为无人机在飞行作业过程中受天气、地形等要素影像，影像质量会发生变化，对影像进行检查时重点检查影像的重叠度、清晰度、色调等，如果存在影像质量问题，需要及时补拍，替补问题影像。如果存在黑暗、曝光过度、模糊等质量问题，需要对原始影像进行预处理，影像预处理主要包括畸变矫正、匀光匀色处理等，其中：畸变矫正的主要工作是在航飞前用特定的矫正场对相机进行检校，解算出相机的内方位元素与畸变参数，辅助后期的数据处理；匀光匀色的主要工作是对前期受光照条件、CCD、透镜成像不均匀等影响造成颜色、亮度、饱和度存在差异的影像进行校正，以便于更好地匹配出大量特征点，为后续数据处理提供精度保证。

图 6-10　无人机遥控设备

2. 地面近景影像数据获取

无人机在航摄时由于近地面地物的遮盖等会直接造成实景模型局部近地面区域模型拉花、破洞等严重问题，因此采用地面近距离拍摄方法来弥补无人机航摄出现的问题尤为重要，该方法增加了影像数据源，保证影像的完整性，提高多数据来源融合的可能性，完善空三精度，提升模型精度，为数字测图应用提供更可靠的数据源。

地面近距离影像采集设备可通过街景车、手持云台、智能手机、单反相机等各种设备进行获取，在近景影像获取的过程中，应当避免使用闪光灯、数码变焦、防抖动等功能，最好选择定焦镜头进行近距离影像拍摄。近景影像拍摄方法主要有正直摄影和交向摄影两种方式，它们的基本原理如下：① 正直摄影：两相机的主光轴拍摄过程中相互平行，并且垂直于摄影基线的一种摄影方式。②交向摄影：两相机的主光轴拍摄过程中相互不平行，并且相机的主光轴在物方空间相交成某一角度的一种摄影方式。

近景摄影过程中，根据目标物体不同特征，选用不同的近景拍摄方式：对于体积大、表面光滑的目标物，采用正直摄影的方式；对于体积小、表面复杂的目标物，采用交向摄影的方式进行影像的采集。通常地面物体较大，结构较多，不固定，因此在影像采集的过程中常常采用正直摄影与交向摄影相结合的方式进行摄影。

3. 融合技术

"空"指的是航空影像，"地"指的是地面采集影像；"空地融合"是指对同一测区或者同一目标物采用无人机航空摄影与近地面街景采集两种方式获取的影像，按照特定的算法规则进行融合处理，它是多源数据融合技术的一种，通过空地融合技术得到完整大场景模型的同时还能得到更加精细化的局部特征模型，使得模型更加完整、模型精度更加精确、模型信息更加丰富，同时，空地融合技术集成了多源数据的完整性与复杂性。

空中、地面影像数据采集过程中必须保证衔接式的重叠设计，在后期影像数据处理过程中，融合重叠区域的 GCP 信息、POS 系统提供的姿态信息进行空三计算，从而进行平差迭代，再经过重复联合解算，最终获取符合精度要求的加密成果，或者直接根据重叠区域的特征一致性进行影像密集匹配，空三加密后实际是多源影像数据进行了空间坐标的统一，得到了大量的密集匹配点云，进一步完成 TIN 网重建，纹理贴图，最终得到一体化融合后的实景模型。

4. 摄影后处理系统

采用 Bentley 公司推出的 Context Capture 进行数据后处理。该软件综合运用摄影测量学、图形运算单元 GPU，具备运算生成基于真实影像的超高密度点云的提取算法，中间不需要任何人工干预就可以通过连续倾斜影像生成大范围城市三维实景。并且其数据成果拥有广泛的数据兼容性，可方便在 Skyline、Super Map 等主流优秀三维地理信息平台中加载，便于对模型的编辑和三维分析。软件界面简洁，操作简单，不需要耗费大量的成本培训专业技术人员，在一定程度上可降低建模成本。

6.2.3 基于实景建模的公路建设管理

路桥工程的施工管理工作中，项目管理人员依靠二维图纸结合现场踏勘的方法制定施工组织设计和专项施工方案，完成项目管理决策工作。传统的 3D 模型分为以下两种：以 3Dmax 为代表的软件建立 3D 模型，只能反应物体在三维平面内的位置关系，不能进行准确的几何度量。以 Revit 为代表的软件建立的 3D 模型，可以进行准确的高程、几何尺寸计算，不能客观、真实地反映地貌地形特征，如上述两种 3D 模型在路桥项目管理过程中的应用会造成大量的多余工作产生，基于 BIM 技术构建的 3D 实景模型不仅具备准确的高程、几何尺寸度量功能，还能兼备对路桥工程施工现场地形地貌特征的实景呈现，将 3D 实景模型应用到路桥工程项目管理工作中，可以为项目管理人员提供高仿真、高精度的数据模型，减少多余工作的产生，提高项目管理人员的工作效率。

1. 三维实景模型在滑坡勘察与土石方计量中的应用

K33+240 ~ K33+447.6 出现边坡失稳现象，段内下伏基岩以志留系（S_{1r}）紫褐、白色页岩夹粉砂岩，岩体破碎，具有软化性，段内深挖段落左侧边坡为顺层坡，现有二级路旁无支护的低矮边坡已多见浅层溜滑，对路基和边坡稳定性不利，建议清除坍方，施做抗滑桩。

滑坡区域 3D 实景模型的建立，选取大疆精灵 4A 航飞无人机进行航拍，基于大疆精灵 4A 无人机航飞时选用的相机参数、3D 实景模型精度误差的计算分析，结合现场的无人机航拍的滑坡工程现场图像数据，利用 BIM 平台 Context Capturex 系列软件构建的滑坡工程现场 3D 实景模型如图 6-11、6-12 所示。

图 6-11　滑坡实景模型侧视图

图 6-12 滑坡实景模型俯视图

根据航飞采集的相片数据构建的 3D 实景模型导入 Acute3D Viewer 进行土石方挖方量计算时采用的算法是均值平面法，其土方算法原理与 DTM（Digital Terrain Model）测算土石方算法的计算原理相似，由无人机采集的图像数据计算出待测地面的点云数据坐标（X，Y，Z），根据航飞图像数据的分布，将待测区域分为若干个均等的四边形网格，采用均值平面法计算土方工程挖、填方量，如图 6-13 所示。均值平面法和 DTM 法测算土石方优点相似，在外业测量数据质量保证的情况下，测算土石方有很高的精度，适用于各种地形的土方量计算。

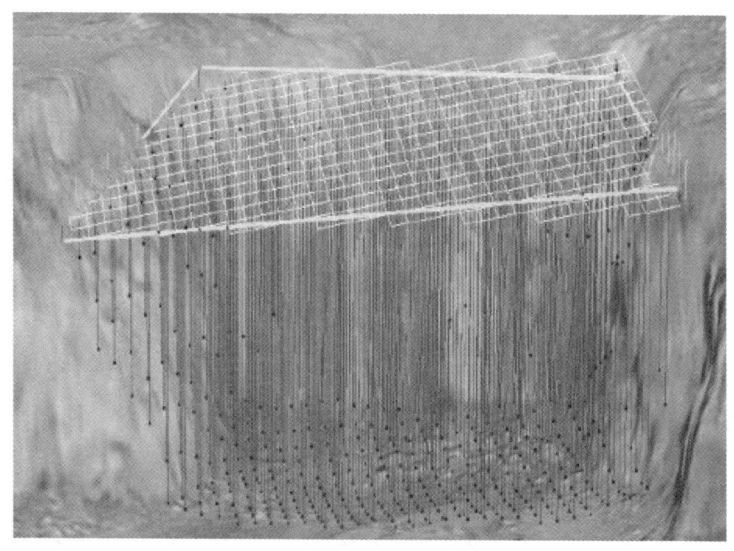

图 6-13 滑坡土方计算

2. 三维实景模型在工程进度管理中的应用

基于 BIM 技术构建的 3D 实景模型不仅具备准确的高程、几何尺寸度量功能,还能兼备对路桥工程施工现场地形地貌特征的实景呈现,将 3D 实景模型应用到路桥工程项目进度管理中,可以为项目管理人员提供高仿真、高精度的数据模型,减少项目踏勘产生的多余工作,提高项目管理人员的工作效率。三维实景模型在路桥工程项目进度管理中的应用优势主要表现在以下几个方面:具备施工现场的实景呈现功能,能够根据项目施工进度实现模型的实时更新,便于管理人员及时、准确地掌握项目进度情况。3D 实景模型具备强大的高程、几何尺寸度量功能,可以实现对已完成工程量的几何计量,如挖填方量计量、完工道路里程计量等。建模速度快、模型精度高,能够根据无人机采集的图像数据实现项目施工进度的远程监控。

3. 三维实景模型在外观质量检验中的应用

基于 BIM 的 3D 实景模型具备准确的高程、几何尺寸度量功能、模型实时更新功能和施工现场地形地貌实景呈现的功能,可以将 3D 实景模型应用到路桥工程道路坡度检查和边坡坡度检查中,提高项目管理人员在工程质量管理中的工作效率。

选取保施高速公路项目保场大桥及桥头边坡为研究对象,在 3D 实景模型中进行桥梁表面质量与边坡坡度检查如图 6-14、6-15、6-16 所示。

图 6-14　保场大桥实景模型

图 6-15　保场大桥及桥头边坡实景模型

图 6-16　保场大桥侧视图

由图 6-15，采用 Acute3D Viewer 对边坡的高度和长度进行测量可得，边坡的横向长度 L=24.8 m，高差 H=19.8 m，边坡的坡度为 1∶1.26，坡度稍小于设计坡度 1∶1.25，符合质量检验的要求。

同样可以基于实景模型对保场大桥的外观进行质量检验，检验方法简便，检验结果客观，与传统外观质量检验手段相比具有突出的优势。

第 7 章
基于点云数据的山区高速工程全区域表面质量评价

7.1 相关概念界定

7.1.1 点云数据

1. 点云数据的概念

点云数据也称为无组织的数据集,是地理学研究中对目标对象、现象进行表达、描述和建模的重要手段,是空间三维坐标点的集合,如图 7-1 所示。点云数据以三维坐标点的形式记录扫描物体的信息,每个点都包括三维坐标信息、颜色信息、强度信息、扫面圈数等信息。点云数据可以用大地坐标(经度、维度、高程)、极坐标、直角三维坐标等形式表示。

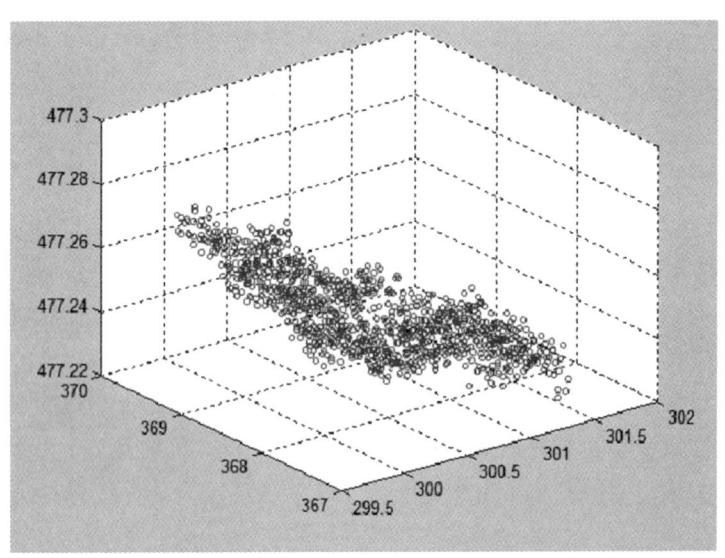

图 7-1 点云数据三维空间示意图

不同测量仪器采集点云数据的方式不同,其坐标转换和表示方式也不同。地面三维激光扫描仪获取点云数据是通过扫描系统对被测量物发出激光,根据反射和折射回来的时间差，计算出站点和被测量物体之间的距离，然后根据水平方向的夹角 β 和垂直水平方向的夹角 α 计算出被测量点的三维坐标，具体原理如图 7-2 所示。

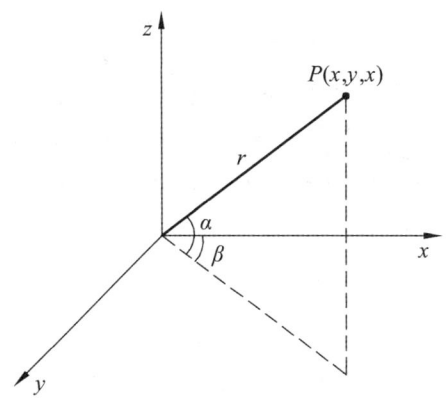

图 7-2　点云三维直角坐标表示示意图

其获取的点云数据坐标公式为：

$$\begin{cases} x = r\cos\alpha\cos\beta \\ y = r\cos\alpha\sin\beta \\ z = r\sin\alpha \end{cases} \quad (7.1)$$

式中：r 为三维激光扫描仪激光中心点到靶点的斜距；α 为竖直角；β 为水平角。

2. 点云数据的特征

点云数据是使用各种精度、扫描距离不同的三维测量仪器获取物体的空间三维坐标点的集合，它记录了物体表面坐标、大小、纹理、颜色等参量。不同的坐标测量仪器采集的点云数据的数量、距离和精度不同。

随着激光技术和三维测量技术的发展，测量仪器可以采集得到数量庞大的点云数据，数量甚至可以达到数亿级。一般情况下，人们根据点云数据中各点之间的距离将点云分为密集点云和疏松点云。疏松点云中点云之间的间距较大，可以用三维坐标测量仪获取，密集点云中点云之间的间距较小，采用三维激光扫描仪或其他高精度扫描仪器获得。通常，人们为了提高处理和保存不同形式的点云数据的效率，将点云数据分为扫描线式分布点云、散乱式分布点云、多边形分布点云、网格式分布点云四大类，如图 7-3 所示。

1）扫描线式分布点云

扫描线式分布点云属于部分有序点云，主要由许多扫描线点云构成，点云沿着扫描线距离不等地排列，但是扫描线上所有的点云数据都在扫描区域内，如图 7-3（a）所示。坐标测量机直线扫描线仪、结构光扫描系统和激光测量系统构成的扫描仪获取的点云数据就属于扫描线式分布点云类。

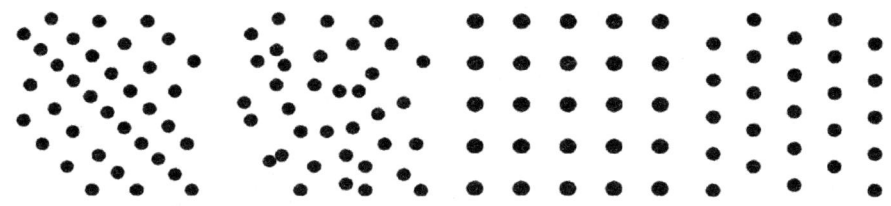

（a）扫描线点云　　（b）散乱点云　　（c）网格化点云　　（d）多边形点云

图 7-3　点云数据类型图

2）散乱式分布点云

散乱式分布点云也称无序式分布点云，其中的点分布没有明显的排列规则，通常表现出杂乱无序的状态，如图 7-3（b）所示。激光测量机经过多次测量和坐标测量机随机扫描获得的点云数据就属于散乱式分布点云类，这种是最常见的点云数据类型。

3）网格式分布点云

网格式分布点云是指点云数据内的点云按照一定的顺序排列，所有点云都能与对应的构造的参数网格顶点对应，按照明显的行或者列均匀排列，如图 7-3（c）所示。通常情况下，三维激光扫描系统和投影光栅栏扫描系统获得的点云数据，经过处理网格化后所得到的点云数据就属于网格式分布点云。

4）多边形分布点云

多边形分布点云是指点云数据集中分布在相互平行的平面内，通过线段可以把同一个平面内的间距最小的点云按照特定的顺序连接成多边形状态，如图 7-3（d）所示。核磁共振成像和层去法等测量系统获取的点云就属于多边形分布点云类。

为了提高高速公路表面质量评价技术的适用性，本书将以获取的高速公路表面特征散乱式分布点云数据为研究基础对点云数据进行相关的研究。

3. 点云数据的获取

近几年，随着激光测量技术的高速发展，点云数据采集的方法也越来越多。目前常见的物体三维点云数据获取方法主要分无损测量和破坏性测量两大类，其中无损测量根据测量时测头是否与被测量物接触，通常又可以分为接触式测量与非接触式测量两种类型。点云数据采集的方法详细分类如图 7-4 所示。

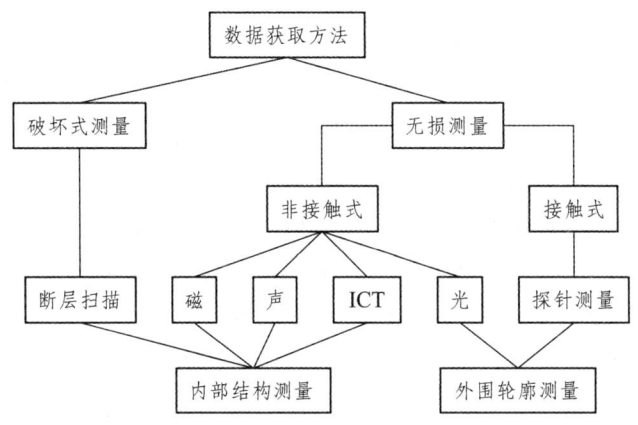

图 7-4 点云数据采集方式分类图

1）接触式获取点云数据方法

接触式获取点云数据方法的基本原理是通过采用测量设备的测量探头直接接触测量物体表面来测量相关数据从而达到获取测量物体表面数据[35]。根据测量设备探头接触方式的不同，接触式获取点云数据方法又可以分为力触发式和连续扫描式两种类型的测量方法。接触式获取点云数据方法的优点是适应性比较强、测量精度较高；缺点是测量成本高、测量速度不快、效率比较低，无法测量软质物体的表面。

2）非接触式获取点云数据方法

非接触式获取点云数据方法的基本原理是利用电磁学、光学、声学的物体性质，通过物理模拟量和合适的算法转化为代表物体表面特征的坐标。该测量方法的优点是效率比较高，测量速度快；缺点是测量精度不高，但近年来随着科学技术的发展，这一缺点得到了改善。其中基于光学的点云数据获取方式又分为主动式和被动式两种类型。非接触式光学被动式获取点云数据的方法通常情况下在自然光照射下对被测量物的表面信息进行数据采集，不需要额外的光照进行辅助；非接触式光学主动式获取点云数据的方法是通过发射器向被测量物体表面投射光束，目标物经被测量物体表面反射，然后被传感器接受，最终获取被测量物表面的信息。

选择不同的测量设备和测量方法获取的点云数据的精度、速度和适用范围等方面都不尽相同，但高效、快速、准确地获取目标物表面特征点云数据是开展表面质量评价的基础，也是利用点云数据进行高速公路表面质量评价的重点。

7.1.2 表面质量

1. 表面质量

早在古代，人类就能利用视觉、触觉或简陋的测量工具对物体表面凹凸状况进行简单评价，如根据光沿直线传播的原理，利用视觉评价刨光物体表面的粗糙程度，从而采取修整措施。随着人类的发展，科学技术水平不断提高，评价物体表面质量的技术手段也越来越先进，尤其是工业革命以来，机械加工制造业迅速发展，其对构件表面的凹凸状况要求越来越高，许多学者对构件表面质量进行深入研究。机械加工制造业中构件的加工表面质量从表面几何特征和表面物理力学性能的变化两个方面进行评价，主要是指构件在机械加工后被加工面的微观不平度，也叫粗糙度。人们经常提及的物体表面质量主要是从物体表面的几何尺寸偏差量来衡量，即物体表面的粗糙程度或平整度，用物体表面的凹凸值的偏差值表示，而本研究的表面质量主要是指被评价物体表面的粗糙程度、均值偏移量、坡率偏移量等外观质量偏差程度。

2. 高速公路表面质量

尽管机械加工制造业中经常提及并使用表面质量这个概念，但是我国现行的《公路工程质量检验评定标准》（JTG F80/1—2017）中高速公路工程路基、路面、边坡等质量评定并未直接使用表面质量，而是采用其他分散指标来衡量，但是高速公路的表面质量好坏对于高速公路的整体功能发挥着至关重要的作用。因此，需要根据表面质量的相关内涵和高速公路行车舒适度、耐久性和安全性的要求，结合高速公路外观质量的评价内容以及当前高速公路质量检验和评价的趋势，从物体几何尺寸偏差的角度，阐述高速公路表面质量的内涵。

高速公路工程包括路面工程、路面工程、防护支挡工程、桥梁工程、涵洞工程、隧道工程等，其表面质量不应该仅仅只是路面工程的表面质量，如图 7-5 所示，而应该包括边坡工程、混凝土工程、隧道工程等的表面质量。因此，高速公路表面质量可以理解为高速公路路基表面质量、路面表面质量、边坡表面质量及其他对外观表面有要求的相关工程的表面质量，即高速公路表面实际状况与设计标准的偏差，通常用凹凸量、均值偏移、坡率等评价外观几何尺寸的指标来衡量。

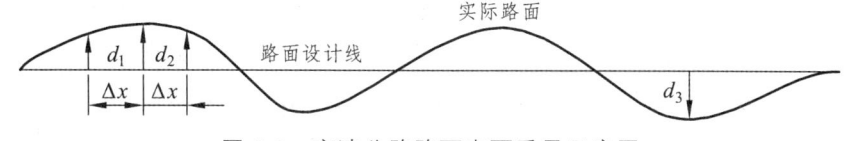

图 7-5 高速公路路面表面质量示意图

3. 高速公路表面质量评价的重要性

长期以来，高速公路的表面质量主要体现为公路路面平整度、坡度、高程等内容，其常与公路质量检验评定其他内容混在一起被提及，并未被单独提出和得到大家的重视。但是高速公路表面质量是高速公路质量控制体系的重要组成部分，表面质量的好坏对于高速公路的整体功能发挥着至关重要的作用，仅路面表面质量涉及的内容在现行的公路质量检验评定标准中就占有重要的比重，其高低严重影响行车安全，直接影响出行时间，影响路面破坏速度，增加车辆磨损与油耗，影响公众行车舒适性要求，即决定了车辆行驶的高效性、安全性、舒适度等。

高速公路表面质量的评价结果不仅能够提供全面准确的公路施工质量信息，为高速公路验收评价提供重要的参考依据，而且能促使决策者做出高质量的决策，提高公路建设效益。因此开展高速公路表面质量评价技术研究显得十分重要。

7.1.3 全区域质量

1. 全区域质量

以前由于受经济发展和科学技术水平的约束，我国公路质量检验评定技术一直不能满足全数质量检验评定的要求，为了适应当时公路质量检验评定发展状况的需求，国家提出以点代线、以线代面的抽样质量检验方法，通过计算检验项目合格率来实现公路质量的评价，这样的公路质量检验评定方法存在主观性强、成本高、效率低、可靠差等缺陷。但是随着科学技术的发展，质量检验硬件设备发展迅速，质量检验评定方法和技术逐渐能够满足全数质量检验的要求，能够实现高效率、低沉本、高可靠性的全数质量评定，因此急需提出新的公路质量检验方法和评价手段，提高公路质量检验评价的效率和可靠性，降低成本。

全区域质量检验评价就能弥补传统质量检验评价存在的缺陷，它是根据公路工程质量特性而提出的与抽样检验质量相对应的概念，其内容与全数检验质量类似。全区域质量主要针对区域质量检验评价而言，通过采用先进的科学技术手段和方法获取目标对象的所有检验项目的质量数据，通过对这些数据分析，从而得出目标对象质量的评价结果，即全区域质量。全区域质量在实现在理论方面和实际操作方面提高了质量检验的效率和可靠性。当然全区域质量检验需要避免或者减少对被检验评价对象的破坏，具有较高的检验效率和较低的检验成本。通常，能够实现全区域质量检验评价的项目主要是指那些可以不被破坏就能达到检验评价的项目，而高速公路表面质量就属于这样的全区域质量检验评价项目。

2. 全区域表面质量

现行的公路质量检验评定标准中涉及高速公路表面质量的项目几乎全部都是采用以点代线、以线代面的抽样检验评定方式来衡量他们的整体质量。该标准中采用抽样检验的方法，利用平整仪测量的标准差、国际平整度指数和 3 米直尺与路面面层的最大间隙对平整度进行检查，通过计算项目合格率来评定检验的质量。然而高速公路工程是一个带形的区域，其表面质量检验和评价也应该针对整个区域进行检验评价，并非完全依靠统计概率来预估高速公路的表面质量。因此，急需根据表面质量的内涵与全区域质量检验评价的要求，结合当前高速公路表面质量检验和评价的趋势，阐述全区域表面质量的内涵，提高高速公路表面质量评价效率和可靠性。

全区域表面质量是针对某个连续区域的表面质量而提出的概念，指被检验评价对象的整体外观表面质量（包括建设过程外观表面质量），通过采用先进的科学技术手段和方法对检验评定对象的表面质量进行全区域质量检验，获取其表面质量全部数据，通过对这些数据分析，从而得出目标对象表面质量的评价结果，即全区域表面质量。

3. 全区域表面质量检验评定的优势

随着科学技术的发展，质量检验评定技术也得到了快速发展，三维激光扫描技术的出现与发展，不仅提高了快速获取目标物表面信息的效率和精度，而且也促进了全区域表面质量检验评价技术的发展，与传统的表面质量检验评价相比，高速公路全区域表面质量检验评价具有以下几个方面的优势：

1）检验评价成本低

近年来，我国三维激光扫描技术和计算机计算能力发展迅速，激光扫描设备层出不穷，不断更新换代，利用激光扫描技术获取的点云数据精度不断提高，激光扫描设备的租售价格也不断降低，这在一定程度上降低了高速公路表面质量数据获取的成本。此外，随着计算机计算能力的提升，各软件公司不断推出新的免费智能计算软件，进一步降低了表面质量检验评价的成本，这为全区域表面质量检验评价技术的发展奠定了经济基础。

2）检验评价效率高

三维激光扫描技术能够快速获取被检查目标物表面的三维点云数据，其点云数据具有数量多、密度大、精度高等特点，能够真实有效地反映目标物表面几何信息，从而提高了高速公路全区域表面质量数据获取效率。而在评价过程中，可以根据高速公路全区域表面质量评价的内容，采用软件对点云数据进行相关的处理，计算表面质量评价指标，从而实现快速、高效地对高速公路全区域表面质量进行评价。

3）能有效避免人为因素，提高评价结果的可靠性。

传统的表面质量检验采用抽样检验，通过计算被检验项目合格率来实现对表面质量的评价，抽样质量检验评价对抽样方案、检验过程、评价最低合格率要求等有很大的依赖性，这个过程无法避免人为因素的干扰，导致表面质量评价结果的客观性受到质疑。而全区域表面质量检验评价可以采用三维激光扫描技术获取被检查高速公路表面的点云数据，这些点云数据能够真实有效客观地反映高速公路表面信息，可以利用编程算法实现对高速公路全区域表面质量进行评价。整个过程可以通过误差分析来验证评价结果的精度和可靠性，从而能有效避免人为因素的干扰，提高评价结果的准确性。

7.2 点云数据预处理方法

通常情况下，地面三维激光扫描设备需要通过多个站点多次扫描才能获取的高速公路表面形状完整的原始点云数据，这些点云数据具有数据量大、分布密集且不均匀、分布无规律、存在缺失和含有噪声等缺点，因此需要对原始点云数据进行预处理后才能进行后续研究。点云数据预处理主要是通过寻找获取的被测量物表面原始点云数据的拓扑连接关系，逼近被测量物原始表面形状，构造各点云间的相互连接的拓扑关系，还原被测量物原始形状，然后进行坐标旋转变换、网格划分等基本的处理，使获取的点云数据满足表面质量评价的基本要求。

7.2.1 点云数据的去噪

点云数据的精度决定了其反映被测量物体表面尺寸和位置信息的准确性，然而由于高速公路属于线状工程，具有线路长、影响因素多、环境复杂等特点，在采集高速公路点云数据的过程中，难免会受到外界因素的干扰，不可避免会出现一些噪声影响点云数据的质量，使得获取的点云数据与物体的真实数据值存在偏差。这些点云数据噪声的存在会严重影响后续点云数据处理效率、精度和复杂程度。因此，需要对原始点云数据进行去噪处理，这个过程称为点云的过滤，即去除测量噪声，得到所需要的点云数据。

1. 点云数据噪声的来源

根据高速公路三维点云数据采集过程中噪声的来源将噪声分为以下四种类型：

（1）人为的噪声：操作者操作失误引起的噪声，如设备使用不当，参数设置不合理等。

（2）环境的噪声：采集数据过程中无法避免的环境影响，如温度、湿度、光照等其他因素引起的噪声。

（3）设备的噪声：设备未能及时矫正、设备老化或设备晃动引起的噪声。

（4）测量数据方法产生的噪声：不同的测量仪器，其测量点云数据的原理和方法不同，由测量仪器的测量原理造成的噪声。

2. 点云数据噪声的分类

根据三维点云数据的空间分布，点云数据噪声主要可以分为以下几种类型：

（1）漂移点数据噪声：与主体点云数据距离比较远、数据密度比较小、数据分布杂乱无章的点数据。

（2）孤立点数据噪声：与主体点云数据分布区域距离比较远，密度比较大的点数据。

（3）冗余点数据噪声：与主体点云数据一起采集回来，但是超出设计扫描范围的多余点数据。

（4）混杂点数据噪声：点云噪声与主体点云数据混合在一起的点数据。

针对前三类点云数据噪声可以通过人工采用计算机点云处理软件进行去除。而混杂点数据噪声则需要点云数据除杂算法才能进行去除。

3. 点云数据的去燥处理

随着计算机算法技术的发展，点云数据去燥的算法也越来越多。一般情况下，一个优质的点云数据去噪算法不仅应该满足去除点云数据中夹杂的所有噪声点，降低点云数据去燥时间和空间的复杂程度[42]，提高去噪的效率，而且还应该满足尽可能保留被测量物表面的细节特征，减少数据体积收缩，防止数据模型变形。

在采集到的点云数据去噪过程中，针对那些很明显就可以识别的异常点云和孤立点云，可以直接在计算机中剔除；同时还可以利用曲线检查方法、角度判别方法、弦高差方法等对点云数据进行自动去噪。当然由于点云数据中的噪声属于高频的干扰，通常可以通过使用信号处理中的低通滤波方法对点云数据进行去噪处理，常用的滤波方法有中值滤波法、高斯滤波法、均值滤波法、面理论、坡度理论法等，对于排列有规律的点云数据可以直接用以上方法进行处理，但是针对排列没有规律的点云数据，需要我们先建立点云数据空间索引数据结构，然后运用低通滤波方法进行处理，这样能获得更好的处理效果。

一般情况下，点云数据处理的过程中，首先处理那些远离点云数据主体的漂移点数据、孤立点数据和冗余点数据，然后处理那些与点云数据主体混在一起的混杂点数据。本书将采用 K 近邻的去燥方法对初始点云数据进行去噪处理，其去噪原理如下：

（1）首先采用包围盒法对点云数据进行栅格化处理，将所有点云数据划分到各自属于的栅格中。

（2）求包含最多栅格的最大连通域，并去除孤立噪声点。

（3）对去除孤立噪声点后的点云数据进行第二次栅格划分，建立各删格内点云的 K 邻域。

（4）用最小二乘法拟合出每个 K 邻域的最佳拟合平面，如图 7-6 中平面 T_i。

（5）计算 K 邻域内所有点到最佳拟合平面的距离 d_i，并设定一个阈值。把 K 领域内距平面 Ti 距离大于该阈值的点去除。

利用 K 近邻的去燥方法对初始点云数据进行去噪的时候，需要多次对点云数据进行去噪，这样才能获得理想的去燥效果，得到精度的满足后续工作要求的点云数据。

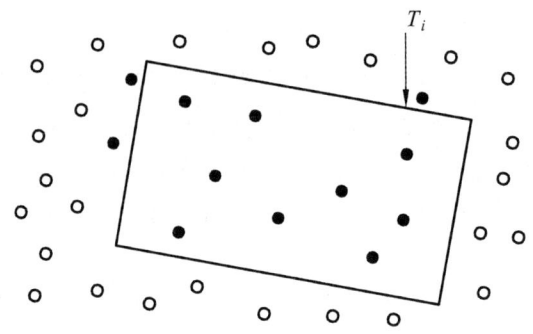

图 7-6　基于 K 近邻的去燥方法示意图

7.2.2　点云数据的抽稀

　　一般情况下，公路工程建设领域运用测量设备获取的点云数据不仅数量多，甚至可以达到数百万的级别，而且点云数据排列散乱，没有顺序。在这些点云数据中存在许多无用的点和杂点，这些点云数据不仅占用大量的储存空间，消耗计算机资源，影响点云数据后续处理的速度，而且还严重影响后续处理点云数据的误差。因此，为了提高点云数据后续处理的效率和质量，需要对采集的点云数据进行简化处理。但是点云数据在简化的过程中必须遵循一定的规则，应该满足被测量物后续处理的精度要求，保留被测量物的点云数据的原始特征。

　　1. 点云数据抽稀的原则

　　在点云数据精简的过程中，并不是精简的越多越好，因为如果数据精简度过高就会造成孔洞现象，并且容易造成物体细节特征的丢失。而精简度如果过低就会造成精简不充分的现象。所以需要对点云数据精简算法设置一定的标准，从而对各种精简算法进行综合判定，一般情况下，点云数据精简算法需要遵循如下原则：

　　1）抽稀率

　　在点云数据的精简过程中，需要最大限度地提高精简率，从而尽可能减少点云后续处理过程中计算和存储消耗，但也不能一味地追求高精简率，因为如果精简率过高，就会造成拟合困难，或者出现特征信息丢失的现象。所以精简率的设定需要根据实际需求确定。

　　2）抽稀精度

　　点云数据精简本质上是对数据点的删除操作，所以经过精简后的数据和原数据之间势必存在一定的误差，而经过拟合以及重构后模型的差异可能更加明显，如果数据之间差异过大则点云重构计算将毫无意义。

3）计算效率

在对点云数据进行精简的过程中，计算效率通常决定了最终的其应用的广泛性。

完美的点云模型数据精简算法能够同时具备上述的三个优点，然而在实际的应用和研究中几乎不存在这样的算法，所以最优解通常指的是在这三种性质上达到一个平衡状态。近年来虽然国内外研究学者针对点云模型数据精简的课题做出了大量的工作，并且此领域算法众多，而且各具特色，但迄今为止，还没有一种精简算法能够同时满足这些要求。

2. 高速公路表面点云数据抽稀处理

在高速公路表面质量评价的过程中，并不是所有的点云数据都起作用，因此需要去除那些多余的点云数据，对点云数据进行精简。常见点云数据的简化方法有随机采样法、包围盒法、基于网格的方法等间距缩减法、倍率缩减法、弦偏差缩减法、等分布密度法、最小包围区域法、三维栅格法等。由于不同测量设备采集到的点云数据的类型不同，所以不同的点云数据简化的方法也不尽相同。不同类型点云数据的处理方法如表7-1所示。

表7-1 点云数据精简方法汇总表

点云类型	点云特性	精简方法
散乱、无序点云	几何特征分布不明显，呈散乱无序状	随机采样法
扫描线点云	由一组所有点位于扫描平面内的扫描线组成	等间距缩减法
多边形点云	点云分布于若干平行平面内，将同一平面内距离最小的几个相邻点依次连接起来，形成的一组平面多边形	倍率缩减法、弦偏差缩减法等
网格化点云	网格插值后得到的点云，所有点都对应于参数区域中一个均匀网格的顶点	等分布密度法、最小包围区域法

表中随机采样法是一个简单又易实现的算法，设定点云简化时平均采样点的个数进行数据精简，算法的执行率非常高，而且本文研究是基于散乱无序的点云数据开展表面质量评价技术研究，因此可以采用随机采样法对点云数据进行精简。

7.2.3 点云数据的配准

通常，点云数据测量设备的测量范围是有限的，需要在多个视角经过多次重复测量才能获得被测量物表面特征点云数据，如图 7-7 所示，而将多个站点获取的点云数据拼接和整合成完整的被测量物体表面模型，就是多站点云数据配准。但是每个站点云数据都有属于自己的坐标系，如果想把采集的所有点云数据一起显示出来，这就需要选择一个合适的坐标系，通过坐标转换将其他站点云数据转换到该坐标系中，之后再对多站点云数据进行局部拼接和整合，实现三维点云数据的配准，因此，三维点云数据的配准问题也称作坐标转换问题。

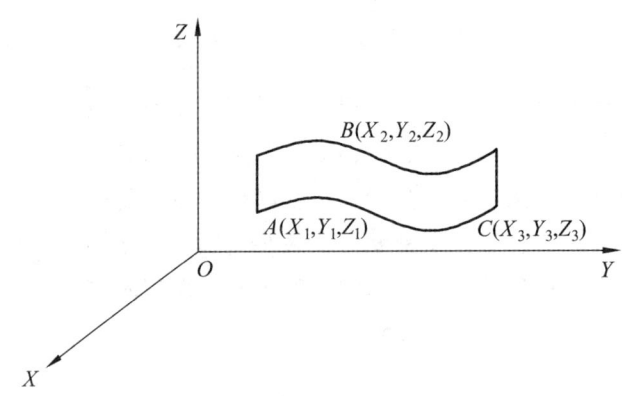

图 7-7　高速公路三维点云数据展示图

1. 常见点云数据配准方法

由于高速公路属于线状工程，需要经过多个站点测量才能完成点云数据的采集工作，因此需要进行点云数据配准。常见的三维点云数据配准方法包括自动配准方法、手动配准方法和机械配准方法三种类型。在三维点云数据配准过程中，由于手动配准方和机械配准存在效率低、成本高、质量低、人机交换不方便等缺点，导致它们的运用受到限制。自动配准方法具有灵活方便、人工参与处理部分少、不需要额外设备辅助等优点，其被广泛运用于三维点云数据的配准。

一般情况下，人们常说的点云数据配准技术就是指点云自动配准技术。点云自动配准技术通常需要分两个阶段，第一阶段是通过点云数据初始配准操作，缩小点云数据间的间距，第二阶段是对初步配准处理后的点云数据进行精确配准处理。通常情况下，研究中常用中心重合法、特征点提取法等方法进行初始点云数据配准。而在点云数据精准配准处理中，运用较多、适应范围最广的算法是 Besl 和 McKay 提出的迭代最近算法（Iterative ClosestPoint 即 ICP）[44]，迭代最近算法是通过搜索集中的相对就近点来确定点云的相对关系，从而计算出新的最近点点集，该算法在匹配精度高。通常，人们是主要是根据初试变换估计对比与迭代中改进之后的初始变换估计来评价点云数据配准算法的好坏。

2. 高速公路点云数据配准

采用迭代最近点（ICP）算法进行高速公路表面点云数据进行配置，就是通过寻找两片点云中的最近点对计算旋转平移矩阵，迭代进行直到达到一定的阈值精度。每一次迭代过程都可以分为两步：搜索两片点云最近点对和求解转换矩阵。具体过程如下：

（1）对于高速公路源点云 P 中的点 p_i，均在目标点云 Q 中搜索与该点距离最近的点 q_j，组成对应点集。

（2）根据变换矩阵计算方法求解高速公路源点云 P 到其最近点集之间的旋转矩阵 R 和平移向量 T。

（3）利用（2）中计算的旋转平移矩阵对源点云进行旋转变换，计算变换后与目标点云之间的相对距离误差：

$$e_k = \sum (R_{p_i} + T - q_j)^2 \qquad (7.1)$$

（4）设定迭代停止条件，若 $|e_k - e_{k+1}| < \varepsilon$，则停止计算，当前的旋转矩阵 R 和平移向量 T 就是最终的配准参数矩阵；否则返回（1）继续迭代计算。

7.2.4 点云数据坐标转换

1. 点云数据坐标转换概述

点云数据坐标旋转变换就是点云数据围绕所在的三维直角坐标系的坐标轴进行整体旋转变换。由于目前高速公路设计成果仍然采用关键点标识的二维表示方法，并非都形成三维模型，无法高效快速识别散乱无章的点云数据所对应的设计点的坐标，而基于点云数据的高速公路表面质量评价技术的关键就是计算高速公路表面设计高程与实测高程之间的差值，从而采用体积法实现表面质量评价。因此本文通过将高速公路设计表面坐标与点云数据坐标按照相同的方向和角度围绕坐标轴同步进行旋转变换，将有坡度的高速公路点云数据和公路设计表面坐标同步转化为无坡度的形式，实现将评价区域内公路设计表面点高程转换为常数，从而达到简化计算高程差值的目的，提高表面质量评价的效率。

2. 点云数据坐标旋转变换

点云数据是以三维坐标的形式来描述被测量目标物表面的尺寸和位置信息，点云数据坐标旋转变换主要是指在同一坐标系下点云数据绕三维坐标轴进行旋转变换，以下是点云数据旋转变换的推导过程：

假设三维直角坐标系内有一个平面 $ABCD$，与 X 轴的夹角为 α，与 Y 轴的夹角为 β，Z 轴的夹角为 γ，平面内有任意一点 $P(X_0, Y_0, Z_0)$，则其旋转变换后的坐标可以表示为：

$$\begin{bmatrix} X \\ Y \\ Z \end{bmatrix} = W \begin{bmatrix} X_0 \\ Y_0 \\ Z_0 \end{bmatrix} \tag{7.2}$$

式中 W 为旋转变换矩阵。

当点 $P(X_0, Y_0, Z_0)$ 绕坐标 X 轴旋转 α 角度时，如图 7-8 所示。

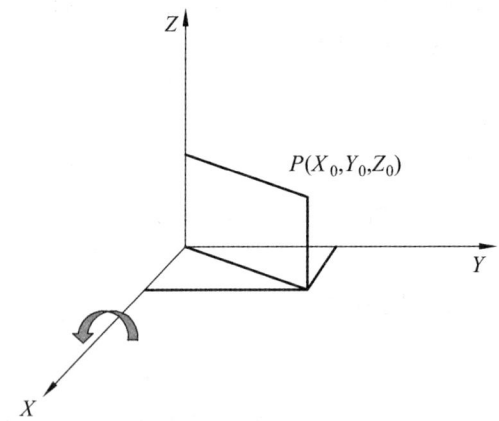

图 7-8 点 P 绕 X 轴旋转变换示意图

则旋转后的 P_1 点坐标 (X_1, Y_2, Z_3) 为：

$$\begin{cases} X_1 = X_0 \\ Y_1 = Y_0 \cos\alpha + Z_0 \sin\alpha \\ Z_1 = Z_0 \cos\alpha - Y_0 \sin\alpha \end{cases} \tag{7.3}$$

得旋转变换矩阵关系为：

$$\begin{bmatrix} X_1 \\ Y_1 \\ Z_1 \end{bmatrix} = \begin{bmatrix} 1 & 0 & 0 \\ 0 & \cos\alpha & \sin\alpha \\ 0 & -\sin\alpha & \cos\alpha \end{bmatrix} \begin{bmatrix} X_0 \\ Y_0 \\ Z_0 \end{bmatrix} \quad (7.4)$$

当点 $P(X_0, Y_0, Z_0)$ 绕坐标 Y 轴旋转 β 角度时，如图 7-9 所示，

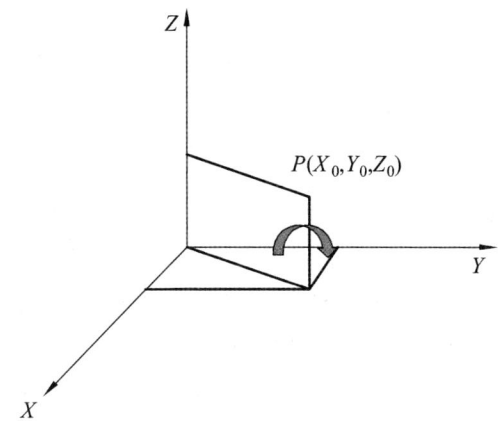

图 7-9 点 P 绕 Y 轴旋转变换示意图

则旋转后的 P_2 点坐标 (X_2, Y_2, Z_2) 为：

$$\begin{cases} X_2 = X_0 \cos\beta - Z_0 \sin\beta \\ Y_2 = Y_0 \\ Z_2 = Z_0 \cos\beta + X_0 \sin\beta \end{cases} \quad (7.5)$$

得旋转变换矩阵关系为：

$$\begin{bmatrix} X_2 \\ Y_2 \\ Z_2 \end{bmatrix} = \begin{bmatrix} \cos\beta & 0 & -\sin\beta \\ 0 & 1 & 0 \\ \sin\beta & 0 & \cos\beta \end{bmatrix} \begin{bmatrix} X_0 \\ Y_0 \\ Z_0 \end{bmatrix} \quad (7.6)$$

当点 $P(X_0, Y_0, Z_0)$ 绕坐标 Z 轴旋转 γ 角度时，如图 7-10 所示。

则旋转后的 P_3 点坐标 (X_3, Y_3, Z_3) 为：

$$\begin{cases} X_3 = X_0 \cos\gamma - Y_0 \sin\gamma \\ Y_3 = Y_0 \cos\gamma - X_0 \sin\gamma \\ Z_3 = Z_0 \end{cases} \quad (7.7)$$

得旋转变换矩阵关系为：

$$\begin{bmatrix} X_3 \\ Y_3 \\ Z_3 \end{bmatrix} = \begin{bmatrix} \cos\gamma & \sin\gamma & 0 \\ -\sin\gamma & \cos\gamma & 0 \\ 0 & 0 & 1 \end{bmatrix} \begin{bmatrix} X_0 \\ Y_0 \\ Z_0 \end{bmatrix} \quad (7.8)$$

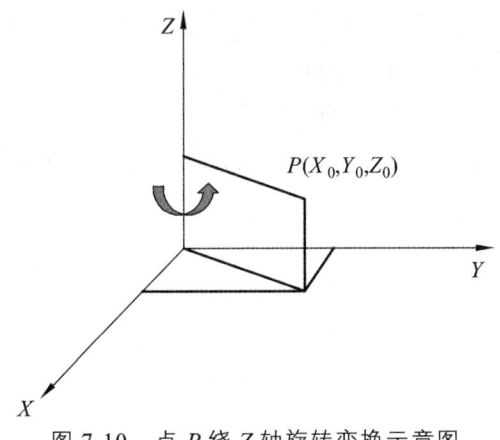

图 7-10 点 P 绕 Z 轴旋转变换示意图

将公式（7-4）、（7-6）和（7-8）整合后可以得到三维空间直角坐标系中平面按照欧拉角（α, β, γ）旋转变换矩阵关系为：

$$\begin{bmatrix} X \\ Y \\ Z \end{bmatrix} = \begin{bmatrix} 1 & 0 & 0 \\ 0 & \cos\alpha & \sin\alpha \\ 0 & -\sin\alpha & \cos\alpha \end{bmatrix} \begin{bmatrix} \cos\beta & 0 & -\sin\beta \\ 0 & 1 & 0 \\ \sin\beta & 0 & \cos\beta \end{bmatrix} \begin{bmatrix} \cos\gamma & \sin\gamma & 0 \\ -\sin\gamma & \cos\gamma & 0 \\ 0 & 0 & 1 \end{bmatrix} \begin{bmatrix} X_0 \\ Y_0 \\ Z_0 \end{bmatrix} \quad (7.9)$$

利用公式即可推导分析平面上任意点在三维空间直角坐标内绕任意坐标轴旋转变换后的坐标。因此，高速公路表面实测点云数据可以根据设计坡度值，然后利用公式（7.9）就能够实现将有坡度的点云数据平面转换为无坡度的点云数据形式。

7.2.5 点云数据网格划分处理

1. 网格划分概述

通常，经过去噪、精简、配准、坐标旋转等处理后的高速公路点云数据仍然处于杂乱无章分布状态。为了能够满足利用点云数据进行高速公路表面质量评价的要求，需要对点云数据进行网格划分处理。点云数据网格划分处理主要是通过人为设置平面坐标双线型虚拟网格线，将经过坐标旋转变换后的高速公路点云数据划分到若干个网格内，方便采用插值法计算网格中心点坐标的高程值。

一般情况下，为了方便计算，点云数据网格划分过程中应该满足高速公路评价表面被网格覆盖，网格边线与评价表面两侧及评价区域的起点和终点线重合，网格为边长相等、大小一致的矩形，如图 7-11 所示。

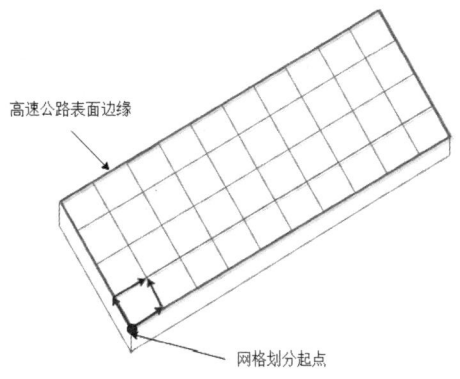

图 7-11　高速公路表面网格划分示意图

2. 网格划分原则

人为划分的点云数据网格必须满足高速公路表面质量评价的要求，一般情况下，点云数据网格划分遵循以下原则：

1）合理划分网格数量

网格数量的多少将影响计算结果的精度和计算规模的大小，如图 7-12 所示。一般来讲，网格数量增加，计算精度会有所提高，但同时计算规模也会增加，所以在确定网格数量时应权衡两个因数综合考虑，在决定网格数量时应考虑分析数据的类型。

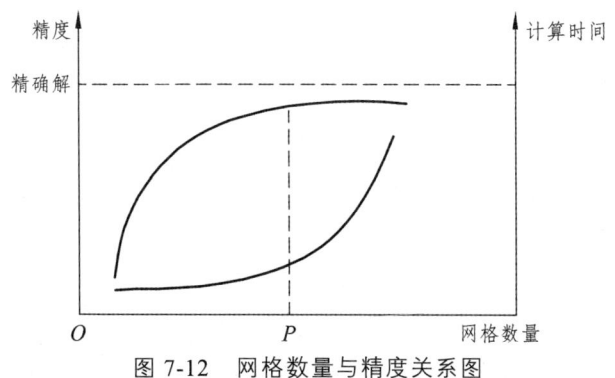

图 7-12　网格数量与精度关系图

2）网格疏密程度必须一致

网格疏密是指在结构不同部位采用大小不同的网格，如图 7-13 所示，这是为了适应计算数据的分布特点。在计算数据变化梯度较大的部位，为了较好地反映数据变化规律，需要采用比较密集的网格。而在计算数据变化梯度较小的部位，为减小模型规模，则应划分相对稀疏的网格。这样，整个结构便表现出疏密不同的网格划分形式。但是本研究为了提高评价效率，减少计算的复杂性，网格疏密程度必须一致，即网格的大小一致。

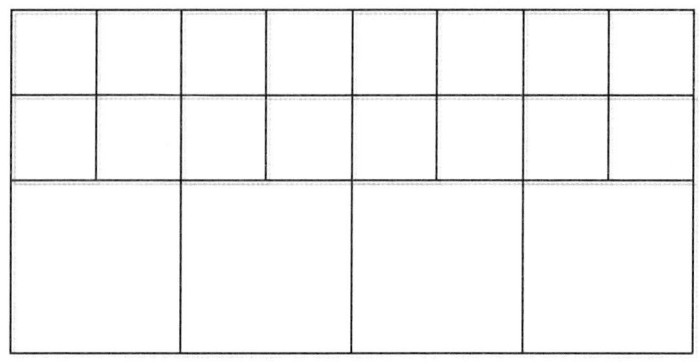

图 7-13 网格疏密示意图

3）充分考虑网格质量

网格质量是指网格几何形状的合理性，如图 7-14 所示。质量好坏将影响计算精度，质量太差的网格甚至会中止计算。网格质量可用细长比、锥度比、内角、翘曲量、拉伸值、边节点位置偏差等指标度量。当计算中存在质量很差的网格时，计算过程将无法进行，为了简化计算过程，本文采用划分为正方形网格。

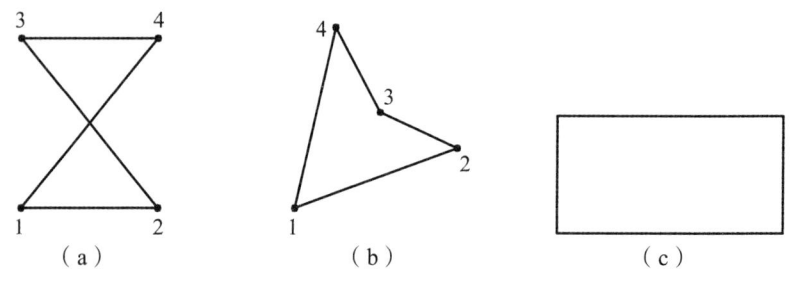

图 7-14 不同网格类型示意图

3. 网格划分流程

高速公路表面网格划分的原理是将其表面点云数据垂直投影，转换为二维平面，然后再进行网格划分。高速公路不同子工程的表面点云数据网格划分起始点和方向不同，此处以高速公路路面表面点云数据网格划分为例，介绍点云数据网格划分流程，具体划分流程如下：

（1）以将经过旋转变换的点云数据以高速公路里程为 X 轴、路面宽度为 Y 轴、高程为 Z 轴建立三维直角坐标系，并将高速公路点云数据进行垂直投影。

（2）确定高速公路路面评价点云数据范围 M，计算评价区域内经旋转变换的点云数据分布长度 x 和宽度 y。

（3）确定点云数据投影后的四个端点坐标，其中起始边的两个端点坐标为（x_1, y_1），（x_1, y_2），终点边的两个端点坐标为（x_2, y_1），（x_2, y_2）。

（4）根据点云数据的分布特点和高速公路路面表面质量评价精度的要求，结合路面宽度的实际情况，在保证路面宽度被均匀划分的情况下，然后计算并设置划分网格的边长 D。

（5）以端点（x_1, y_1）为起始端点，沿 X 轴和 Y 轴方向依次设置网格线，则各网格区域为：

$$I_i \begin{cases} x_i = x_1 + kD \\ y_i = y_1 + kD \end{cases} (k = 0, 1, \cdots, n) \tag{7.10}$$

（6）检查网格划分是否符合覆盖评价区域和评价精度要求。

7.2.6 网格节点高程计算

网格节点高程是网格划分后，以网格平面交点为圆心，$\dfrac{D}{2}$ 为半径的面元内点云数据高程的加权平均高程，其值主要通过采用内插值法进行计算。

1. 内插法的原理

在待内插点的某个邻近区域内，选择一部分参考点作为内插计算的已知点，再由这些参考点重建地形曲面，也就是建立曲面函数，这个函数称为插值函数或者插值曲面，最后将待内插点的平面坐标代入插值函数求得每个点相对应的高程。目前点云数据内插的方法主要是通过区域内现有的高程点信息进行空间内插，以此来得到全区域的点云数据。常见的内插法有线性内插、双线性多项式内插、移动曲面拟合法、分块多项式内插、最小二乘配置法、多层曲面法、加权平均移动法等。一般情况下，点云数据的内插基本过程如下：确定待内插点邻近区域，选择满足阈值要求限定的参考点；选择插值函数；求解插值函数；将待插点平面坐标代入插值函数求得待内插点高程。

2. 网格节点高程计算

根据各种内插法的优势，结合网格节点高程计算的特点，本研究采用加权平均法内插计算网格节点的高程值，其计算过程如下：

假设高速公路点云数据中的点分布相对比较均匀，不考虑方向性因素，内插格网点的邻域内有足够的数量点云数据，并且满足内插模型所要求的数量范围，网格间距为 D，搜索圆的半径为 R，并且网格间距是搜索圆的半径的 2 倍，即 $D=2R$，如图 7-15 所示。

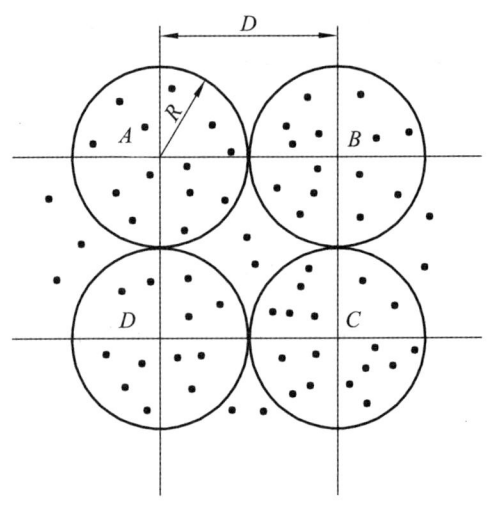

图 7-15 网格节点计算示意图

设采样点的数据集合为 $S=\{x_i, y_i, z_i | i=1,\cdots,N\}$，内插网格节点坐标 A 为 (x_a, y_a, z_a)，邻域内的碎部点为 (x_i, y_i, z_i) $(i=1, \cdots, n)$，则 z_a 是离算数据点 z_i 的加权平均结果。每个 z_i 值对 z_p 都有不同程度的影响，影响的大小与采样点到插值点的距离大小成反比，即距插值点 A 较近的离散点对 z_a 的影响大些，即距插值点 A 较远的离散点对 z_p 的影响小些，令 D_i 表示插值点 A 与采样点 i 之间的距离，则有如下的表达式：

$$z_a = \sum_{i=1}^{N} w_{ia} z_i \quad (7.11)$$

上式中 w_{ia} 为距离的影响值称为权函数，其表达式为：

$$w_{ia} = (D_{ip})^{-k} \quad (k>0) \quad (7.12)$$

有试验研究表明当 $k>2$ 时曲面在采样点附近相对平直，在两个数据点之间一个很小的区域内有较大的梯度；若 $k<2$ 时，曲面相对平直，没有起伏；当 $k=2$ 时内插结果比较符合实际且计算简单。本书取 $k=2$。但公式（7.2）要求采样点均匀分布在插值点的周围，而实际工作中一般较难满足这一点如测

区边缘点。因此，在求 z_a 时要考虑插值点周围采样点的分布情况，一般是在权函数式（4.2）中加上方向影响值，带有方向影响值的权函数 w_{ia} 定义如下：

$$w_{ia} = (1+t_{ia})D_{ia}^{-k} \quad (7.13)$$

式中 t_{ia} 为方向影响值，计算式为：

$$t_{ia} = \sum_{j=1}^{N}[1-\cos B(i,a,j)]D_{ja}^{-1} \quad (j \neq i) \quad (7.14)$$

其中：

$$\cos B(i,a,j) = [(x_a - x_i)(x_a - x_j) - (y_a - y_i)(y_a - y_j)]/(D_{ia}D_{ja}) \quad (7.15)$$

7.3 高速公路表面质量评价指标与方法

7.3.1 高速公路表面质量影响因素分析

1. 常见的高速公路表面质量不合格现象

1）高速公路表面凹凸不平，平整度不符合设计和验收规范要求

高速公路新建、改造或养护过程中，存在施工人员质量意识差、专业技术能力不足、没有严格按照设计图纸要求等人的因素、施工材料不符合施工要求、施工设备质量差、作业环境恶劣、施工方法不恰当等因素的影响，导致最终形成的公路工程路面表面凹凸不平，凹凸值偏差过大，平整度不符合设计验收规范的要求的现象。

2）边坡坡率不符合设计规范要求

边坡质量是衡量高速公路表面质量的一个重要指标，高速公路边坡坡率直接关系到公路的使用的安全性、使用寿命以及对周围环境的影响程度。常见的边坡问题主要是指边坡施工过程中存在超挖或欠挖后形成的边坡坡度过大或者过小，不能满足设计规范要求，最终容易导致路基塌陷或者边坡塌方的现象。

3）表面均值偏移量过大，高程不符合设计规范要求

表面均值偏移量过大主要表现为高速公路表面高程偏差超过规范要求。由于施工过程中施工人员没有控制好高速公路各层施工的标高或者存在偷工减料的行为，导致最终形成的高速公路表面的高程偏差过大，造成实际施工标高不符合设计标准。常见高速公路表面均值偏移量过大表现为不同标段高速公路或者桥面与路面衔接处存在高程差的现象，如图4.3所示，这样不仅不

能满足行车安全性和舒适性的要求,而且严重影响高

2. 高速公路表面质量不合格的危害性

高速公路表面质量是高速公路质量控制体系的重要组成部分,表面质量的好坏对于高速公路的整体功能发挥着至关重要的作用,高速公路表面质量不合格的将严重影响高速公路的使用效率、成本和寿命。

1）路面表面凹凸度偏差过大的危害

高速公路路面的平整度在公路路面质量检验评价中占有重要的比重,其高低严重影响行车安全,直接影响出行时间,影响路面破坏速度,增加车辆磨损与油耗,影响公众行车舒适性的要求,即决定了车辆行驶的高效性、安全性、舒适度等。

2）边坡坡率偏差大的危害

高速公路边坡坡率严重影响边坡的稳定性,而边坡质量关系到公路路基的稳定性,边坡坡率偏差大,高速公路容易出现塌方、滑坡等自然灾害,不仅严重影响高速公路自身的质量,造成行车通行不畅的危害,而且还会造成地质灾害、破坏周围的自然环境,造成不可估量的损失。

3）表面均值偏移大的危害

表面均值偏移大最直接的影响就是不同标段道路以及桥面和道路路面的衔接,导致衔接部位存在高程差。而行车直接接触的就是高速公路路面表面,路面面层厚度与高程偏差不仅影响行车的舒适性、行车的损耗,而且对高速公路的使用寿命也有很大的影响。

3. 高速公路表面质量影响因素分析

由于高速公路工程建设是一个系统工程,从设计、施工、竣工验收以及投入使用过程中涉及众多内容,因此,影响高速公路表面质量的因素也比较多。上级政策、技术规范、决策思想、施工工艺、管理水平、工作质量及设计、施工、监理、业主等单位的建设行为等因素都与高速公路表面质量密切相关。本文将主要从设计、施工、管理等几个方面分析高速公路表面质量的影响因素：

1）项目可行性研究和设计深度不够、设计质量标准低

高速公路建设项目一般规模大、投资多、生产和使用周期长,因此,项目的经济的合理性、技术的可行性以及经济效益的统筹规划和科学决策显得非常重要。而设计是公路建设的灵魂,设计质量决定了工程质量。高速公路

建设前期工作很复杂，与发达国家相比，我们高速公路建设的设计还在起步阶段，国外公路建设项目的设计，产业政策明确，法律法规完善，设计程序合理，评估机构经验丰富，设计人才众多，项目库完备充实，设计质量较高，而我国到现在为止还没有建立项目库，设计任务繁重，几乎没有多余的时间进行多项目多方案比选，导致现有的高速公路项目在决策阶段存在路线选择不合理、设计标准低、技术方案和施工工艺选用不当等导致高速公路表面质量在设计阶段就存在问题。

2）施工队伍质量差、建设管理不到位

由于高速公路建设项目行政管理体制和资金来源的不同，项目管理模式存在差异，导致项目管理水平有很大的差别，建设市场离规范化管理有一定距离。公路建设市场管理体制没有理顺，管理工作不规范等严重影响公路建设质量，一些项目存在资质不符、越级承揽任务及工地现场人员、设备与投标书不符的现象，有的甚至没有资质也能进入建设市场，即使有资质承揽施工任务的施工队伍也存在违法分包，对工程的难度估计不足或者为节省开支，工程前期人员和设备投入不足的情况，致使工程管理处于混乱状态，导致高速公路表面质量无法保证。

3）工程建设主要材料设备不能满足要求

原材料的质量是工程质量的基础，有好的材料才能出好的质量。工程建设所用的原材料不是统购统配，一般由承包商自己采购，尤其是地方材料可供选择的范围很小，存在由于施工进度快，料源多，检验设备和人员不足，材料检验跟不上；为降低成本而人为降低用材标准；料场管理不善，材料二次污染或标准降低等原因导致部分原材料不能满足规范要求。

高速公路建设采用机械化施工是保证工程质量的前提，过去的人海战术、手工操作方式已远不适应当今高速公路建设发展的需要。目前我国存在大部分施工企业的机械设备缺乏，施工单位施工现场机械设备，尤其是大型设备，不能及时投入满足高速公路施工各阶段需要，导致高速公路表面质量没有可靠的保证。

4）质量管理体系不完善

高速公路建设的"政府监督、社会监理、企业自检"三级质量控制体系有待完善，存在监理队伍的力量不足，素质偏低；监理队伍制约机制尚不完善；质量管理各方的质量检测设备、手段不完善以及政府监督网络不畅通，一些建设单位、施工单位的领导和管理人员，对高速公路表面质量监督重要性的认识不足，致使表面质量监督管理不到位。

7.3.2 高速公路表面质量评价指标体系的构建

1. 评价指标选取原则

1）可靠性原则

评价指标在理论方面能否有效反映高速公路表面质量实际状况，是其在实践中能否用于评价表面质量的基础，也是高速公路表面质量评价结果可靠性的衡量标准。因此，在选取高速公路表面质量评价指标时必须在理论和实际方面满足可靠性要求，其评价的结果才能够真实地反映高速公路表面的实际质量情况。

2）经济适用性原则

评价指标的选取应该根据评价对象及其所处的环境来确定，这样才能将理论上的评价指标用于高速公路表面质量实际评价过程中，从而提高评价指标的适用性。而评价指标的经济性影响其使用的广泛性，因此，高速公路表面质量评价指标的选取必须符合实际情况，满足高速公路表面质量评价的要求，并且具有一定的经济适用性。

3）先进性原则

时代在发展，社会在进步，表面质量评价指标的选取也需要满足时代对高速公路表面质量评价的要求，有助于推动质量评价技术的发展，提高表面质量检验评价的科学性，能够解决高速公路表面质量评价的问题，同时符合高速公路表面质量评价技术的发展趋势，体现出其先进性。

2. 主要评价内容

本书根据现行高速公路表面质量检验评定规范的内容和要求，结合点云数据的特性，主要从以下三个方面对高速公路表面质量进行评价。

1）表面平整状况

随着经济的快速发展，人们对出行需求也不断增加，而如今行驶畅通、设施齐全、景观美化的道路已经不能满足人们的需求，人们开始对行车的安全性和舒适性有了更高的要求。路面表面作为高速公路直接与车辆接触的部分，其质量优劣直接影响行车的舒适和安全，特别是不平整路面还将会引起的行车振动。

2）边坡或路面表面坡度状况

高速公路边坡状况不仅影响边坡自身的稳定性，而且影响高速公路能否正常通行，是保障行驶车辆安全的重要因素。因此对高速公路边坡坡度状况进行评价是确保边坡安全、不塌方以及高速公路畅通的重要保障措施，而路面表面坡度则影响高速公路表面的排水、行车油耗和安全性。

3）表面高程偏移状况

表面高程偏移是衡量高速公路施工标高与设计标高差值的指标，这不仅影响高速公路个别标段的表面质量和行驶车辆的安全，而且对标段或者路面与桥面衔接处的质量也有很大的影响。因此，对高速公路表面高程偏移状况进行评价也非常有必要。

3. 评价指标的选取

根据高速公路表面质量评价主要内容，结合点云数据的特点，从几何尺寸和位置意义的角度出发，利用数值计算方法，选取以下 6 个指标作为高速公路表面质量评价指标。

1）标准偏差

标准偏差简称标准差或均方差，是个体点云数据与全部点云数据均值偏差平方和的算术平均数的算术根，主要用于衡量用于高速公路表面质量评价的点云数据的离散程度，从而评价表面质量的稳定性，通常用 σ 表示。

2）最大偏离度

偏离度是指物体的实际值与目标值差值的绝对值占目标值的比重，通常以百分数的形式表示。而最大偏离度是指物体的实际值与目标值差值的最大值的绝对值占目标值的比重，可用 R 表示。表面质量最大偏离度主要用于衡量其实际质量与目标质量之间的最大偏差占目标质量的比重，表示高速公路实测表面质量与目标表面质量之间的最大偏差。

3）表面平均凹凸值

表面平均凹凸值是指物体表面实际凹凸值的平均数，主要用于衡量被评价物体表面平整度的期望值，可用 $\bar{v}$ 表示。高速公路表面平均凹凸值用于衡量其表面的平整情况，而当利用偏差值计算表面平均凹凸值时，表面平均凹凸值越小，表示高速公路的表面质量越好，否则表示是高速公路的表面质量越差。

4）国际平整度指数

国际平整度指数的概念是以四分之一车在速度为 80 km/h 时的值为 IRI 值，通常用 IRI 表示，主要是用于衡量高速公路表面平整度的情况，通常其值越小，表示表面越平整。国内专家学者通过研究发现利用点云数据进行高速公路路面平整度评价时，点云数据标准偏差与国际平整度指数存在一定的数量关系，因此可以利用点云数据计算国际平整度指数，从而实现对表面质量进行评价。

5）高程均值偏移量

高程均值偏移量是指高速公路表面实际高程平均值与设计路面高程平均值的差值，可用 G 表示，主要用于衡量高速公路表面实际高程是否满足设计高程要求，高程均值偏移量越小，表示高速公路表面实际高程平均值越接近表面设计高程平均值，高速公路表面质量越好，反之则差。

6）坡率偏离度

坡率偏离度是指高速公路路面表面或者边坡表面的实际坡度与设计坡度的偏离程度，主要用于衡量路面或边坡坡度的偏离情况，可用 C 表示。坡率偏离度越小，说明高速公路实际坡度越接近设计坡度，表示表面质量好，反之，这说明表面质量差。

7.3.3　基于点云数据的高速公路表面质量评价方法

1. 公路表面设计坐标与点云数据坐标同步旋转

基于点云数据的高速公路表面质量评价技术的关键就是计算高速公路表面设计高程与实测高程之间的差值，从而采用体积法实现表面质量评价。但是由于现有的大部分高速公路设计成果仍然是采用二维图形表示，并没有形成三维模型，因此无法高效、准确地识别每个实测点云数据对应的高速公路表面设计点坐标。因此，本书通过将高速公路表面设计坐标与点云数据坐标同步旋转，将高速公路表面设计高程转化为常数，即在利用坐标旋转变换公式将高速公路点云数据转化为无坡度的点云数据形式的同时，高速公路表面设计点的坐标也要随之旋转变换为无坡度的形式，从而实现将高速公路表面设计的所有点的高程值转化为常数，减少计算高速公路点云数据与表面设计对应点的高程差的复杂性，简化高速公路表面质量评价过程的目的。

一般情况下，高速公路二维设计图都会标注公路表面关键控制点的三维坐标，因此只需要将高速公路表面设计关键控制点坐标与点云数据放入同一个坐标系内，根据高速公路评价区域表面设计坡度，利用坐标旋转变换公式（7.9）与点云数据按照相同的方向和角度进行旋转变换，就能实现高速公路表面设计点坐标与点云数据坐标同步旋转的目的，旋转变换后的高速公路表面设计关键点的高程可记为 H_0，则此时经同步旋转变换后的高速公路表面设计点的所有高程均为常数 H_0。

2. 网格高程值计算方法

利用点云数据采用体积法进行高速公路表面质量评价是通过比较网格内设计体积和实测体积的偏差，计算表面质量评价指标的方式实现表面质量评价的。而网格体积的计算涉及点云数据网格的边长和高程，网格的边长是由网格划分确定的，网格高程则是由网格节点附近若干个点云数据的高程加权平均计算获得的网格节点高程的平均值。

网格高程即网格中心点高程，是网格节点的加权平均高程。点云数据进行网格划分后，网格内将存在许多点云数据，这些点云数据的高程并非完全相同，即使利用插值法计算的网格节点高程也不尽相同，因此还需要利用加权计算后的网格节点高程近似计算每个网格的高程，如图 7-16 所示。

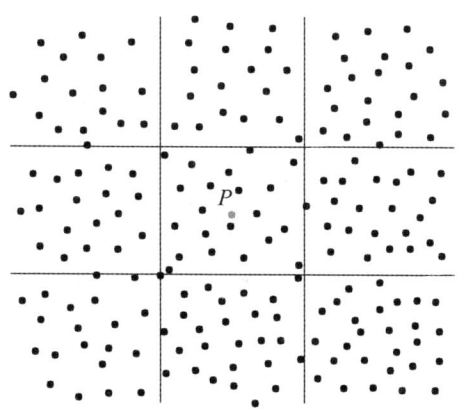

图 7-16 网格高程示意图

因此网格高程计算公式如下：

$$H_i = \frac{H_{i左} + H_{i右} + H_{i上} + H_{i下}}{4} \quad (7.16)$$

式中 H_i 为第 i 个网格的网格高程，$H_{i左}$、$H_{i右}$、$H_{i上}$ 和 $H_{i下}$ 为网格 4 个节点的

高程值。

3. 网格高程偏差计算方法

网格高程偏差是指网格内实测高速公路表面点云数据高程与设计表面高程的差值,而计算网格高程偏差的目的是为了计算网格偏差体积。为了减少网格高程计算的复杂性,提高计算效率,同时达到能够用于表面质量评价的目的,本书所指的网格高程偏差是指经过旋转变换后采用内插法计算的点云数据网格高程值与同步旋转的高速公路表面设计高程值的差值,其计算方法如下:

$$\Delta h_i = H_i - H_0 \tag{7.17}$$

式中:Δh_i 表示第 i 个网格高程偏差;H_i 为经旋转变换后采用内插法计算的第 i 个网格网格高程值;H_0 为经旋转变换的高速公路设计表面高程值。

为了便于评价指标的计算,公式(7.7)的计算结果需要带符号,当计算结果的为正值时,即计算结果前有"+"号,表示该网格区域的高程值大于设计高程值;当计算结果为零时,表示该网格区域的高程值等于设计高程值;而当计算结果的为负值时,即计算结果前有"-"号,表示该网格区域的高程值小于设计高程值。

4. 网格偏差体积计算方法

网格偏差体积是指高速公路表面实测网格体积与设计网格体积的差值。由于本文所采用的网格高程是经过高速公路点云数据坐标与表面设计坐标旋转变换后计算所得,此处的所指的网格偏差体积并非真实的网格偏差体积,而是指经过同步旋转变换后的网格内实测点云数据计算所得的网格体积与高速公路表面设计体积的差值,其值与网格面积和网格高程偏差有关。

1)网格面积计算

单个网格面积的大小由网格的边长确定,一般情况下,单个网格的边长由表面质量评价精度要求确定,网格边长越小,评价精度越高。单个网格面积计算公式如下:

$$S_i = D^2 \tag{7.18}$$

式中 S_i 表示第 i 个网格的面积;D 表示网格的边长。

2)网格体积偏差计算

网格体积偏差为网格面积与网格高程偏差的乘积,计算公式如下:

$$V_i = \Delta h_i \times S_i \tag{7.19}$$

式中：V_i 表示第 i 个网格的偏差体积；Δh_i 表示第 i 个网格高程偏差；S_i 表示第 i 个网格的面积。当计算结果的为正值时，即计算结果前有"+"号，表示该实测点云数据网格体积大于设计网格体积；当计算结果为零时，表示该实测点云数据网格体积等于设计网格体积；而当计算结果的为负值时，即计算结果前有"-"号，表示该实测点云数据网格体积小于设计网格体积。

5. 评价指标计算方法

1）点云数据高程标准偏差

标准偏差简称标准差或均方差，主要用于衡量测量用于评价表面质量点云数据的离散程度，其值与评价区域内网格高程和网格数量有关，计算公式如下：

$$\sigma_1 = \sqrt{\frac{\sum (z_i - \bar{z})^2}{n-1}} \tag{7.20}$$

式中：σ_1 表示点云数据高程标准偏差；z_i 表示第 i 个点云数据高程；$\bar{z}$ 表示点云数据高程的平均值；n 表示点云数据数量。

2）最大偏离度

最大偏离度用于衡量评价区域内表面质量偏离的最大程度，是最大偏差体积与平均偏差体积之比，其值与评价区域内网格偏差体积和网格数量有关，计算公式如下：

$$R = \frac{V_{max}}{\frac{\sum_1^N V_i}{N}} \tag{7.21}$$

式中：R 表示最大偏离度；V_{max} 表示评价区域内网格最大偏差体积；V_i 表示评价区域内第 i 个网格偏差体积；N 表示评价区域内网格数量。

将公式（7.19）和（7.20）代入（7.21）式可得最大偏离度的推导公式：

$$R = \frac{N \times \Delta h_{max}}{\sum_1^N \Delta h_i} \tag{7.22}$$

式中：R 表示最大偏离度；Δh_{max} 表示评价区域内网格最大偏差高程值；Δh_i 表示第 i 个网格高程偏差；N 表示评价区域内网格数量。

3）表面平均凹凸值

表面平均凹凸值主要用于表示公路实测表面质量的期望值，是所有网格体积偏差的平均值，其值与评价区域内网格偏差体积和网格数量有关，计算公式如下：

$$\bar{V} = \frac{\sum_1^N V_i}{N} \tag{7.22}$$

式中：$\bar{V}$ 表示表面平均凹凸值；V_i 表示评价区域内第 i 个网格的偏差体积；N 表示评价区域内网格的数量。

将公式（7.20）和（7.21）代入（7.22）式可得表面平均凹凸值的推导公式：

$$\bar{V} = \frac{D^2 \times \sum_1^N \Delta h_i}{N} \tag{7.23}$$

式中：$\bar{V}$ 表示表面平均凹凸值；Δh_i 表示第 i 个网格高程偏差；D 表示网格边长；N 表示评价区域内网格数量。

4）国际平整度指数

国际平整度指数是国际上用于评价道路平整度的指标，但国内专家学者发现利用点云数据进行平整度评价时，点云数据高程的标准偏差与国际平整度指数之间存在一定的数量关系，因此国际平整度指数与评价区域内网格高程标准偏差有关，其关系公式如下：

$$IRI = \frac{\sigma_1 - 0.013}{0.592\,6} \tag{7.24}$$

式中：IRI 表示国际平整度指数；σ_1 表示网格高程标准偏差。

5）高程均值偏移量

高程均值偏移量是用于衡量公路实际表面高程平均值与设计表面高程平均值之间的差距，其值与评价区域内网格高程偏差有关，计算公式如下：

$$G = \frac{\sum_1^N \Delta h_i}{N} \tag{7.25}$$

式中：G 表示均值偏移量；Δh_i 表示第 i 个网格高程偏差；N 表示评价区域内网格的数量。

6）坡率偏离度

坡率偏离度是用于衡量公路实际表面或边坡表面坡度与设计表面或边坡表面坡度的偏离程度，用经同步旋转变换后低于设计表面高程区域网格偏差体积与高于设计表面高程区域偏差体积的绝对值与该区域面积的百分比表示，其值与评价区域内网格偏差体积、网格面积和网格数量有关，计算公式如下：

$$C = \frac{\left|\sum_1^M \Delta V_{di}\right| + \left|\sum_1^{N-M} \Delta V_{qj}\right|}{NS} \times 100\% \qquad (7.26)$$

式中：C 表示坡率偏离度；ΔV_{di} 表示经旋转变换后低于设计表面高程区域的网格偏差体积；ΔV_{qj} 表示高于设计表面高程区域的网格偏差体积；S 表示网格的面积；N 表示网格的数量。

将公式（718）和（7.19）代入（7.26）式可得坡率偏离度的推导公式：

$$C = \frac{\sum_1^M \Delta h_{iq} - \sum_1^{N-M} \Delta h_{id}}{N} \times 100\% \qquad (7.27)$$

式中：C 表示坡率偏离度；Δh_{iq} 表示高于设计表面高程区域的网格高程偏差值；Δh_{id} 表示低于设计高程区域的网格高程偏差值，其前带有"–"号。

6. 高速公路表面质量评价

根据本文对高速公路表面质量主要评价的内容，结合表面质量评价指标，可对高速公路以下三个方面进行表面质量评价。

1）高速公路表面平整情况评价

标准偏差、最大偏离度、表面平均凹凸值以及国际平整度指数都是对高速公路表面平整情况进行评价的指标，这些指标的计算值越小，表示高速公路表面越平整，即表面质量越好。

2）高速公路表面或边坡表面坡度状况评价

高速公路或边坡表面坡度不符合规范主要是指坡度过大或者坡度过小的情况，而坡率偏离度是对坡度偏差的衡量，能够实现对路面表面或边坡表面坡度状况的评价，坡率偏离度越小，表示实测坡度越接近设计坡度，即路面表面或边坡表面质量越好。

3）高速公路表面高程情况评价

高程均值偏移量主要是评价高速公路表面高程偏差情况，均值偏移量越小，表示实测高速公路表面高程越接近设计高程，即表面质量越好。

7.3.4 高速公路全区域表面质量评价标准

目前，我国执行的《公路工程质量检验评定标准》（JTG F80/1—2017）仍然采用以点代线、以线代面的抽样检验评价方法，通过计算合格率来评判质量的优劣，其评价结果是否合格取决于抽样检测部分的质量，然而高速公路施工过程中，质量的分布是连续的。因此，高速公路表面质量评价也不应该只是简单的合格与不合格，而应该是一个区域的质量。为此，本章将根据公路质量检验评价相关规范和高速公路表面质量评价指标的数学意义，提出高速公路全区域表面质量评价方向，为今后制定全区域质量评价标准奠定基础。

1. 公路质量评价的演化与发展

随着科学技术和生产水平的提高，我国公路施工质量也不断得到提升。为了适应公路质量发展趋势，保证公路质量，《公路工程质量检验评定标准》也不断地修改和完善。1985年，我国交通部第一公路工程局编制第一版公路质量检验评定标准，它主要作为公路施工质量控制的依据，从此拉开了我国公路工程质量标准建设的序幕。自我国第一版《公路工程质量检验评定标准》实施后，交通部将修订《公路工程质量检验评定标准》的任务交给交通公路科学研究所（院）。自1985年至今，《公路工程质量检验评定标准》已经经历了《公路工程质量检验评定标准》（JTJ 071—94）、《公路工程质量检验评定标准》（JTJ 071—98）、《公路工程质量检验评定标准 第一册 土建工程》（JTG F80/1—2004）和《公路工程质量检验评定标准 第一册 土建工程》（JTC F80/1—2017）四次修改与完善，公路质量检验评定方法和技术得到了很大的提高，实现了从仅适用于高等级公路质量检测评定到几乎所有等级公路质量检测评定，从采用简单的综合评价法到科学合理的合格率法评价的演变，检验评价流程也从以前的杂乱无章流程到现在如图7-17所示的科学合理的检验评价流程转变。

2. 现行高速公路表面质量评价标准

现行的《公路工程质量检验评定标准 第一册 土建工程》（JTC F80/1—2017）中并没有直接关于表面质量检验评价的标准，而是将表面质量评价标准分散在不同的检查项目中分别规定，因此在对高速公路表面质量评价的标准需要重新归纳。

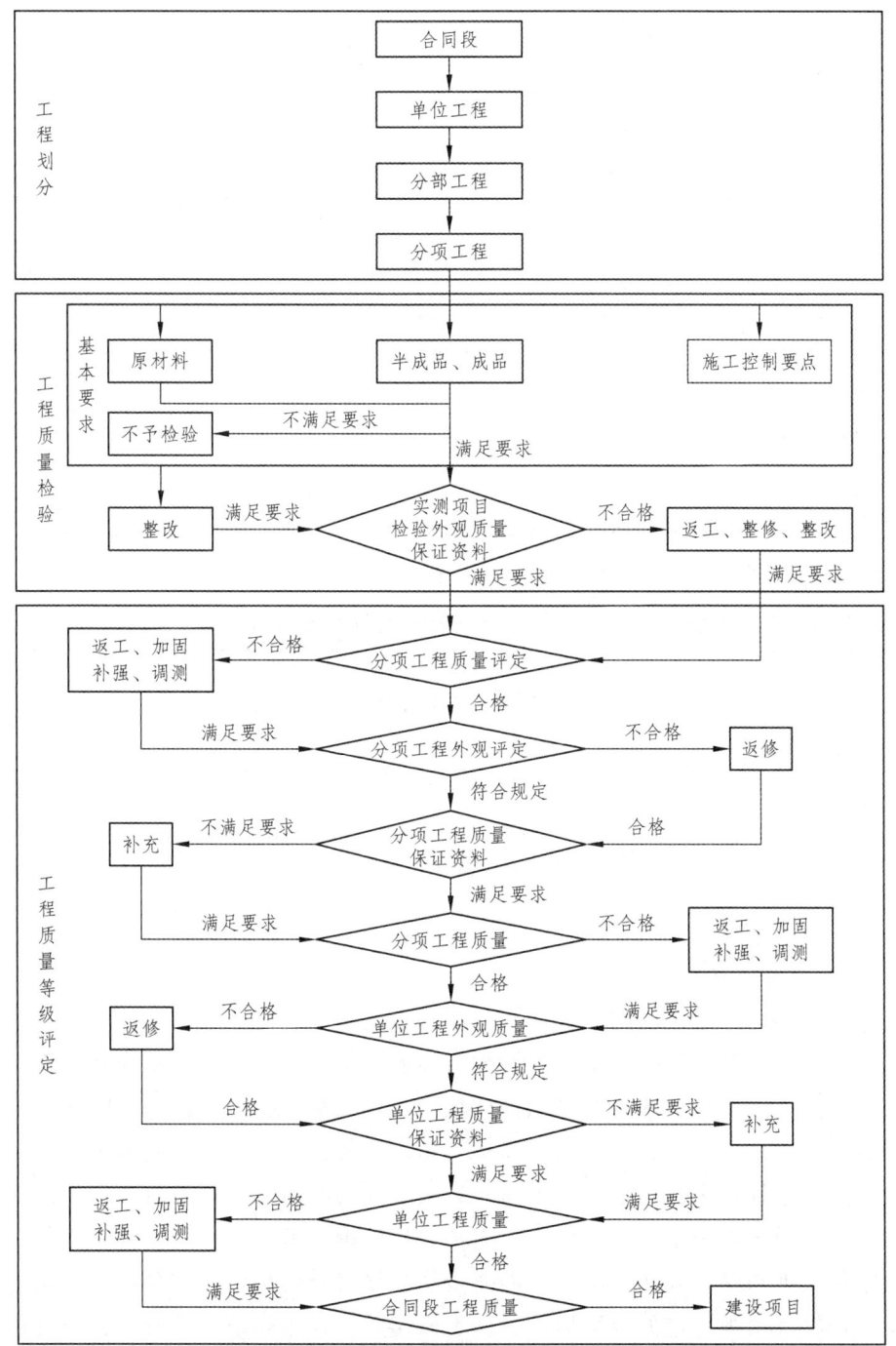

图 7-17　公路质量检验评价流程图

1）路面表面平整度

该标准中针对不同材质和施工方法的路面表面对高速公路的平整度的要求不同，详情见表 7-2。

表 7-2　不同材质和施工方法的高速公路路面表面平整度评定标准

允许偏差值类别	水泥混凝土面层	沥青混凝土面层和沥青碎（砾）石面层	沥青贯入式面层	沥青表面处置面层
标准差 σ/mm	≤1.32	≤1.2	≤3.5	≤4.5
国际平整度 IRI /（m/km）	≤2.2	≤2.0	≤5.8	≤7.5
最大间隙 h/mm	3	—	≤8	≤10

2）路面表面高程

该标准中针对不同材质和施工方法的路面对高速公路的路面表面高程的评定标准不同，详情见表 7-3。

表 7-3　不同材质和施工方法的高速公路路面表面纵断面高程评定标准

允许偏差值类别	水泥混凝土面层	沥青混凝土面层和沥青碎（砾）石面层	沥青贯入式面层	沥青表面处置面层
纵断面高程/mm	±10	±15	±20	±20

3）坡　　度

该标准中针对高速公路路面表面纵坡和边坡坡度要求均为满足设计要求。

3. 现行高速公路表面质量评价的缺陷

1）检验方法存在的缺陷

为了到达质量检验的要求，同时兼顾节约检验成本、降低破坏概率、提高检验的效率等目的，考虑到我国现行表面质量检验技术和设备现状，现行高速公路表面质量检验主要采用抽样检验，通过从一批检验项目中随机抽取少量项目进行检验，据以判断该高速公路表面质量是否合格，它与全面质量检验不同之处在于全面质量检验需对整条高速公路所有检验项目逐个进行检验，把其中的不合格部分拣出来，而抽样检验则根据样本中的检验项目的检验结果来推断整条高速公路的表面质量。如果推断结果认为该条高速公路表面质量符合预先规定的合格标准，就予以接收，否则就拒收。所以，经过抽样检验认为合格的高速公路中，还可能含有一部分表面质量不合格。抽样检验很大程度上取决于抽样检验方案，抽样检验抽样过程存在人为因素，客观性差，样本代表性无法证实，检验结果存在不可靠风险等缺陷。

2）评价方法存在的缺陷

尽管现行的公路质量检验评定标准中将检查项目分为关键项目和一般项目，通过计算各检验项目的合格率来实现对高速公路表面质量的评价，并对它们的合格率有不同的要求，但也存在对部分检验项目最低合格率缺乏限制，外观质量评价存在人为因素，评价结果模糊等缺陷。此外，该标准中涉及高速公路表面质量评价部分几乎都是通过以点代线、以线代面的评价方法进行评价，以此来提高表面质量评价的效率，降低评价成本，然而高速公路是一个连续的区域，其表面质量并不是通过部分检验项目预估的合格与不合格，而应该是一个区域。

4. 高速公路全区域表面质量评价方法

高速公路的表面质量是由高速公路各部分表面质量的综合，表面质量评价也应该是整个区域，而不是某几个点或几条线的表面质量。因此，为了达到表面质量检验评价的目的，提高表面质量检验的准确性，需要对高速公路整个评价区域的表面质量进行评价。

全数质量检验评定是针对抽样质量检验评定提出的科学可靠的质量检验评定方法，而全区域质量检验评定是结合高速公路的特点而提出的与全数质量检验评定类似的概念。高速公路的表面是一个区域，其表面质量也应该是一个区域，而全区域表面质量则是通过检验整个评价区域内与表面质量有关的所有项目，获得衡量表面质量的全部数据，通过对质量数据分析，从而得出表面质量的结论，即全区域表面质量。

高速公路全区域表面质量评价一方面需要根据我国现行的公路质量检验评定规范要求，构建全区域表面质量评价体系，另一方面需要利用先进的科学技术方法获取用于衡量高速公路表面质量的全部数据，通过对这些质量数据进行整体分析，从而达到对评价区域实现全区域表面质量。本研究根据点云数据以三维坐标点记录扫描物体表面信息的特点，通过对可以衡量高速公路表面质量的高速公路表面点云数据分析，从而获取以平整状况、高程、坡度为主的高速公路全区域表面质量。

7.4 高速公路表面质量智能评价程序开发

目前，我国计算机和大数据分析水平发展迅速，各行各业都逐渐向智能化方向发展，这也将是高速公路质量评价技术发展的方向。由于利用点云数据进行高速公路表面质量评价过程中，点云数据数据量庞大，人工处理不仅需要花费大量的时间和精力，而且处理结果的可靠性也难以得到保障，但是利用计算机算法程序能够实现高效率、低成本和高精度地处理点云数据并进行高速公路表面质量评价。基于专家学者已经取得的关于点云数据处理和表面质量评价技术的研究成果，根据提出的高速公路全区域表面质量评价方法，利用计算机编程实现高速公路表面质量智能评价。

7.4.1 高速公路表面质量智能评价系统分析

1. 表面质量智能评价系统构成

根据高速公路全区域表面质量评价的内容，结合点云数据的特点，一般情况下，可以将高速公路全区域表面质量评价系统大致分为点云数据采集系统、基础数据预处理系统和高速公路表面质量指标计算与评价系统，如图7-18所示。

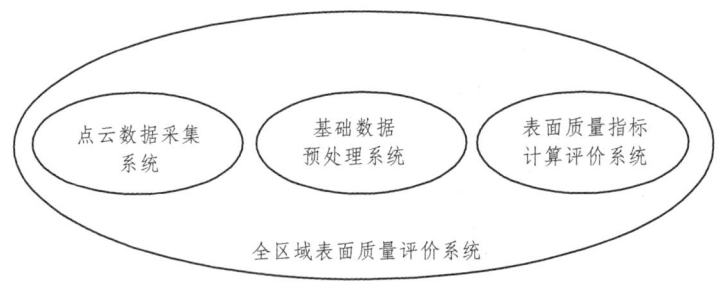

图 7-18 高速公路全区域表面质量评价系统构成图

点云数据采集系统主要涉及点云数据的采集，采用不同的方法获取的点云数据的数据量、精度和效率不同。基础数据预处理系统主要是对采集到的点云数据和高速公路表面设计数据进行初步的分析处理，提高点云数据反映被高速公路表面信息的准确度，精简点云数据的数据量，保证点云数据和高速公路表面设计数据的基本形式满足高速公路表面质量评价的需求。高速公路表面质量指标计算评价系统则主要是根据预处理后的点云数据和高速公路表面设计数据，计算高速公路表面质量评价指标和精度，同时对高速公路全区域表面质量进行评价并得出结论。

2. 表面质量智能评价程序内容分析

高速公路全区域表面质量智能评价系统包括点云数据采集系统、基础数据预处理系统和高速公路表面质量指标计算评价系统，每个系统不仅涉及多项研究内容，而且内容的深度也不断增加。而基于现在已有的点云数据预处理技术和方法，主要针对本书新提出的利用点云数据进行表面质量全区域评价部分内容进行研究，并采用计算机算法编程。研究内容主要包括基础数据预处理系统和高速公路表面质量指标计算评价系统，其中基础数据预处理系统主要包括点云数据坐标旋转变换、高速公路表面网格划分、网格节点坐标计算、高速公路设计表面关键点坐标与点云数据同步旋转等内容，如图 7-19 所示。

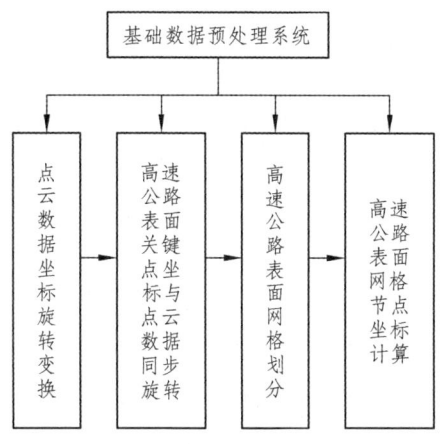

图 7-19　点云数据预处理系统图

高速公路表面质量指标计算评价系统主要包括高速公路网格高程偏差、网格偏差体积以及表面质量评价指标和精度的计算，同时对高速公路全区域表面质量进行评价等内容，如图 7-20 所示。

3. 表面质量智能评价程序工作原理

表面质量智能评价程序工作的原理是根据程序输入端输入的数据，按照程序内提前设计的逻辑算法，对输入的数据进行分析，最终按照设计要求在输出端输出表面质量评价值，如图 7-21 所示。

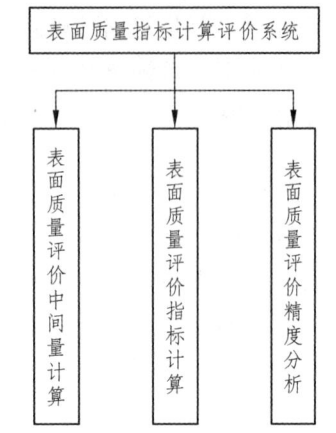

图 7-20　表面质量指标计算评价系统图

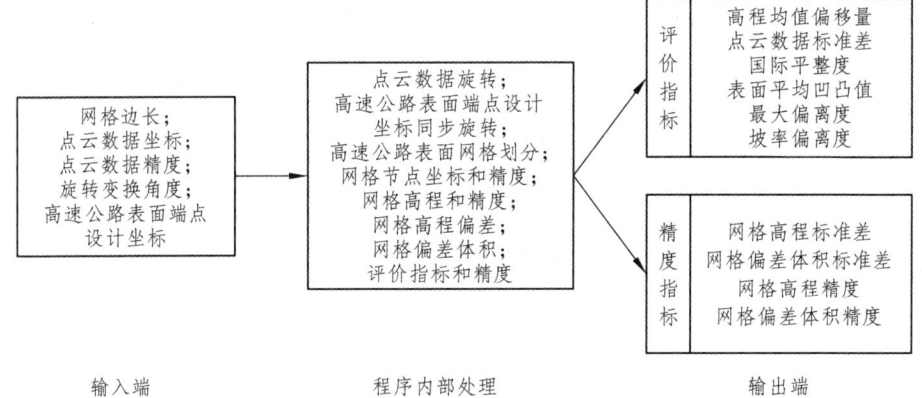

图 7-21　高速公路表面质量智能评价程序工作原理图

4. 表面质量智能评价程序工作流程

1）基础数据预处理系统工作流程

点云数据坐标旋转变换就是点云数据根据高速公路表面设计坡度、小里程端点构成直线与坐标轴的夹角，利用公式围绕坐标轴旋转变换，将表示有坡度的高速公路表面点云数据转换为无坡度的点云数据形式，其变换过程流程如图 7-22 所示。而高速公路表面设计坐标与点云数据同步旋转是通过旋转变换高速公路设计表面端点坐标从而实现将高速公路设计表面变换为无坡度的形式，其变换过程流程如图 7-23 所示。

高速公路表面网格划分就是以经同步旋转变换后的高速公路表面设计端点小里程点为起点，按照设定好的网格边长，利用函数公式（3.10）对设计端点构成的区域进行虚拟网格划分。网格节点坐标计算主要是指利用搜索圆，

以 $\frac{D}{2}$ 半径为搜索，利用前述公式计算划分后网格节点的坐标，而网格高程计算主要是根据网格节点坐标利用插值法计算网格中心点坐标高程，最终确定网格高程，最后通过计算其与设计高程旋转后值的高程偏差，其处理过程流程如图 7-24 所示。

2）表面质量指标计算智能评价系统工作流程

表面质量评价指标计算主要是指根据经旋转变换后的点云数据，网格边长和网格高程差，利用公式分别计算标准偏差、最大偏离度、表面平均凹凸值、国际平整度指数、均值偏移量和坡率偏离度指标，从而为全区域表面质量评价奠定基础，其计算流程图如图 7-25 所示。

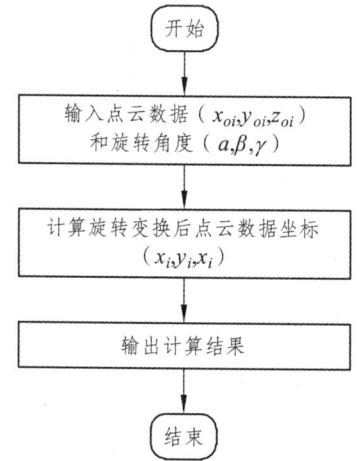

图 7-22 点云数据坐标旋转变换流程图

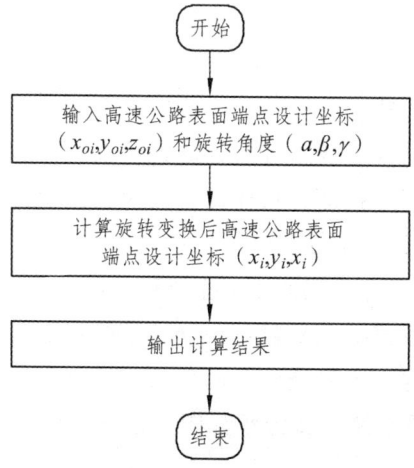

图 7-23 表面坐标与点云数据同步旋转流程

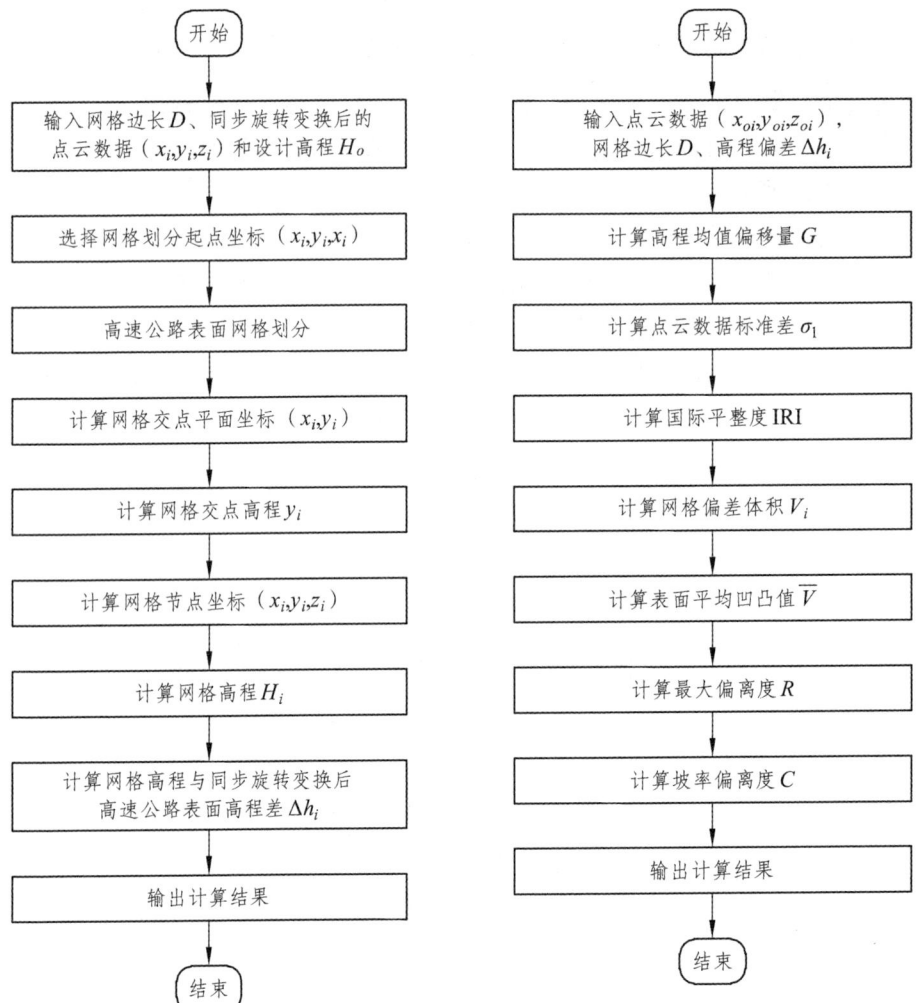

图 7-24 网格处理流程图　　图 7-25 表面质量评价指标计算流程图

表面质量评价精度则主要是针对计算评价指标过程中涉及的网格高程、网格体积分别分析其评价精度,从而评估高速公路表面质量评价的精确度,评价精度计算流程如图 7-26 所示。

3)表面质量智能评价系统整体工作流程

表面质量评价程序包括基础数据预处理系统和表面质量指标计算评价系统,其处理过程包括这两个系统涉及的各项内容,是这两部分内容的逻辑有机组成,表面质量评价系统工作流程如图 7-27 所示。

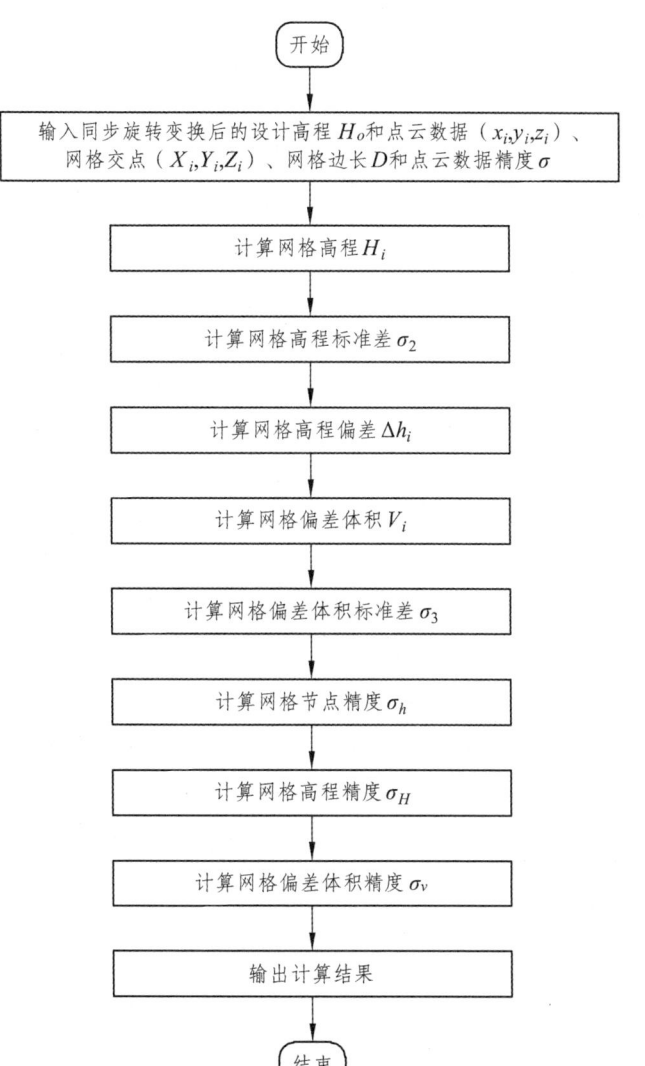

图 7-26 表面质量评价精度分析流程图

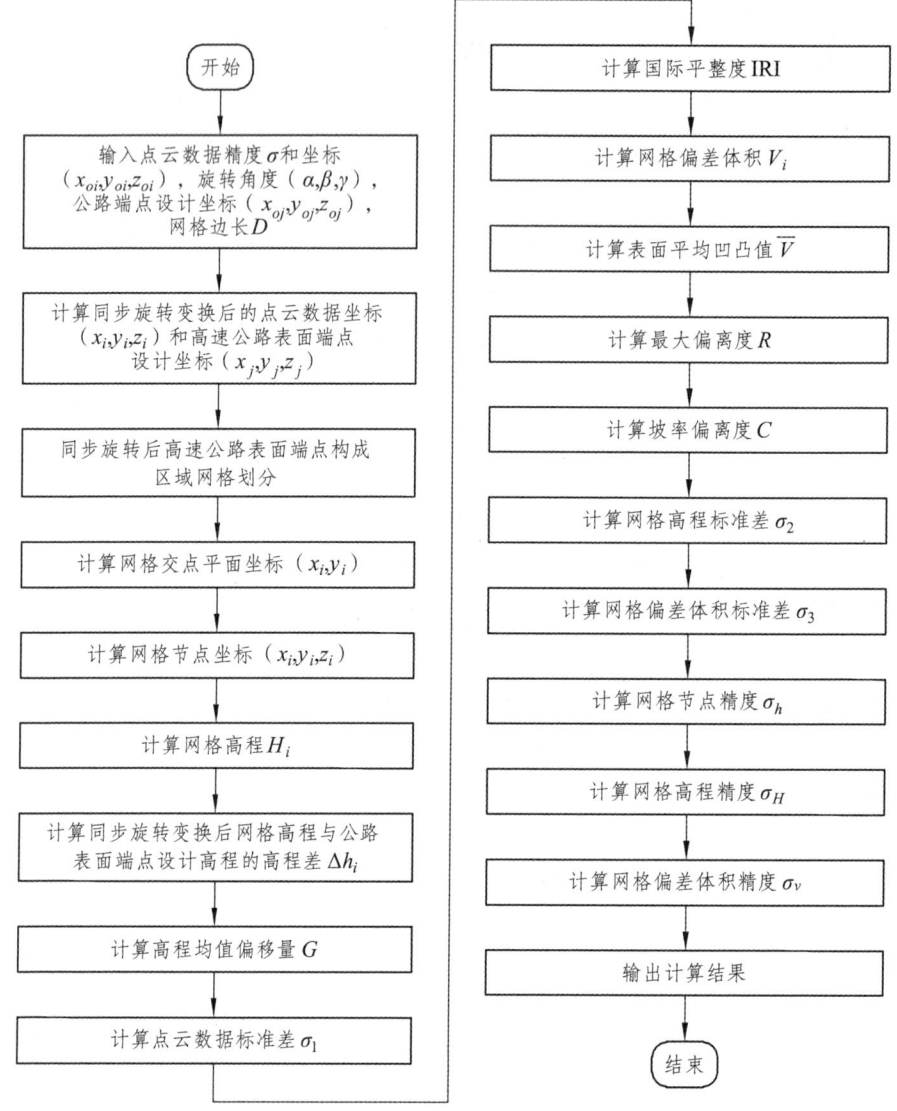

图 7-27 全区域表面质量评价系统算法流程图

7.4.2 高速公路表面质量智能评价程序设计

1. 编程软件介绍

Vue 是兼容多种编程语言的用户界面的构建编程软件,它重点关注界面的显示。采用 Vue 进行编程,不仅能够打破专业软件的限制,同时能跨专业调动编程函数，降低编程过程的难度，其编码简洁，体积小，运行效率高，还能与其他专业软件配合使用。因此，本书采用 Vue 编写高速公路表面质量质量智能评价程序。

2. 表面质量智能评价程序设计

表面质量智能评价程序设计主要是根据高速公路表面质量评价内容和指标，利用计算机编程将评价内容和指标转化为机器语言，从而实现高速公路全区域表面质量智能化评价的目的。

1）程序编写步骤

根据本文提出的高速公路表面质量评价系统和评价精度分析方法的要求，结合 vue 软件的特点，将表面质量智能评价程序按照以下几个步骤开展编程工作：

第 1 步：输入点云数据坐标（x_{0i}，y_{0i}，z_{0i}），精度 σ，角度（α，β，γ），公路表面设计端点坐标（x_{0j}，y_{0j}，z_{0j}），网格边长 D。

第 2 步：根据公式（3.9）计算同步旋转变换后的点云数据坐标（x_i，y_i，z_i）和公路表面设计端点坐标（x_j，y_j，z_j）。

第 3 步：利用公式（4.10）计算点云数据标准差 σ_1。

第 4 步：利用公式（4.15）计算国际平整度 IRI。

第 5 步：利用公式（3.10）高速公路设计表面划分网格并计算网格节点平面坐标（X_j，Y_j）。

第 6 步：利用公式（4.1）计算网格节点坐标高程值 Z_j。

第 7 步：利用公式（4.6）计算网格高程 H_i。

第 8 步：利用公式（5.21）计算网格高程标准差 σ_2。

第 9 步：利用公式（4.7）计算网格高程偏差 Δh_i。

第 10 步：判断并利用公式（4.18）计算坡率偏离度 C。

第 11 步：利用公式（4.16）计算均值偏移量 G。

第 12 步：利用公式（4.9）计算网格偏差体积 V_i。

第 13 步：判断并利用公式（4.11）计算最大偏离度 R。

第 14 步：利用公式（4.13）计算表面平均凹凸值 $\bar{V}$。

第 15 步：利用公式（5.20）计算网格偏差体积精度 σ_v。

第 16 步：利用公式（5.23）计算网格高程精度 σ_H。

第 17 步：利用公式（5.25）计算网格偏差体积标准差 σ_3。

第18步：输出 G、σ_1、IRI、$\bar{V}$、R、C、σ_2、σ_3、σ_H、σ_v 的值。

2）程序内部逻辑流程图（图7-28）

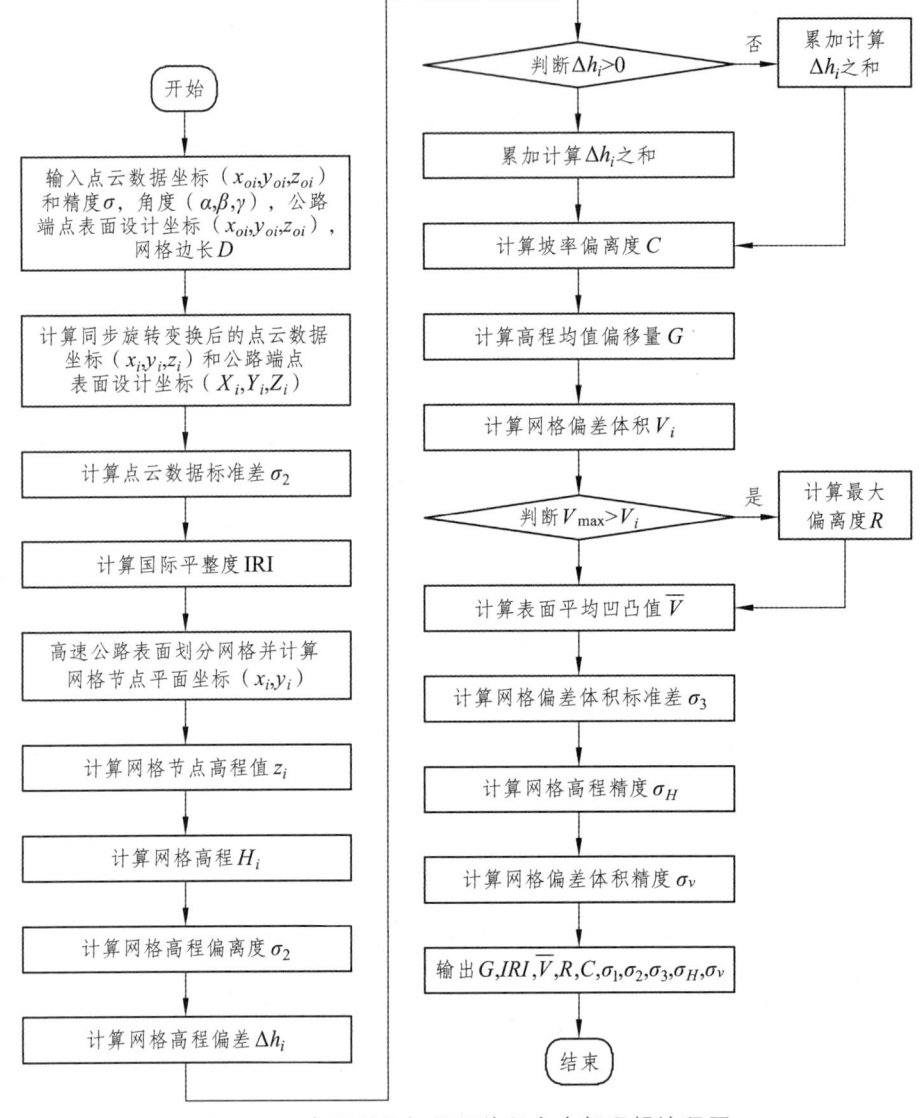

图 7-28 表面质量智能评价程序内部逻辑流程图

3）表面质量智能评价程序

根据表面质量智能评价程序编程流程，按照程序内部逻辑，采用 bootstrap 样式，css，javascript、vue js 语法等，利用 vue 系列软件编程最终实现高速公路表面质量智能评价，程序截屏如图 7-29、7-30 所示。

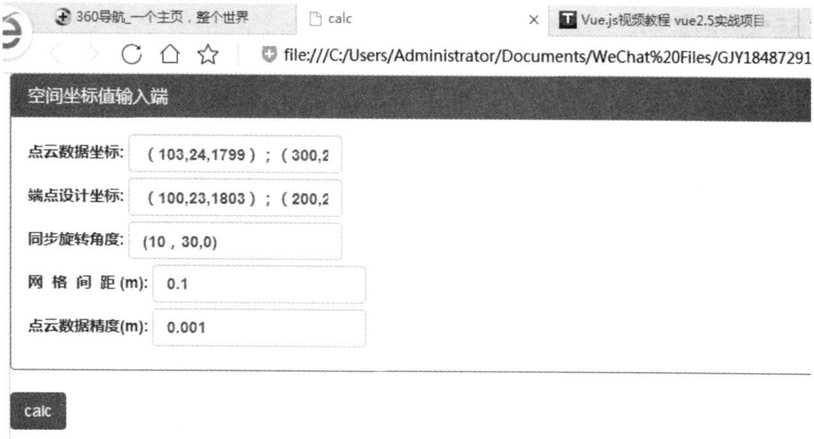

图 7-29　表面质量智能评价程序输入端界面截屏图（a）

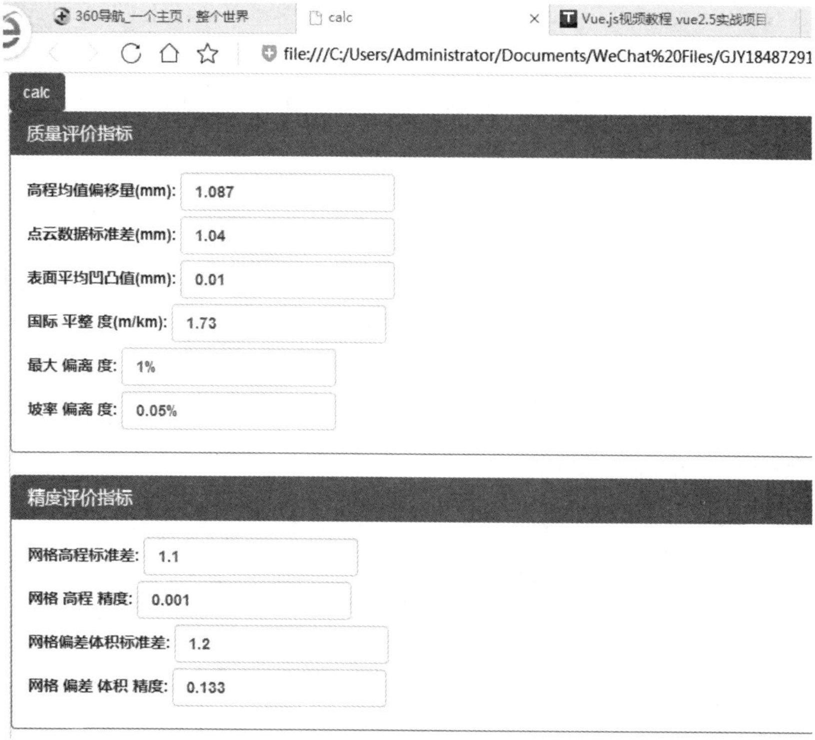

图 7-30　表面质量智能评价程序输出端界面截屏图（b）

参考文献

[1] Linear scheduling of highway project. Garold, D. O, Samir, A. A, Gregory, A. D.. 2005.

[2] A BIM-based automated site layout planning framework for congested construction sites[J]. Srinath S. Kumar, Jack C. P. Cheng. Automation in Construction. 2015.

[3] A Genetic Algorithm for Improving Efficiency of PERT[J]. Chun Huy Wang. Applied Mechanics and Materials. 2013 (284).

[4] A genetic algorithm-based method for scheduling repetitive construction projects[J]. Luong Duc Long, Ario Ohsato. Automation in Construction. 2008 (4).

[5] A mixed (continuous + discrete) time-cost trade-off model considering four different relationships with lag time[J]. Jaeho Son, TaeHoon Hong, Sangyoub Lee. KSCE Journal of Civil Engineering. 2013 (2).

[6] A new approach to find project characteristics and multiple possible critical paths in a fuzzy project network[J]. V. Sireesha, N. Ravi Shankar. Fuzzy Information and Engineering. 2013 (1).

[7] A Simple CPM Time-Cost Tradeoff Algorithm[J]. Nicolai Siemens. Management Science. 1971 (6).

[8] A two-phase GA model for resource-constrained project scheduling[J]. Po-Han Chen, Haijie Weng. Automation in Construction. 2008 (4).

[9] A VRSystem for the Exploitation of Uunderwater Archaelogical Sites. Bruno F, et al. Computational Intelligence for Multimedia Understanding (IWCIM), 2016, International Workshop on. 2016.

[10] Accelerating linear projects[J]. Ahmed Hassanein, Osama Moselhi. Construction Management and Economics. 2005 (4).

[11] Advanced linear scheduling program with varying production rates for

[11] pipeline construction projects[J]. Greg Duffy,Asregedew Woldesenbet, "David" Hyung Seok Jeong,Garold D. Oberlender. Automation in Construction. 2012.

[12] An automatic algorithm selection approach for the multi-mode resource-constrained project scheduling problem[J]. Tommy Messelis,Patrick De Causmaecker. European Journal of Operational Research. 2014 (3).

[13] Application of linear scheduling method (LSM) for nuclear power plant (NPP) construction[J]. Woojoong Kim,Dongsoo Ryu,Youngsoo Jung. Nuclear Engineering and Design. 2013.

[14] Application of Linear Scheduling[J]. Edmund N. Chrzanowski,David W. Johnston. Journal of Construction Engineering and Managemen. 1986 (4).

[15] Beyond virtual museums: Experiencing immersive virtual reality in real museums[J]. Marcello Carrozzino, Massimo Bergamasco. Journal of Cultural Heritage. 2010 (4).

[16] 郭红领，潘在怡. BIM辅助施工管理的模式及流程[J]. 清华大学学报（自然科学版），2017（10）.

[17] 曹睿明. BIM技术在道路工程设计中的应用研究[D]. 东南大学，2017.

[18] 彭磊. BIM技术在高速公路工程建设中的应用[J]. 门窗，2019（15）.

[19] 王立军. BIM技术在高速公路工程建设中应用[J]. 住宅与房地产，2019（34）.

[20] 纪亚峰，陈敏敏，赵晓敏，等. BIM技术在工程项目中的应用与探讨[J]. 建筑施工，2013（09）.

[21] 孙建诚，李永鑫，王新单. BIM技术在公路设计中的应用[J]. 重庆交通大学学报（自然科学版），2017（11）.

[22] 宋浩，韩广晖，刘永峰. BIM技术在轨道梁线形控制领域的应用研究[J]. 铁道勘察. 2020（01）.

[23] 张伟玲. BIM技术在互通式立交方案设计中的应用[J]. 交通世界，2019（31）.

[24] 郑万成. BIM技术在桥梁设计阶段的应用研究分析[J]. 黑龙江交通科技，2019（11）.

[25] 蒋雅君，李明博，陶双江，等. BIM技术在隧道衬砌病害信息可视化中的应用[J]. 地下空间与工程学报，2018（04）.

[26] 贾璞敏，程亚斌，赵林，等．BIM结合VR技术在某地铁盾构前期施工准备中的应用[J]．中国标准化，2017（14）．

[27] 陈闽．BIM应用于市政桥梁设计的研究和实践[J]．建材与装饰，2020（02）．

[28] Building information modelling (BIM)capability and delivery success on construction projects. Abdul-Majeed Mahamadu, Lamine Mahdjoubi, Colin Booth, Patrick Manu,Emmanuel Manu. Construction Innovation. 2019.

[29] 蒋丽，邹时林．CAD到GIS数据的属性匹配和转换的研究[J]．测绘地理信息，2017（03）．

[30] Combining the power of AGS and XML: AGSML the data format for the future. Chandler R J, Quinn P M, Beaumont A J,et al. Geo Congress. 2006.

[31] Comparison of linear scheduling model and repetitive scheduling method. Mattila, Kris G., Park, Amy. Journal of Construction Research. 2003.

[32] Compression of Project Schedules using the Analytical Hierarchy Process[J]. OsamaMoselhi, NazilaRoofigari-Esfahan. J. Multi-Crit. Decis. Anal.. 2012 (1-2).

[33] Construction Resource Allocation and Leveling Using a Threshold Accepting–Based Hyperheuristic Algorithm[J]. Georgios K. Koulinas, Konstantinos P. Anagnostopoulos. Journal of Construction Engineering and Managemen. 2012 (7).

[34] Cost Optimization Model for the Multiresource Leveling Problem with Allowed Activity Splitting[J]. Moncer Hariga,Sameh M. El-Sayegh. Journal of Construction Engineering and Managemen. 2011 (1).

[35] Critical path determination by incorporating minimum and maximum time and distance constraints into linear scheduling[J]. Alexandros Kallantzis, Sergios Lambropoulos. Engineering, Construction and Architectural Management. 2004 (3).

[36] CRITICISM OF CPM FOR PROJECT PLANNING ANALYSIS. Jaafari,Ali. Journal of Construction Research. 1984.

[37] Efficient Hybrid Genetic Algorithm for Resource Leveling via Activity Splitting[J]. Seyed Hossein Hashemi Doulabi,Abbas Seifi,Seyed Yasser Shariat. Journal of Construction Engineering and Managemen. 2011 (2).

[38] Evolutionary resource scheduler for linear projects[J]. Maged E. Georgy. Automation in Construction. 2007 (5).

[39] Fuzzy Numbers in Cost Range Estimating[J]. Ahmed A. Shaheen, Aminah Robinson Fayek, S. M. AbouRizk. Journal of Construction Engineering and Managemen. 2007 (4).

[40] 熊桂开，朱丽丽，薛梅. GIS-BIM 技术在山地城市路网优化设计中的应用[J]. 重庆交通大学学报（自然科学版），2017（04）.

[41] Integrated BIM, game engine and VR technologies for healthcare design: A case study in cancer hospital[J]. Yu-Cheng Lin, Yen-Pei Chen, Huey-Wen Yien, Chao-Yung Huang, Yu-Chih Su. Advanced Engineering Informatics. 2018.

[42] Learning Virtual Reality Tour of Suan SunandhaPalace. Kularbphettong K, Rodchom I. TOJET. 2016.

[43] Linear scheduling and visualization. Vorester M. C, Beliveau Y. J, Bafna T. Transportation Research. 1992.

[44] Linear scheduling method for highway construction. Johnston, D. W. Journal of the Construction Division, ASCE. 1981.

[45] Linear scheduling model with varying production rates. Duffy, Gregory A., Oberlender, Garold D., Seok Jeong, David Hyung. Journal of Construction Research. 2011.

[46] Linear Scheduling Model: Development of Controlling Activity Path[J]. David J. Harmelink, James E. Rowings. Journal of Construction Engineering and Management. 1998 (4).

[47] Linear Scheduling Model: Float Characteristics[J]. David J. Harmelink. Journal of Construction Engineering and Management. 2001 (4).

[48] Linear scheduling:past research efforts and future directions. Kris G Mattila, Dulcy M. Abraham. Engineering, Construction and Architectural Management. 1998.

[49] LOB and CPM Integrated Method for Scheduling Repetitive Projects[J]. Mohammad A. Ammar. Journal of Construction Engineering and Management. 2013 (1).

[50] Metaheuristics for project and construction management – A state-of-the-art

review[J]. T. Warren Liao,P.J. Egbelu,B.R. Sarker,S.S. Leu. Automation in Construction. 2010 (5).

[51] Multi-mode resource-constrained discrete time–cost-resource optimization in project scheduling using non-dominated sorting genetic algorithm[J]. Parviz Ghoddousi,Ehsan Eshtehardian,Shirin Jooybanpour,Ashtad Javanmardi. Automation in Construction. 2013.

[52] New Generation of Planning Structures[J]. Alan D. Russell,William C. M. Wong. Journal of Construction Engineering and Managemen. 1993 (2).

[53] Oblique Aerial Photography Tool for Building Inspection and Damage Assessment[J]. A. Murtiyoso, F. Remondino, E. Rupnik, F. Nex, P. Grussenmeyer. ISPRS-International Archives of the Photogramme. 2014 (1).

[54] Optimization of floor-level construction material layout using Genetic Algorithms[J]. Hyounseung Jang,Sangyoub Lee,Seokin Choi. Automation in Construction. 2006 (4).

[55] Optimized acceleration of repetitive construction projects[J]. Ibrahim Bakry, Osama Moselhi,Tarek Zayed. Automation in Construction. 2014.

[56] Optimized scheduling and buffering of repetitive construction projects under uncertainty[J]. Ibrahim Bakry,Osama Moselhi,Tarek Zayed. Engineering, Construction and Architectural Manag. 2016 (6).

[57] Optimizing linear project scheduling with multi-skilled crews[J]. Shu-Shun Liu, Chang-Jung Wang. Automation in Construction. 2011.

[58] Optimizing Resource Leveling in Construction Projects[J]. Khaled El-Rayes, Dho Heon Jun. Journal of Construction Engineering and Managemen. 2009 (11).

[59] Optimizing site layout and material logistics planning during the construction of critical infrastructure projects. Said Hisham M.. 2010.

[60] 刘煜明. PERT 进度编制及其在资源约束下的优化[D]. 河海大学, 2006.

[61] Planning During Construction. Cooke B, Williams P. Construction Planning, Programming and Control. 1998.

[62] Proceedings of the institution of civil engineers. London Athenxum. Journal of the Franklin Institute Engineering and Applied Mathematics. 1844.

[63] Progress-Based Construction Scheduling[J]. Mustafa Pultar. Journal of

Construction Engineering and Managemen. 1990 (4).

[64] Project scheduling with finite or infinite number of activity processing modes-A survey[J]. European Journal of Operational Research. 2010 (3).

[65] Representing work spaces generically in construction method models. Akinci, Burcu, Fischer, Martin, Kunz, John,Levitt, Ray. Journal of Construction Research. 2002.

[66] 张皖南. SAR 与可见光图像的配准算法研究[D]. 合肥工业大学，2018.

[67] Schedule control model for linear projects based on linear scheduling method and constraint programming[J]. Yuanjie Tang, Rengkui Liu,Quanxin Sun. Automation in Construction. 2014.

[68] Signage visibility analysis and optimization system using BIM-enabled virtual reality (VR) environments[J]. Ali Motamedi, Zhe Wang, Nobuyoshi Yabuki, Tomohiro Fukuda, Takashi Michikawa. Advanced Engineering Informatics. 2017.

[69] Two-Stage Scheduling Model for Resource Leveling of Linear Projects[J]. Yuanjie Tang, Rengkui Liu, Quanxin Sun. Journal of Construction Engineering and Management. 2014.

[70] Using Mixed Reality and NaturalInteraction in Cultural Heritage Applications. Brondi R, Carrozzino M, Lorenzini C, Tecchia F. Acta Informatica. 2016.

[71] Virtual Reality for Built Environment:ACritical Review of Recent Advances. Kim M, Wang X, Love P, Li H, Kang S C. Journal of Information Technology in Construction. 2013.

[72] 王丽，王建. 保持资源连续性的 LSM 关键路线优化新方法[J]. 科协论坛（下半月），2012（06）.

[73] 程方圆，姚国明，奎永才，等. 集成 GIS/BIM 的公路隧道数字化管理研究及应用[J]. 隧道建设（中英文），2019，39（12）：1973-1980.

[74] 李莉霞. 刍议 BIM 在市政给排水及道路设计中的运用[J]. 城市建筑，2019（30）.

[75] 刘继庚. 地面三维激光扫描点云数据自动配准算法及建模研究[D]. 贵州大学，2018.

[76] 王军. 地面三维激光扫描技术在古建筑测绘中的应用研究[D]. 兰州交通

大学，2018.

[77] 李峥峰. 多时间因素作业车间调度问题的研究与工程应用[D]. 华中科技大学，2010.

[78] 王军龙，张劲松. 甘特图在输变电工程启动中的运用[J]. 安徽电气工程职业技术学院学报，2007（01）.

[79] 曾友余. 高速公路工程建设中对 BIM 技术的应用实践[J]. 门窗，2019（21）.

[80] 王巍. 高速铁路工程质量管理与控制研究[D]. 中南大学，2010.

[81] 张冬. 高速铁路项目"合理工期"分析研究[D]. 西安建筑科技大学，2010.

[82] 王敏，潘燕燕. 高职院校虚拟现实专业建设的必要性探讨[J]. 电脑知识与技术，2018（34）.

[83] 董涛. 高职院校虚拟现实专业人才培养模式的探索与思考[J]. 湖北开放职业学院学报，2020（01）.

[84] 陈业文. 工程项目群施工阶段进度管理及 P3e/c 应用研究[D]. 同济大学，2007.

[85] 陈红杰. 工期变化时 CPM 方法与 LSM 方法在线状工程中的适用性研究[J]. 项目管理技术，2013（02）.

[86] 工信部. 加快推进虚拟现实产业发展 2025 年整体实力将进入全球前列[J]. 信息技术与标准化，2019（Z1）.

[87] 袁剑波. 公路建设项目管理模式与方法研究[D]. 中南大学，2006.

[88] 朱合华，李晓军，林晓东. 基础设施智慧服务系统（iS3）及其应用[J]. 土木工程学报，2018（01）.

[89] 陆轶，梁虹，周园. 基于 ArcGIS Engine 的高速公路隧道监测信息系统[J]. 昆明理工大学学报（理工版），2008（04）.

[90] 阎一澜. 基于 ArcGIS 的岩石隧道水文地质数据的管理与建模[J]. 山西建筑，2018（24）.

[91] 寇邦宁. 基于 BIM+GIS 技术的铁路隧道设计应用研究[J]. 四川建筑，2017（02）.

[92] 马勇军，尹紫红，高雪，等. 基于 BIM 的 VR 技术在地铁施工管理中的应用[J]. 四川建筑，2017（06）.

[93] 秦涛，龚晓晖，于洪武，等. 基于 BIM 的道路信息模型参数化构建技术研究[J]. 中外公路，2017（01）.

[94] 王丽园,陈楚江,余飞.基于BIM的公路勘察设计与实践[J].中外公路,2016（03）.

[95] 邵正达,宋天任.基于BIM的建筑VR交互技术研究与应用[J].土木建筑工程信息技术,2018（03）.

[96] 沈力.基于BIM的建筑业大数据研究初探[D].西南交通大学,2016.

[97] 任璐.基于BIM的桥梁结构施工模拟与监测[D].河北大学,2017.

[98] 李福健.基于BIM和GIS的隧道围岩量测自动化监测系统研究与应用[J].土木建筑工程信息技术,2017（06）.

[99] 沈照庆,魏鹏飞,董朝辉,等.基于BIM技术的道路改扩建研究与应用[J].长安大学学报（社会科学版）,2017（06）.

[100] 王雄.基于BIM技术的高速公路景观应用研究[D].长安大学,2017.

[101] 韩广晖.基于BIM技术的轨道交通桥梁工程量计算[J].铁道勘察,2020（01）.

[102] 许娜,张雷.基于BIM技术的建筑供应链协同研究[J].北京理工大学学报.2014（12）.

[103] 尹兆明.基于BIM技术的进度管理应用研究[D].河北工程大学,2017.

[104] 杨龙龙,王会,丁海燕.基于BIM技术的绿色公共建筑虚拟现实系统设计研究[J].现代电子技术,2020（06）.

[105] 刘祖雄,申祖武,王军武.基于BIM技术的桥梁工程施工材料精细化管理[J].中外公路,2018（01）.

[106] 畅宁宁.基于BIM技术的施工项目成本控制研究[D].吉林大学,2017.

[107] 邓小军,刘肖群,董春晖.基于BIM技术的隧道工程施工信息集成与管理应用研究[J].浙江建筑,2018（08）.

[108] 宋战平,史贵林,王军保,等.基于BIM技术的隧道协同管理平台架构研究[J].岩土工程学报,2018（S2）.

[109] 张志.基于BIM信息化技术的施工场地布置与优化[J].天津建设科技,2017（01）.

[110] 王丽园,陈楚江.基于CAD/GIS技术的公路隧道及围岩体三维可视化系统[J].公路交通科技,2012（04）.

[111] 李伟哲.基于ContextCapture实景建模及应用[J].西北水电,2018（03）.

[112] 王秋兰.基于GIS+BIM的公路隧道智慧管养系统研究与设计[J].交通与运输（学术版）,2018（02）.

[113] 范运昌. 基于 IFC 的 BIM 模型与绿色建筑分析软件互操作性研究[D]. 郑州大学, 2017.

[114] 杨党锋. 基于 iS3 的综合管廊施工智慧管理系统应用[J]. 水利规划与设计, 2018（02）.

[115] 朱合华, 武威, 李晓军, 等. 基于 iS3 平台的岩体隧道信息精细化采集、分析与服务[J]. 岩石力学与工程学报, 2017（10）.

[116] 罗超, 熊国飞. 基于 LSD 的低空影像线特征提取[J]. 科技广场, 2016（11）.

[117] 刘荣自. 基于 LSM 的线状工程项目多目标优化研究[D]. 华东交通大学, 2012.

[118] 李擎. 基于 LSM 的中国铁路集中修进度计划编制模型研究[D]. 北京交通大学, 2013.

[119] 孙孟毅. 基于 LSM 的中国铁路施工变速率进度计划编制模型研究[D]. 北京交通大学, 2015.

[120] 满庆鹏, 王要武, 李晓东. 基于 Petri 网的施工进度建模及优化方法[J]. 系统管理学报, 2009（02）.

[121] 郑辉. 基于 SIFT 特征的全景图像拼接算法研究[D]. 武汉科技大学, 2010.

[122] 赵传海, 周涛, 贾海萍. 基于层次分析法的建筑场地可利用度评价[J]. 山西建筑. 2013（28）.

[123] 张磊. 基于尺度不变局部特征的图像匹配方法研究[D]. 武汉理工大学, 2017.

[124] 张福友. 基于大疆无人机的 Context Capture 三维实景建模探讨[J]. 广东水利水电, 2017（08）.

[125] 祁甲民. 基于多源测量数据融合的三维建模技术研究[D]. 河南工业大学, 2018.

[126] 李娜. 基于多源影像数据融合的三维实景重建及应用研究[D]. 山东建筑大学, 2019.

[127] 白礼彪, 白思俊, 郭云涛. 基于改进蚁群算法的项目组合工期-成本优化[J]. 计算机工程与应用, 2015（02）.

[128] 李雪. 基于古建筑保护修缮需求的三维激光扫描数据应用研究[D]. 北京工业大学, 2018.

[129] 赵岫华. 基于机动时间特性理论的 CPM 网络计划优化研究[D]. 华北电力大学，2012.

[130] 伊长生，高建炳. 基于模糊规划的工程项目工期—成本—质量均衡优化研究[J]. 工程管理学报，2015（01）.

[131] 梁洪源. 基于平衡线法的工程项目进度赶工问题研究[D]. 华北电力大学（北京），2017.

[132] 王孖文. 基于启发式的约束满足问题研究[D]. 吉林大学，2011.

[133] 黄骞，张玥，汪悦. 基于倾斜摄影的实景三维公路地质灾害识别关键技术研究[J]. 公路，2018（01）.

[134] 姜如波. 基于倾斜摄影和近景摄影技术的实景三维模型制作[J]. 城市勘测，2018（03）.

[135] 赵典刚. 基于三维激光扫描+实景建模的建筑逆向建模关键技术研究[D]. 青岛理工大学，2018.

[136] 张宇贝. 基于三维激光扫描的复杂管线 BIM 几何模型构建与应用研究[D]. 北京建筑大学，2018.

[137] 陈海涛. 基于三维激光扫描点云自动生成 BIM 模型算法研究[D]. 南昌航空大学，2019.

[138] 谢海荣，方毛林，高飞，等. 基于三维激光扫描技术的优秀建筑三维重建[J]. 信息通信，2017（06）.

[139] 李泽邦. 基于三维激光扫描技术在矿山采空区边坡变形监测中的应用研究[D]. 昆明理工大学，2018.

[140] 金逸宸，张正晓，潘豪蒙，等. 基于三维实景大数据的架空输电线路无人机高精度廊道巡线关键技术研究[J]. 通信电源技术，2018（12）.

[141] 宁欣. 基于施工场地布置的工程项目价值优化研究[J]. 建筑经济，2010（02）.

[142] 马彤彤. 基于数字摄影扫描测量的逆向建模技术及其在某航空部件再制造中的应用[D]. 华北水利水电大学，2018.

[143] 李智韬. 基于无人机摄影测量的架空输电线路三维实景建模研究与应用[D]. 华南理工大学，2019.

[144] 黄炯荣，鲁铁定. 基于无人机序列图像的多视图几何三维重建研究[J]. 江西科学，2018（01）.

[145] 童丰华，张航. 基于虚拟视景的公路线形安全设计审查方法研究[J]. 公

路，2018（05）.

[146] 薛训明，汪飞，叶为全，等. 基于虚拟现实的 BIM 在设施管理中的应用研究[J]. 电脑知识与技术，2016（06）.

[147] 张旭君，吕志民. 基于约束规划的一类排序问题通用求解方法[J]. 计算机工程与应用，2012（26）.

[148] 郝海亮，王建中. 基于约束满足问题的 ILOG 技术的应用[J]. 杭州电子科技大学学报，2007（03）.

[149] 袁华，庞建铿，莫建文. 基于噪声分类的双边滤波点云去噪算法[J]. 计算机应用，2015（08）.

[150] 董胜英. 基于资源均衡的铁路建设工程进度计划优化模型研究[D]. 北京交通大学，2013.

[151] 钮建伟，秦洁，丁文英，等. 基于资源限制的多目标网络计划优化模型[J]. 业工程，2015（06）.

[152] 林晓东，李晓军，林浩. 集成 GIS/BIM 的盾构隧道全寿命管理系统研究[J]. 隧道建设（中英文），2018（06）.

[153] 张建平，韩冰，李久林，等. 建筑施工现场的 4D 可视化管理[J]. 施工技术，2006（10）.

[154] 王珏. 建筑信息模型（BIM）在互通式立交设计中的应用研究[D]. 东南大学，2015.

[155] 唐源洁. 交通运输线性工程施工进度计划编制及优化方法研究[D]. 北京交通大学，2015.

[156] 徐欣. 进度计划线图法[J]. 南京建筑工程学院学报，1999（04）.

[157] 郭小刚，金星，周涛，等. 经典悬链线理论精确解与近似解的非线性数值计算[J] 计算力学学报，2018（05）.

[158] 宋晨. 井东露天矿边坡稳定性评价及 GIS 三维可视化研究[D]. 青岛理工大学，2013.

[159] 廖明伟，廖明，万敏. 空地一体化倾斜摄影与实景三维融合关键技术探讨[J]. 江西测绘，2017（01）.

[160] 王田. 兰新高铁隧道运营安全风险评价及预警方法研究[D]. 北京交通大学，2017.

[161] 董志鹏，王密，李德仁，等. 利用对象光谱与纹理实现高分辨率遥感影像云检测方法[J]. 测绘学报，2018（07）.

[162] 刘春，曾劲涛，张书航，等. 面向单体异形建筑的无人机单相机实景三维建模[J]. 同济大学学报（自然科学版），2018（04）.

[163] 蔡邦国. 目标控制在甬台温高速公路复线建设项目中的应用研究[J]. 中外公路，2017（04）.

[164] 陈君磊，胡晓晖，韦凯峰. 平衡线法在工程进度控制中的实际运用[J]. 浙江建筑，2005（06）.

[165] 张平. 倾斜摄影和激光扫描技术在城市三维建模中的融合应用研究[J]. 城市勘测，2018（04）.

[166] 任文睿. 基于LSM的铁路建设项目土方工程空间拥堵预警研究[D]. 北京交通大学，2017.

[167] 韩豫，马国鑫，蔡彦鹏，等. 融合BIM和VR的施工安全知识学习系统设计及实现[J]. 施工技术，2018（17）.

[168] 孙钰科. 三维激光点云数据的处理及应用研究[D]. 上海师范大学，2018.

[169] 潘亮，王海珍. 三维实景建模技术及运用上[J]. 影视制作，2016（01）.

[170] 李克骄. 三维数据模型的逆向设计及实现方法[J]. 自动化与仪表，2018（08）.

[171] 李晓军，田吟雪，唐立，等. 山岭隧道结构BIM多尺度建模与自适应拼接方法及工程应用[J]. 中国公路学报，2019（02）.

[172] 门玉琢，于海波. 山区公路平曲线路段线形与行车减速模型[J]. 公路，2012（08）.

[173] 海赛赛. 试论架空输电线路安全运行的影响因素与防治措施[J]. 科技风，2019（10）.

[174] 宋朝祥，李艳，关通. 基于改进LSM的多工作面线性工程施工进度优化[J]. 土木工程与管理学报，2017，34（06）：169-174+179.

[175] 孙建诚，朱双晗，蒋浩鹏. BIM技术在公路边坡的应用探究[J]. 重庆交通大学学报（自然科学版），2019，38（09）：63-67.

[176] 孙建诚，朱双晗，蒋浩鹏. BIM技术在公路工程中的应用研究[J]. 中外公路，2019，39（04）：294-297.

[177] 李玉括. 铁路施工计划管理信息系统设计与实现[D]. 西南交通大学，2007.

[178] 孙琦，周磊山，乐逸祥. 铁路施工计划管理信息系统研究[J]. 铁路计算机应用，2004（07）.

[179] 陈焕云. 铁路综合维修天窗开设相关问题研究[D]. 西南交通大学, 2006.

[180] 马莹. 图像特征点提取与匹配算法研究[D]. 哈尔滨工程大学, 2018.

[181] 为智慧工程及智慧城市插上翅膀: 华东院 BIM、CIM 技术[J]. 水电与抽水蓄能. 2018 (04).

[182] 李彬, 何佳, 杜娟. 无人机测量空中三角测量技术应用[J]. 经纬天地, 2018 (05).

[183] 杨亮. 无人机航拍复杂背景影像中电力线的自动提取与匹配方法[D]. 武汉大学, 2017.

[184] 王佳龙. 无人机倾斜摄影测量在城市三维建模中的应用探讨[J]. 山东工业技术, 2019 (07).

[185] 杜伸云, 梁昊. 无人机倾斜摄影实景建模技术在施工中的应用[J]. 土木建筑工程信息技术, 2018 (02).

[186] 李水清, 张慧超, 刘乳燕. 无人机摄影测量半自动统计岩体结构面产状[J]. 科学技术与工程, 2017 (26).

[187] 伍朝辉, 符志强, 王亮, 等. 虚拟现实的公路 BIM 感知与工程评价方法研究[J/OL]. 系统仿真学报: 1-8[2020-05-10].http://kns.cnki.net/kcms/detail/11.3092.V.20191209.1628.002.html.

[188] 范况生. 现代城市网格化管理新模式探讨[J]. 商丘师范学院学报, 2009 (12).

[189] 李明, 李前进, 邓海. 线性工程项目工期成本优化方法[J]. 石家庄铁道大学学报(社会科学版), 2014 (01).

[190] 刘峰. 线性计划方法(LSM)在高铁工程建设进度管理中的应用研究[D]. 华南理工大学, 2016.

[191] 蒋根谋, 胡振鹏. 线性计划方法及其在隧道工程中的应用[J]. 四川建筑科学研究, 2010 (02).

[192] 陈红杰. 线状工程三种进度计划与优化方法研究[D]. 兰州交通大学, 2013.

[193] 刘津明. 线状工程项目进度计划方法的研究[J]. 市政技术, 1998 (04).

[194] 蒋根谋. 线状工程项目进度计划及资源分配问题优化研究[D]. 南昌大学, 2008.

[195] 刘太磊. 相机标定与三维重建相关技术研究[D]. 南京信息工程大学, 2012.

[196] 黄心渊，陈柏君. 虚拟现实电影的交互特性及设计策略研究[J]. 当代电影，2018（12）.

[197] 丁妮. 虚拟现实电影研究概述[J]. 艺术教育，2018（23）.

[198] 向阳标. 虚拟现实助力全生命周期的 BIM 愿景：以望京 SOHO 多维度 BIM 应用为例[J]. 建筑技艺，2017（09）.

[199] 徐晟，付灯林，谢媛芳，等. 融合 BIM 和 VR 的公路施工场地布置辅助决策系统[J]. 公路，2019，64（12）：182-188.

[200] 蒋根谋. 一种新的线性工程项目进度计划的编制方法[J]. 铁道建筑，2005（11）.

[201] 马冬梅. 约束满足问题分解算法及其在配置求解中的应用[D]. 吉林大学，2007.

[202] 张晖. BIM 技术在棋盘洲长江公路大桥锚碇施工进度管理中的应用研究[J]. 公路，2020，65（02）：187-193.

[203] 张荀. 基于 LSM 的铁路施工工期压缩算法研究[D]. 北京交通大学，2019.

[204] 赵勇，李鹏飞. 中国交通运输隧道发展数据统计分析[J]. Engineering. 2018（01）.

[205] 苏义拉. 重复性建设项目中资源均衡问题的优化模型研究[D]. 华北电力大学，2012.

[206] 邹鑫. 重复性项目调度软逻辑优化方法研究[D]. 华北电力大学，2013.

[207] 孟宪威. 重复性项目调度中时间费用权衡优化研究[D]. 华北电力大学，2012.

[208] 陈心路. 资源约束重复性项目调度优化模型的应用研究[D]. 华北电力大学，2012.